Roland Grünewald

LEBENSLEICHT

Lebensleicht

Emotionen loslassen und mit Freude durchs Leben gehen

Roland Grünewald

Titel: Lebensleicht - Emotionen loslassen und mit Freude durchs Leben gehen

Autor: Roland Grünewald, Blammerbergstraße 115, 71263 Weil der Stadt

1. Auflage: 2024

Haftungsausschluss:
Die Inhalte dieses Buches wurden mit größter Sorgfalt erstellt. Für die Richtigkeit, Vollständigkeit und Aktualität der Inhalte können der Autor und der Verlag jedoch keine Gewähr übernehmen. Die Anwendung der im Buch enthaltenen Empfehlungen und Hinweise erfolgt auf eigenes Risiko.

Bibliografische Information der Deutschen Nationalbibliothek: Die Deutsche Nationalbibliothek verzeichnet diese Publikation in der Deutschen Nationalbibliografie; detaillierte bibliografische Daten sind im Internet über http://dnb.dnb.de abrufbar.

Verlag: BoD · Books on Demand GmbH, In de Tarpen 42, 22848 Norderstedt

Druck: Libri Plureos GmbH, Friedensallee 273, 22763 Hamburg

ISBN: 978-3-7597-5864-4

Inhaltsverzeichnis

KAPITEL 6: SELBSTFÜRSORGE ALS GRUNDLAGE EMOTIONALER GESUNDHEIT ... 81

KAPITEL 7: VERGEBUNG UND LOSLASSEN – DER WEG ZUR INNEREN FREIHEIT ... 93

EINLEITUNG

Dieses Buch ist für dich. Für all die Momente, in denen du dich überwältigt, verloren oder festgefahren fühlst. Für die Zeiten, in denen du dich fragst, wie du mit den intensiven Emotionen umgehen sollst, die dich manchmal überwältigen. Für die Phasen, in denen du das Bedürfnis hast, loszulassen, neu zu beginnen und zu dir selbst zurückzufinden.

Unsere emotionale Gesundheit ist nicht statisch – sie verändert sich, wächst und verlangt nach Aufmerksamkeit und Pflege, genau wie unsere körperliche Gesundheit. Wir alle erleben Hochs und Tiefs, und manchmal fühlen sich die Tiefs unüberwindbar an. In diesen Momenten kann es sich so anfühlen, als hätten wir keine Kontrolle über unsere Gefühle oder unser Leben. Aber in Wahrheit besitzen wir mehr Kraft, als wir uns oft eingestehen. In dir steckt die Fähigkeit, mit deinen Emotionen zu arbeiten, statt gegen sie anzukämpfen – und genau hier setzt dieses Buch an.

In den kommenden Kapiteln wirst du Werkzeuge und Techniken entdecken, die dir helfen, deine emotionale Resilienz zu stärken, alte Muster loszulassen und gesunde Gewohnheiten zu entwickeln. Es geht darum, dich selbst mit all deinen Gefühlen zu umarmen, statt sie zu unterdrücken oder zu ignorieren. Es geht darum, den Mut zu finden, ehrlich mit dir selbst zu sein, und die Bereitschaft, dir die gleiche Liebe und Fürsorge entgegenzubringen, die du anderen schenkst.

Dies ist kein Buch über Perfektion. Es ist eine Einladung, auf deine eigene emotionale Reise zu gehen – mit allen Stolpersteinen, Rückschritten und Momenten des Zweifelns, die dazugehören. Denn wahre Heilung und emotionales Wohlbefinden entstehen nicht, wenn wir alles unter Kontrolle haben, sondern wenn wir lernen, uns mit uns selbst anzufreunden und die Unvollkommenheit anzunehmen.

Wenn du dieses Buch in die Hand nimmst, nimmst du auch die Verantwortung für dein eigenes emotionales Wohlbefinden in die Hand. Du entscheidest, dass du bereit bist, die nächsten Schritte zu gehen, um dich selbst besser zu verstehen, alte

Geschichten loszulassen und einen neuen Raum der Freiheit und Freude in deinem Leben zu schaffen.

Lass uns gemeinsam auf diese Reise gehen – eine Reise zu mehr innerer Stärke, emotionaler Freiheit und echtem Mitgefühl für dich selbst. Ich freue mich, dass du hier bist.

Mit all meiner Wärme und Unterstützung

Roland Grünewald

KAPITEL 1: SELBSTWAHRNEHMUNG UND SELBSTREFLEXION

Einführung in die Bedeutung von Selbstbewusstsein

Selbstbewusstsein ist die Grundlage für jede Form von emotionaler Gesundheit. Es ist der erste Schritt auf dem Weg zu einem erfüllten Leben, das von innerer Balance und Selbstvertrauen geprägt ist. Doch was bedeutet es eigentlich, selbstbewusst zu sein? Es geht nicht nur darum, zu wissen, wer man ist, sondern auch darum, wie man auf das reagiert, was das Leben einem entgegenwirft. Es ist die Fähigkeit, ehrlich in den Spiegel zu schauen – nicht nur in den tatsächlichen, sondern auch in den emotionalen und psychologischen Spiegel.

Selbstbewusstsein beginnt damit, sich selbst als vielschichtiges Wesen zu betrachten. Wir bestehen nicht nur aus unserem Äußeren oder den Rollen, die wir in der Welt spielen – als Partnerin, Mutter, Freundin oder Kollegin. Selbstbewusstsein bedeutet, all diese Facetten zu erkennen und zu akzeptieren. Es ist die Bereitschaft, sich mit den eigenen Stärken, aber auch mit den Schattenseiten auseinanderzusetzen. Es bedeutet, sich den eigenen Unsicherheiten zu stellen, ohne sich von ihnen bestimmen zu lassen.

Der Mut, sich selbst zu begegnen

Viele von uns haben gelernt, unangenehme Gefühle wegzuschieben oder zu verdrängen. Wir beschäftigen uns lieber mit äußeren Problemen, als uns der inneren Welt zuzuwenden. Aber hier beginnt das wahre Wachstum: Wenn wir den Mut haben, uns selbst in unserer Ganzheit zu begegnen, ohne Ausflüchte und ohne Schönreden. Selbstbewusstsein bedeutet, mit sich selbst in den Dialog zu treten – und zwar nicht nur dann, wenn alles gut läuft, sondern besonders dann, wenn die Dinge schwierig werden.

Es ist einfach, sich selbst zu lieben, wenn man Erfolge feiert und Anerkennung bekommt. Aber wahres Selbstbewusstsein zeigt sich in den Momenten, in denen wir mit unseren Schwächen, Ängsten oder Fehlern konfrontiert sind. Anstatt uns von diesen Herausforderungen erdrücken zu lassen, lernen wir, sie als Teil unserer Geschichte zu sehen. Und genau das ist der Punkt: Selbstbewusstsein ist nicht das

Ergebnis davon, dass wir perfekt sind oder alle Antworten haben. Es ist die Fähigkeit, sich mit der eigenen Menschlichkeit zu versöhnen.

Bewusstsein und Achtsamkeit im Alltag

Selbstbewusstsein erfordert Achtsamkeit. Es bedeutet, im Moment präsent zu sein und auf die eigenen Gefühle, Gedanken und Reaktionen zu achten. Oft laufen wir im Autopilot-Modus durchs Leben, getrieben von Verpflichtungen, To-Do-Listen und Erwartungen anderer. Aber wahres Bewusstsein verlangt, dass wir innehalten und uns selbst fragen: „Wie fühle ich mich wirklich in diesem Moment?"

Diese Momente der Selbstreflexion sind entscheidend, um sich von eingefahrenen Mustern zu lösen. Vielleicht ertappst du dich dabei, immer wieder auf eine bestimmte Art und Weise auf Stress oder Konflikte zu reagieren. Durch Achtsamkeit kannst du beginnen, diese Muster zu erkennen und bewusst zu ändern. Anstatt automatisch zu reagieren, kannst du wählen, wie du auf Herausforderungen reagierst – aus einem Ort des Selbstbewusstseins und der inneren Ruhe heraus.

Die Rolle der Verletzlichkeit

Verletzlichkeit spielt eine zentrale Rolle in der Entwicklung von Selbstbewusstsein. Es bedeutet, die Maske der Perfektion abzulegen und sich mit all seinen Ecken und Kanten zu zeigen. Verletzlichkeit ist kein Zeichen von Schwäche – im Gegenteil: Es erfordert enorme Stärke, sich selbst in seiner Unvollkommenheit zu akzeptieren und anderen zu zeigen, wer man wirklich ist.

Wenn wir uns verletzlich zeigen, geben wir uns selbst die Erlaubnis, echt zu sein. Und in dieser Echtheit liegt eine tiefe Kraft. Selbstbewusstsein wächst genau in diesen Momenten, in denen wir unsere Verletzlichkeit anerkennen und dennoch den Mut haben, vorwärts zu gehen.

Der Weg zu einem authentischen Leben

Selbstbewusstsein führt uns zu einem authentischen Leben – einem Leben, das nicht von äußeren Erwartungen oder Normen bestimmt wird, sondern von dem, was uns wirklich wichtig ist. Es erfordert, dass wir unsere innersten Werte, Überzeugungen und Wünsche kennen und ihnen treu bleiben. Authentizität bedeutet, dass wir uns trauen, unser Leben so zu gestalten, dass es mit unserem inneren Wesen im Einklang steht.

Es ist leicht, sich im Lärm der Meinungen und Erwartungen anderer zu verlieren. Aber wenn wir wirklich selbstbewusst sind, wissen wir, dass unsere eigene Stimme zählt. Es bedeutet, Entscheidungen zu treffen, die uns guttun, auch wenn sie manchmal gegen den Strom gehen.

Selbstbewusstsein ist ein kontinuierlicher Prozess. Es geht nicht darum, irgendwann „fertig" zu sein oder die perfekte Version seiner selbst zu erreichen. Es geht darum, jeden Tag ein bisschen mehr zu sich selbst zu finden, sich immer wieder zu fragen: „Wer bin ich wirklich, und wie möchte ich mein Leben leben?" Dieser Weg mag herausfordernd sein, aber er ist es wert. Denn er führt zu einem Leben voller Erfüllung, Stärke und innerer Ruhe – und das ist es, wonach wir alle streben.

Wie du deine Emotionen und ihre Auslöser erkennen kannst

Der erste Schritt zu emotionaler Gesundheit besteht darin, deine Emotionen bewusst wahrzunehmen. Oft durchleben wir den Tag, ohne wirklich zu spüren, was in uns vorgeht. Wir funktionieren, erledigen Aufgaben und reagieren auf äußere Umstände, doch die Emotionen, die in uns arbeiten, bleiben oft unbemerkt. Doch wenn du lernst, deine Gefühle zu erkennen und die Auslöser dafür zu verstehen, legst du die Grundlage für ein bewussteres und erfüllteres Leben.

Warum ist es so schwer, unsere Emotionen zu erkennen?

Du kennst sicher diese Momente: Du bist plötzlich gestresst, gereizt oder traurig, ohne genau zu wissen, warum. Das passiert vielen von uns. Wir sind so sehr daran gewöhnt, im Autopilot-Modus zu leben, dass wir unsere inneren Reaktionen gar nicht mehr bewusst wahrnehmen. Vielleicht hast du auch gelernt, bestimmte Gefühle zu unterdrücken, weil du glaubst, dass sie „unangebracht" oder „zu viel" sind. Doch Emotionen verschwinden nicht einfach, nur weil wir sie ignorieren. Sie finden immer einen Weg, sich zu zeigen – sei es durch körperliche Symptome, durch Gereiztheit oder durch ständige Unruhe.

Der Schlüssel liegt darin, innezuhalten und deine Gefühle zuzulassen, anstatt sie wegzuschieben. Nur so kannst du erkennen, was wirklich in dir vorgeht.

Die Signale deines Körpers wahrnehmen

Dein Körper ist oft der erste Hinweis darauf, dass etwas emotional in dir arbeitet. Achte einmal bewusst auf die körperlichen Empfindungen, die du erlebst. Stress zeigt sich vielleicht durch einen verspannten Nacken, einen flachen Atem oder ein mulmiges Gefühl im Magen. Wut könnte sich durch Hitze in deinem Körper bemerkbar machen, während Angst oft mit einem schnellen Herzschlag oder Schweißausbrüchen einhergeht.

Versuche, dich immer wieder in deinen Körper hineinzuversetzen, besonders in emotional herausfordernden Situationen.

Frage dich: „Wie fühlt sich mein Körper gerade an? Wo spüre ich Verspannungen oder Unwohlsein?"

Diese körperlichen Reaktionen sind wertvolle Hinweise darauf, dass eine Emotion da ist, die deine Aufmerksamkeit braucht.

Emotionen benennen – der erste Schritt zur Klarheit

Oft fällt es uns schwer, Emotionen genau zu benennen. Statt konkret zu sagen „Ich bin wütend" oder „Ich bin traurig", sagen wir Dinge wie „Mir geht's gut" oder „Ich bin einfach nur gestresst". Doch um emotionale Klarheit zu gewinnen, ist es wichtig, deine Gefühle zu benennen. Dies bringt nicht nur Ordnung in dein Inneres, sondern gibt dir auch die Möglichkeit, gezielt an ihnen zu arbeiten.

Beginne damit, dir immer wieder folgende Fragen zu stellen:

- „Was fühle ich gerade wirklich?"

- „Welche Emotionen tauchen auf?"

- „Gibt es mehrere Emotionen, die gleichzeitig in mir wirken?"

Manchmal ist das, was wir auf den ersten Blick als „Wut" empfinden, eigentlich Trauer oder Angst. Indem du genauer hinschaust, kannst du beginnen, die Schichten deiner Emotionen zu verstehen.

Die Suche nach den Auslösern

Sobald du eine Emotion benannt hast, geht es darum, herauszufinden, was sie ausgelöst hat. Emotionen kommen nicht einfach aus dem Nichts. Es gibt immer einen Auslöser – sei es eine Situation, ein Gedanke oder eine Erinnerung.

Manchmal sind die Auslöser offensichtlich, wie ein Streit mit einer nahestehenden Person oder eine berufliche Herausforderung. Doch oft liegen sie tiefer und sind subtiler.

Eine Möglichkeit, deine Auslöser zu erkennen, ist durch **Journaling**. Setze dich jeden Tag für ein paar Minuten hin und schreibe auf, was du im Laufe des Tages gefühlt hast. Notiere auch die Situationen, in denen diese Gefühle aufgetaucht sind. Mit der Zeit wirst du Muster erkennen: Vielleicht stellst du fest, dass du immer dann, wenn du dich überfordert fühlst, Wut oder Angst empfindest. Oder du entdeckst, dass bestimmte Menschen oder Umgebungen bestimmte Emotionen in dir hervorrufen.

Indem du diese Muster erkennst, kannst du bewusster mit den Situationen umgehen, die deine Emotionen auslösen. Du kannst anfangen, gezielt an den Auslösern zu arbeiten oder Strategien entwickeln, um besser mit ihnen umzugehen.

Die Rolle von Gedanken bei der Entstehung von Emotionen

Unsere Gedanken spielen eine zentrale Rolle dabei, wie sich unsere Emotionen entwickeln. Vielleicht kennst du das: Ein kleiner Vorfall passiert – zum Beispiel eine kritische Bemerkung von jemandem – und plötzlich fühlst du dich schlecht. Oft sind es unsere Gedanken, die dieses Gefühl verstärken. Anstatt die Bemerkung einfach zu akzeptieren, beginnen wir vielleicht, uns einzureden, dass wir nicht gut genug sind oder dass die Person uns nicht mag. Diese Gedanken verstärken negative Emotionen und schaffen einen inneren Kreislauf von Angst, Wut oder Selbstzweifeln.

Um diesen Kreislauf zu durchbrechen, hilft es, deine Gedanken zu beobachten und zu hinterfragen.

Frage dich: „Was denke ich in diesem Moment? Ist dieser Gedanke hilfreich? Unterstützt er mein Wohlbefinden oder schadet er mir?"

Indem du lernst, deine Gedanken bewusst wahrzunehmen, kannst du besser steuern, wie stark sie deine Emotionen beeinflussen.

Die Balance zwischen Zulassen und Loslassen

Es ist wichtig, dass du deine Emotionen nicht nur erkennst, sondern ihnen auch Raum gibst, ohne sie zu unterdrücken. Viele von uns haben Angst davor, unangenehme Gefühle zuzulassen, weil wir glauben, sie könnten uns überwältigen. Doch Emotionen, die nicht gefühlt werden, stauen sich an und finden andere Wege, sich zu äußern – oft auf schädliche Weise. Lasse deine Emotionen zu, aber lerne auch, sie wieder loszulassen. Du musst nicht in ihnen stecken bleiben. Der Schlüssel ist, sie zu fühlen, zu verstehen und dann zu entscheiden, wie du damit umgehen möchtest.

Wenn du dir die Zeit nimmst, deine Emotionen und ihre Auslöser bewusst zu erkennen, wirst du nicht nur dein inneres Gleichgewicht stärken, sondern auch eine tiefere Verbindung zu dir selbst aufbauen. Mit dieser Klarheit kannst du die Kontrolle über deine emotionalen Reaktionen zurückgewinnen und dein Leben in eine positive Richtung lenken.

Praktische Übungen zur Selbstreflexion und Achtsamkeit

Selbstreflexion und Achtsamkeit sind kraftvolle Werkzeuge, um dich selbst besser zu verstehen und bewusster mit deinen Emotionen umzugehen. Sie helfen dir, im Moment präsent zu sein und deine Gedanken sowie Gefühle klarer wahrzunehmen. Oft verlieren wir uns im Strudel der täglichen Aufgaben, und es fällt schwer, innezuhalten und einen Blick nach innen zu werfen. Doch mit gezielten Übungen kannst du lernen, deine innere Welt bewusster wahrzunehmen und dein emotionales Wohlbefinden zu stärken.

Hier sind einige praktische Übungen, die dir dabei helfen, achtsamer zu werden und deine Selbstreflexion zu vertiefen.

Die 5-Minuten-Achtsamkeitspause

Diese einfache Übung hilft dir, im Alltag regelmäßig innezuhalten und dich zu sammeln, besonders in stressigen Situationen.

So geht's:

- Finde einen ruhigen Ort, an dem du ungestört bist.

- Setze dich bequem hin und schließe die Augen.

- Atme tief durch die Nase ein und langsam durch den Mund aus. Konzentriere dich dabei nur auf deinen Atem.

- Achte darauf, wie sich dein Körper mit jedem Atemzug hebt und senkt. Spüre die Luft, die in deine Lungen strömt, und wieder hinausfließt.

- Falls Gedanken aufkommen, nimm sie wahr, ohne ihnen nachzugehen. Bringe deine Aufmerksamkeit sanft zurück zu deinem Atem.

- Wiederhole dies für fünf Minuten.

Diese Übung kann dir helfen, deinen Geist zu beruhigen und wieder in den Moment zurückzufinden. Sie ist besonders hilfreich, wenn du dich gestresst, überfordert oder emotional aufgewühlt fühlst.

Emotionale Selbstreflexion im Journal

Journaling ist eine kraftvolle Methode, um deine Gedanken und Gefühle zu ordnen und mehr Klarheit über deine Emotionen zu gewinnen. Es bietet dir die Möglichkeit, tiefer zu gehen und Muster in deinem emotionalen Leben zu erkennen.

So geht's:

- Setze dich an einen ruhigen Ort und nimm dir 10 bis 15 Minuten Zeit.

- Beginne mit der Frage: „Wie fühle ich mich gerade?" Schreibe alles auf, was dir in den Sinn kommt – ohne Filter und ohne zu bewerten.

- Gehe dann einen Schritt weiter und frage dich: „Warum fühle ich mich so?" Denke an die Ereignisse oder Gedanken des Tages, die deine Gefühle ausgelöst haben könnten.

- Um deine Selbstreflexion zu vertiefen, stelle dir diese Fragen:

  o Welche Gedanken und Gefühle tauchen immer wieder auf?

  o Gibt es Situationen, die regelmäßig bestimmte Emotionen in mir auslösen?

  o Welche dieser Emotionen möchte ich loslassen, und welche möchte ich mehr in mein Leben einladen?

Journaling kann dir dabei helfen, emotionale Muster zu erkennen und bewusst damit umzugehen. Es ermöglicht dir, deine innere Welt zu erkunden und dich besser mit dir selbst zu verbinden.

Der Körper-Scan

Emotionen manifestieren sich oft im Körper – Verspannungen, Unruhe oder Müdigkeit können Anzeichen von innerem Stress sein. Mit einem achtsamen Körper-Scan kannst du lernen, diese Signale besser wahrzunehmen und zu verstehen.

So geht's:

- Lege dich bequem auf den Rücken, schließe die Augen und atme ein paar Mal tief ein und aus.

- Beginne damit, deine Aufmerksamkeit auf deine Füße zu lenken. Spüre, wie sie den Boden berühren oder auf der Unterlage ruhen. Gibt es Verspannungen oder Unruhe? Nimm sie einfach wahr, ohne zu bewerten.

- Wandere nun langsam mit deiner Aufmerksamkeit durch deinen Körper: von den Beinen über den Bauch, die Brust, die Arme, bis hin zu deinem Kopf.

- Achte darauf, wie sich jeder Bereich deines Körpers anfühlt. Gibt es Stellen, die angespannt oder müde sind? Spüre die Wärme, Kälte oder Schwere in den einzelnen Körperteilen.

- Wenn du eine Verspannung spürst, atme tief in diesen Bereich ein, und lass beim Ausatmen die Anspannung los.

- Beende den Scan, indem du deine Aufmerksamkeit wieder auf den Atem lenkst.

Der Körper-Scan hilft dir, in den Moment zu kommen und die Signale deines Körpers besser wahrzunehmen. Du lernst, wie deine Emotionen sich körperlich äußern, und kannst besser auf sie reagieren.

Die „STOP"-Methode

Diese einfache Achtsamkeitsübung kannst du jederzeit im Alltag einsetzen, wenn du das Gefühl hast, die Kontrolle über deine Emotionen zu verlieren oder dich von Gedanken und Gefühlen überwältigt fühlst.

So geht's:

- **Stop** (Stopp): Halte einen Moment inne, egal, was du gerade tust.

- **Take a breath** (Atme): Atme tief ein und aus, um dich zu zentrieren.

- **Observe** (Beobachte): Beobachte, was in dir vorgeht. Welche Gedanken hast du gerade? Welche Emotionen spürst du? Wie fühlt sich dein Körper an?

- **Proceed** (Fahre fort): Gehe nach dieser kurzen Pause bewusster mit deiner Situation um. Du hast jetzt die Möglichkeit, ruhiger und überlegter zu handeln.

Die „STOP"-Methode ist ein einfaches, aber effektives Tool, um in stressigen oder emotional geladenen Momenten nicht auf Autopilot zu reagieren, sondern bewusster und gelassener zu handeln.

Die Achtsame Gehmeditation

Wenn du gerne aktiv bist, aber trotzdem Achtsamkeit praktizieren möchtest, ist die Gehmeditation eine wunderbare Möglichkeit. Diese Methode hilft dir, Körper und Geist in Einklang zu bringen und deine Umgebung mit allen Sinnen wahrzunehmen.

So geht's:

- Finde einen ruhigen Ort zum Gehen – sei es in der Natur oder einfach in einem Raum.

- Gehe langsam und bewusst, setze einen Fuß vor den anderen.

- Konzentriere dich auf die Bewegung deines Körpers: Spüre, wie deine Füße den Boden berühren, wie deine Beine sich heben und senken, wie dein Gewicht von einem Fuß auf den anderen verlagert wird.

- Achte auf die Geräusche, die Gerüche und die Luft um dich herum. Nimm alles wahr, ohne es zu bewerten.

- Wenn deine Gedanken abschweifen, lenke sie sanft zurück auf die körperlichen Empfindungen des Gehens.

Diese Meditation bringt dich ins Hier und Jetzt und hilft dir, deine Umgebung sowie deinen Körper auf eine achtsame Weise wahrzunehmen.

Die „3-Minuten-Atempause"

Wenn du nur wenig Zeit hast, aber eine schnelle Übung zur Achtsamkeit und Selbstreflexion brauchst, kann dir die „3-Minuten-Atempause" helfen. Sie lässt sich leicht in den Alltag integrieren, egal ob zu Hause, im Büro oder unterwegs.

So geht's:

- Nimm eine bequeme Sitzhaltung ein oder bleibe einfach stehen, wo du bist.

- Atme tief ein und spüre, wie die Luft in deinen Körper strömt. Atme langsam wieder aus.

- Konzentriere dich für die nächsten drei Minuten nur auf deinen Atem. Achte darauf, wie er in dich hineinfließt und wieder hinausgeht.

- Falls Gedanken auftauchen, nimm sie wahr, ohne ihnen nachzugehen. Kehre immer wieder sanft zum Atem zurück.

Diese kurze Übung bringt dich schnell in einen Zustand der Ruhe und hilft dir, dich in stressigen Momenten zu zentrieren.

Mit diesen praktischen Übungen kannst du mehr Achtsamkeit und Selbstreflexion in deinen Alltag integrieren. Sie helfen dir dabei, deine Emotionen besser zu verstehen, mit stressigen Situationen gelassener umzugehen und eine tiefere Verbindung zu dir selbst aufzubauen. Durch regelmäßige Praxis wirst du lernen, dich bewusster im Moment zu verankern und deine innere Balance zu stärken.

KAPITEL 2: EMOTIONALE RESILIENZ – STÄRKE IN SCHWIERIGEN ZEITEN

Was ist emotionale Resilienz?

Emotionale Resilienz ist eine Fähigkeit, die wir alle in uns tragen, auch wenn sie manchmal verschüttet oder nicht voll entfaltet ist. Es geht nicht darum, unempfindlich gegenüber schwierigen Situationen oder negativen Gefühlen zu sein. Emotionale Resilienz bedeutet vielmehr, mit den Herausforderungen des Lebens auf eine Weise umzugehen, die uns nicht zerbricht, sondern wachsen lässt. Sie erlaubt uns, uns wieder zu erheben, selbst wenn wir gefallen sind, und unsere emotionale Balance zurückzugewinnen, auch wenn das Leben uns hart getroffen hat.

Stärke, die von innen kommt

Wir alle erleben in unserem Leben Situationen, die uns herausfordern – sei es der Verlust eines geliebten Menschen, eine Trennung, berufliche Rückschläge oder gesundheitliche Probleme. Emotionale Resilienz ist die innere Kraft, die dir erlaubt, in diesen Momenten nicht den Boden unter den Füßen zu verlieren. Es geht nicht darum, die Schmerzen oder den Kummer zu verdrängen, sondern darum, ihnen zu begegnen und trotzdem weiterzugehen. Resilienz bedeutet nicht, dass du keine Emotionen fühlst – es bedeutet, dass du dir erlaubst, sie zu fühlen, sie zu verarbeiten und dann deinen Weg fortzusetzen.

Stell dir emotionale Resilienz wie einen Baum im Sturm vor. Der Wind kann die Äste biegen, Blätter mögen abfallen, aber der Baum bleibt tief verwurzelt. Du kannst lernen, dieser Baum zu sein – flexibel, aber standhaft, in deiner eigenen Kraft ruhend, egal was um dich herum passiert.

Resilienz ist erlernbar

Manche Menschen scheinen von Natur aus widerstandsfähiger zu sein, aber das bedeutet nicht, dass Resilienz angeboren ist oder man sie entweder hat oder nicht. Sie ist eine Fähigkeit, die wir alle entwickeln können – mit Zeit, Übung und der

Bereitschaft, an uns selbst zu arbeiten. Es ist beruhigend zu wissen, dass Resilienz nicht das Fehlen von Herausforderungen bedeutet, sondern die Fähigkeit, in ihnen zu wachsen.

Du kannst deine Resilienz aufbauen, indem du dir bewusst machst, wie du auf schwierige Situationen reagierst. Wie gehst du mit Enttäuschungen um? Was passiert in dir, wenn du Schmerz oder Verlust erlebst? Indem du deine Reaktionen beobachtest und bewusst neue Wege findest, sie zu bewältigen, stärkst du deine Fähigkeit, resilient zu sein.

Die drei Säulen der emotionalen Resilienz

Es gibt viele Wege, Resilienz zu stärken, aber drei wesentliche Säulen bilden das Fundament emotionaler Widerstandskraft:

- **Akzeptanz:** Ein wesentlicher Bestandteil der Resilienz ist die Fähigkeit, die Realität zu akzeptieren, so wie sie ist. Das bedeutet nicht, dass du schwierige Situationen gutheißen musst, aber du erkennst an, dass sie Teil deines Lebens sind. Resilienz bedeutet, nicht gegen das Leben anzukämpfen, sondern es anzunehmen – auch mit seinen Unwägbarkeiten und Herausforderungen. Wenn du gegen das kämpfst, was ist, verbrauchst du unnötig Energie, die du für deinen Heilungsprozess und dein Wachstum brauchen könntest.

- **Adaptivität:** Resiliente Menschen sind flexibel. Sie sind in der Lage, sich an neue Umstände anzupassen und kreative Lösungen zu finden, selbst wenn sich die Situation völlig verändert. Du kannst lernen, offen zu sein für Veränderungen und darauf vertrauen, dass du die innere Stärke hast, mit neuen Herausforderungen umzugehen. Flexibilität bedeutet nicht, dass du alles aufgibst, was dir wichtig ist, sondern dass du neue Wege findest, mit dem Leben umzugehen, wenn der alte Weg nicht mehr funktioniert.

- **Selbstwirksamkeit:** Resilienz erfordert das Vertrauen in deine eigenen Fähigkeiten, mit den Herausforderungen des Lebens fertig zu werden. Selbstwirksamkeit bedeutet, dass du weißt, dass du Einfluss auf deine eigene Situation hast, auch wenn du nicht alles kontrollieren kannst. Es geht darum, die eigene Macht zu erkennen und zu nutzen – und das Vertrauen zu haben, dass du die Fähigkeiten besitzt, selbst schwierige Zeiten zu überstehen.

Emotionale Resilienz als Wegbegleiter

Emotionale Resilienz ist kein Endziel, das du einmal erreichst und dann nie wieder daran arbeiten musst. Sie ist ein stetiger Prozess des Wachsens und Lernens. In jeder Herausforderung steckt die Möglichkeit, deine Resilienz zu stärken. Es sind oft die Momente, in denen wir uns am schwächsten fühlen, in denen wir die größte Stärke entwickeln.

Vielleicht hattest du schon einmal eine Phase in deinem Leben, in der du dachtest: „Das schaffe ich nicht, das ist zu viel." Aber dann hast du es doch geschafft. Diese Momente sind es, die uns lehren, dass wir mehr Kraft in uns tragen, als wir oft glauben. Emotionale Resilienz bedeutet, diese innere Kraft anzuerkennen und darauf zu vertrauen, dass sie dich durch jede Herausforderung tragen kann.

Die Verbindung zu deinen Emotionen

Ein Missverständnis über emotionale Resilienz ist die Annahme, dass man „hart" sein muss, um Herausforderungen zu überstehen. Doch echte Resilienz entsteht nicht dadurch, dass du deine Gefühle ignorierst oder unterdrückst. Im Gegenteil – wahre Resilienz wächst, wenn du deine Emotionen zulässt, sie verstehst und sie als wertvolle Informationsquelle anerkennst.

Wenn du traurig bist, lass die Trauer zu. Wenn du wütend bist, erkenne diese Wut an. Es ist nicht die Emotion selbst, die uns schwächt, sondern unsere Angst vor ihr. Indem du deine Gefühle anerkennst, gibst du dir selbst die Erlaubnis, echt zu sein, und genau das ist die Basis für Resilienz.

Wie du deine Resilienz stärken kannst

Es gibt viele Wege, um Resilienz in deinem Alltag zu fördern. Hier sind einige Ansätze, die dir helfen können, emotional widerstandsfähiger zu werden:

- **Verbinde dich mit anderen**: Unterstützung und Verbundenheit mit anderen Menschen sind essenziell, um emotionale Resilienz zu entwickeln. Suche dir Menschen, denen du vertraust und die dich ermutigen, wenn du es brauchst. Resilienz bedeutet nicht, alles alleine bewältigen zu müssen.

- **Praktiziere Achtsamkeit**: Achtsamkeit hilft dir, präsent zu bleiben und schwierige Emotionen anzunehmen, ohne von ihnen überwältigt zu werden. Sie fördert die innere Ruhe und erlaubt dir, in schwierigen Zeiten einen klaren Kopf zu bewahren.

- **Pflege Selbstfürsorge**: Emotionale Resilienz wächst aus einem Ort der Selbstfürsorge. Du kannst nur resilient sein, wenn du dir erlaubst, Pausen zu machen, dich zu erholen und gut auf deine eigenen Bedürfnisse zu achten.

- **Finde Sinn in der Herausforderung**: Menschen, die resilient sind, schaffen es oft, selbst in den schwierigsten Situationen einen tieferen Sinn zu finden. Sie sehen Rückschläge als Gelegenheit zum Wachstum und nicht als endgültiges Scheitern.

Emotionale Resilienz ist die Fähigkeit, sich trotz aller Herausforderungen, die das Leben uns in den Weg stellt, wieder aufzurichten. Sie ist die innere Stärke, die uns nicht nur hilft zu überleben, sondern uns lehrt, inmitten von Schwierigkeiten zu blühen. Du kannst diese Fähigkeit entwickeln, stärken und in allen Lebensbereichen anwenden – und dadurch dein Leben mit mehr Leichtigkeit und innerer Ruhe gestalten.

Techniken zur Stärkung der inneren Widerstandskraft

Emotionale Resilienz entwickelt sich nicht über Nacht. Es ist ein fortlaufender Prozess, der Geduld und Praxis erfordert. Die gute Nachricht ist: Du kannst deine innere Widerstandskraft gezielt stärken, indem du bestimmte Techniken in deinen Alltag integrierst. Diese Übungen helfen dir nicht nur, schwierige Zeiten zu überstehen, sondern sie werden dich auch dazu befähigen, deine emotionalen Reaktionen besser zu verstehen und zu kontrollieren. Resilienz ist eine Fähigkeit, die du Tag für Tag aufbauen kannst – und die dir langfristig ein Gefühl von Stabilität und Sicherheit in dir selbst gibt.

Hier sind einige Techniken, die dir helfen können, deine innere Widerstandskraft zu stärken:

Eine der stärksten Techniken zur Stärkung deiner Resilienz ist die Praxis der Achtsamkeit. Achtsamkeit bedeutet, im gegenwärtigen Moment präsent zu sein, ohne zu urteilen. Anstatt dich von der Vergangenheit oder Zukunft ablenken zu lassen, übst du, bewusst im Hier und Jetzt zu verweilen. Das reduziert nicht nur Stress, sondern hilft dir auch, deine Gedanken und Gefühle klarer zu sehen.

Wie du Achtsamkeit üben kannst:

- Nimm dir jeden Tag ein paar Minuten Zeit, um deine Aufmerksamkeit auf deinen Atem zu richten. Spüre, wie die Luft in deinen Körper einströmt und ihn wieder verlässt. Du musst nichts weiter tun, als deinen Atem zu beobachten. Wenn Gedanken auftauchen, lass sie einfach ziehen, wie Wolken am Himmel.

- Versuche, während des Tages achtsam zu sein, besonders in stressigen Momenten. Wenn du merkst, dass du dich in Sorgen oder negativen Gedanken verlierst, halte inne und atme tief ein. Frage dich: „Was passiert gerade in mir? Wie fühlt sich mein Körper an?"

Achtsamkeit hilft dir, einen Schritt zurückzutreten und dich nicht von deinen Emotionen überwältigen zu lassen. Du lernst, bewusster mit schwierigen Gefühlen umzugehen und mehr Ruhe in stressigen Zeiten zu finden.

Journaling – Deine Gedanken und Gefühle sortieren

Schreiben ist eine unglaublich kraftvolle Methode, um Klarheit zu gewinnen und deine innere Widerstandskraft zu stärken. Es ermöglicht dir, deine Gedanken und Gefühle zu ordnen und zu reflektieren, was wirklich in dir vorgeht. Wenn du regelmäßig deine Erlebnisse und emotionalen Reaktionen aufschreibst, wirst du Muster erkennen, die dir helfen, deine Reaktionen besser zu verstehen und gezielt an ihnen zu arbeiten.

Wie du Journaling effektiv nutzt:

- Nimm dir jeden Abend 10 bis 15 Minuten Zeit, um deinen Tag zu reflektieren. Welche Emotionen hast du erlebt? Welche Herausforderungen sind dir begegnet? Wie hast du darauf reagiert?

- Du kannst dir auch gezielte Fragen stellen, um deine Resilienz zu stärken:

- „Was hat mich heute besonders gefordert, und wie bin ich damit umgegangen?"

- „Welche positiven Erfahrungen habe ich gemacht, selbst in schwierigen Situationen?"

- „Welche Stärken habe ich heute genutzt, um Herausforderungen zu bewältigen?"

Journaling gibt dir die Möglichkeit, deine Gedanken zu entlasten und emotionalen Ballast abzubauen. Es schafft Raum für Selbstreflexion und hilft dir, einen klareren Kopf zu bewahren.

Positive Selbstgespräche – Dein innerer Dialog

Unsere innere Stimme hat einen enormen Einfluss darauf, wie wir auf Herausforderungen reagieren. Oft neigen wir dazu, uns selbst zu kritisieren oder negative Annahmen über uns zu machen, besonders in stressigen Momenten. Doch was wäre, wenn du lernen könntest, liebevoller und ermutigender mit dir selbst zu sprechen? Positive Selbstgespräche sind eine mächtige Technik, um deine Resilienz zu stärken und dir selbst in schwierigen Zeiten Halt zu geben.

Wie du positive Selbstgespräche üben kannst:

- Achte auf deine innere Stimme, besonders in herausfordernden Momenten. Was sagst du dir selbst? Wenn du merkst, dass du dich selbst kritisierst oder herabsetzt, halte inne und formuliere den Gedanken um. Zum Beispiel: Statt

„Ich schaffe das nie" könntest du sagen „Das ist schwierig, aber ich werde einen Weg finden."

- Entwickle positive Affirmationen, die dir helfen, deine innere Stärke zu aktivieren. Sprich sie dir laut vor oder schreibe sie dir auf: „Ich bin stark und finde immer einen Weg, mit Herausforderungen umzugehen." oder „Ich habe die Kraft, alles zu bewältigen, was mir begegnet."

Dein innerer Dialog ist eine der mächtigsten Ressourcen, die du hast. Indem du lernst, ihn positiv zu gestalten, stärkst du deine emotionale Resilienz und förderst dein Selbstvertrauen.

Soziales Netzwerk – Unterstützung suchen

Resilienz ist kein einsamer Prozess. Auch wenn es manchmal so scheinen mag, als müsstest du alles alleine schaffen, ist das Gegenteil der Fall. Ein starkes soziales Netzwerk von Menschen, die dich unterstützen, ist ein entscheidender Faktor für emotionale Widerstandskraft. Es geht nicht nur darum, in schwierigen Zeiten jemanden zu haben, der zuhört, sondern auch darum, dass du weißt, du bist nicht allein.

Wie du dein soziales Netzwerk aktiv nutzt:

- Wende dich in schwierigen Momenten bewusst an Menschen, denen du vertraust. Ob Familie, Freunde oder Kollegen – es hilft, wenn du deine Gefühle teilst und dir Rat holen kannst. Manchmal reicht es schon, einfach nur zu wissen, dass jemand für dich da ist.

- Sei auch selbst offen dafür, Unterstützung anzunehmen. Es ist in Ordnung, um Hilfe zu bitten, wenn du sie brauchst. Emotionale Resilienz bedeutet nicht, alles alleine zu tragen, sondern sich auf die Verbindungen zu verlassen, die dir Halt geben.

Verbundenheit mit anderen stärkt dein Gefühl von Sicherheit und Geborgenheit, was wiederum deine innere Widerstandskraft erhöht.

Unsere körperliche und emotionale Gesundheit sind eng miteinander verknüpft. Bewegung hilft nicht nur, Stress abzubauen, sondern auch, emotionale Resilienz zu fördern. Wenn du deinen Körper stärkst, stärkst du auch deinen Geist. Bewegung setzt Endorphine frei, die dich nicht nur glücklicher machen, sondern auch deine Fähigkeit verbessern, mit emotionalen Herausforderungen umzugehen.

Wie du Bewegung für Resilienz nutzen kannst:

- Finde eine Bewegungsform, die dir Freude bereitet, sei es Yoga, Tanzen, Spazierengehen oder Laufen. Wichtig ist, dass du regelmäßig Bewegung in deinen Alltag integrierst.

- Achte dabei auch auf die Signale deines Körpers. Verspannungen, Müdigkeit oder Unruhe können Hinweise darauf sein, dass du dir eine Pause gönnen oder deine Bewegung intensivieren solltest.

Indem du deinen Körper pflegst, schaffst du eine stabile Grundlage für deine emotionale Gesundheit.

Dankbarkeitspraxis – Den Fokus auf das Positive lenken

Dankbarkeit zu üben ist eine einfache, aber wirkungsvolle Technik, um deine innere Widerstandskraft zu stärken. Indem du dich bewusst auf die positiven Dinge in deinem Leben konzentrierst, lenkst du deinen Fokus von den Herausforderungen hin zu dem, was bereits gut ist. Dankbarkeit hilft dir, deine Perspektive zu verschieben und in schwierigen Zeiten ein Gefühl von Hoffnung und Zufriedenheit zu bewahren.

Wie du Dankbarkeit üben kannst:

- Nimm dir jeden Abend Zeit, um drei Dinge aufzuschreiben, für die du an diesem Tag dankbar bist. Sie müssen nicht groß oder außergewöhnlich sein – manchmal reicht es, sich über eine kleine Geste, ein freundliches Lächeln oder einen ruhigen Moment zu freuen.

- Versuche, Dankbarkeit auch in schwierigen Situationen zu finden. Frage dich: „Was kann ich aus dieser Herausforderung lernen?" oder „Gibt es etwas Positives, das ich trotz der Schwierigkeiten sehe?"

Dankbarkeit öffnet dein Herz und hilft dir, selbst in den herausforderndsten Momenten die Schönheit des Lebens zu erkennen.

Diese Techniken bieten dir praktische Werkzeuge, um deine innere Widerstandskraft zu stärken. Indem du regelmäßig Achtsamkeit, Journaling, positive Selbstgespräche, Bewegung und Dankbarkeit in deinen Alltag integrierst, wirst du merken, wie du emotional stabiler und widerstandsfähiger wirst. Resilienz bedeutet nicht, nie zu fallen – es bedeutet, immer wieder aufzustehen, stärker als zuvor.

Der Umgang mit Stress, Angst und Wut

Stress, Angst und Wut sind normale, menschliche Emotionen, die wir alle erleben. Sie sind Teil unseres täglichen Lebens und treten oft in den herausforderndsten Momenten auf. Was diese Emotionen so schwierig macht, ist, dass sie uns manchmal überwältigen und aus der Bahn werfen können. Aber hier liegt auch die Chance: Der Umgang mit diesen intensiven Gefühlen kann uns lehren, emotional stärker und widerstandsfähiger zu werden. Es geht nicht darum, diese Gefühle zu vermeiden – das ist unmöglich. Es geht vielmehr darum, sie bewusst zu erkennen und gesunde Wege zu finden, sie zu verarbeiten.

Stress: Der Druck, der uns formt

Stress ist oft das Resultat, wenn wir das Gefühl haben, die Anforderungen unseres Lebens übersteigen unsere Ressourcen. Ob es um Arbeit, Familie oder persönliche Herausforderungen geht – Stress kann sich körperlich, geistig und emotional bemerkbar machen. Er zeigt sich in Form von Spannung, Erschöpfung und innerer Unruhe.

Doch während Stress unangenehm sein kann, ist er nicht immer nur negativ. In kleinen Dosen kann er uns motivieren und fokussieren. Das Problem entsteht, wenn Stress chronisch wird und unser Leben bestimmt. Resilienz bedeutet, einen Weg zu finden, um Stress so zu managen, dass er uns nicht überwältigt, sondern dass wir ihn nutzen, um stärker zu werden.

Wie du Stress bewältigen kannst:

- **Erkenne deine Stressfaktoren:** Nimm dir Zeit, um herauszufinden, was bei dir den meisten Stress verursacht. Ist es der Zeitdruck auf der Arbeit? Der Versuch, allem und jedem gerecht zu werden? Sobald du deine Stressauslöser identifiziert hast, kannst du bewusste Entscheidungen treffen, um entweder die Situation zu ändern oder deine Reaktion darauf.

- **Setze Prioritäten:** Oft entsteht Stress, weil wir versuchen, zu viele Dinge gleichzeitig zu erledigen. Erstelle eine Liste deiner Prioritäten und konzentriere dich auf das, was wirklich wichtig ist. Es ist okay, nicht alles perfekt zu machen – du bist genug, auch wenn du Pausen einlegst und Aufgaben delegierst .

- **Atemübungen und Achtsamkeit:** Wenn der Stress zu groß wird, kann eine einfache Atemübung helfen. Atme tief ein und zähle bis vier, halte den Atem für vier Sekunden an, und atme dann langsam durch den Mund aus. Diese kurze Übung beruhigt dein Nervensystem und bringt dich wieder in den Moment zurück.

Angst: Ein ständiger Begleiter?

Angst ist eine der häufigsten Emotionen, die wir erleben, und sie hat einen tiefen biologischen Zweck: Sie schützt uns vor Gefahren. Doch in der modernen Welt kann Angst manchmal überhandnehmen, vor allem, wenn sie sich auf Dinge bezieht, die nicht unmittelbar lebensbedrohlich sind – wie etwa die Angst vor dem Scheitern, vor Ablehnung oder vor dem Unbekannten.

Der Umgang mit Angst erfordert Mut. Es bedeutet, sich ihr zu stellen, anstatt vor ihr wegzulaufen. Angst kann uns lähmen, aber sie kann uns auch dazu bringen, zu wachsen, wenn wir lernen, mit ihr zu arbeiten, statt sie zu unterdrücken.

Wie du mit Angst umgehen kannst:

- **Akzeptiere die Angst:** Der erste Schritt im Umgang mit Angst besteht darin, sie anzuerkennen. Angst zu spüren, bedeutet nicht, dass du schwach bist. Ganz im Gegenteil: Es erfordert viel Mut, deine Ängste zu erkennen und ihnen ins Gesicht zu sehen. Frage dich: „Was genau macht mir Angst?"

Manchmal hilft es, die Angst konkret zu benennen, um ihr den Schrecken zu nehmen.

- **Schaffe Distanz zu deinen Gedanken:** Unsere Ängste basieren oft auf Gedanken, die möglicherweise gar nicht der Realität entsprechen. Du kannst lernen, diese Gedanken als das zu erkennen, was sie sind: Gedanken, nicht Tatsachen. Stell dir deine Gedanken wie Wolken am Himmel vor – du kannst sie beobachten, ohne dich von ihnen mitreißen zu lassen.

- **Visualisiere deinen Erfolg:** Wenn du mit einer angstvollen Situation konfrontiert bist, nimm dir einen Moment, um dir vorzustellen, wie du diese Situation erfolgreich meisterst. Visualisiere, wie du ruhig, gelassen und selbstbewusst durch die Herausforderung gehst. Diese einfache Übung kann dir helfen, das Vertrauen in deine eigenen Fähigkeiten zu stärken.

Wut: Die Energie, die transformiert werden kann

Wut ist eine der intensivsten Emotionen, die wir erleben können. Sie fühlt sich manchmal überwältigend an und kann leicht zu impulsiven Reaktionen führen. Aber Wut ist nicht per se schlecht – sie zeigt uns oft, wo unsere Grenzen überschritten wurden oder wo etwas in unserem Leben nicht im Gleichgewicht ist. Wut ist wie ein inneres Warnsignal, das uns sagt: „Hier stimmt etwas nicht!"

Doch anstatt die Wut zu unterdrücken oder unkontrolliert ausleben zu lassen, kannst du lernen, ihre Energie zu nutzen, um positive Veränderungen in deinem Leben herbeizuführen.

Wie du mit Wut umgehen kannst:

- **Erkenne die Wut an:** Der erste Schritt im Umgang mit Wut ist, sie nicht zu leugnen. Oft neigen wir dazu, Wut zu unterdrücken, weil wir glauben, sie sei eine „schlechte" Emotion. Aber Wut ist ein natürlicher Teil des Menschseins. Wenn du wütend bist, erkenne diese Emotion an, ohne dich dafür zu schämen.

- **Finde die Ursache der Wut:** Wut ist selten die erste Emotion, die wir empfinden. Oft liegt darunter eine tiefere Emotion wie Schmerz, Trauer oder Angst. Frage dich: „Was hat meine Wut ausgelöst? Gibt es eine tieferliegende Emotion, die ich vielleicht nicht sehen möchte?" Indem du deine Wut hinterfragst, kannst du besser verstehen, worum es wirklich geht.

- **Nutze die Energie der Wut:** Wut enthält eine Menge Energie. Anstatt diese Energie destruktiv auszuleben, kannst du sie nutzen, um positive Veränderungen in deinem Leben vorzunehmen. Vielleicht zeigt dir deine Wut, dass es an der Zeit ist, Grenzen zu setzen, oder dass du dich für etwas einsetzen musst, das dir wichtig ist.

Der Dreiklang: Stress, Angst und Wut als Lehrmeister

Auch wenn Stress, Angst und Wut sich oft unangenehm anfühlen, haben sie eine wichtige Funktion. Sie können dir zeigen, wo du mehr Selbstfürsorge, Grenzen oder Unterstützung brauchst. Indem du lernst, diesen Emotionen nicht auszuweichen, sondern ihnen mit Achtsamkeit und Verständnis zu begegnen, wirst du eine tiefere Verbindung zu dir selbst aufbauen und deine emotionale Widerstandskraft stärken.

Es ist wichtig zu verstehen, dass diese Emotionen nicht „weggehen", wenn du sie ignorierst. Sie werden immer wieder auftauchen – und das ist in Ordnung. Der Schlüssel liegt darin, sie als Teil deines menschlichen Erlebens anzuerkennen und sie nicht als Feind zu betrachten, sondern als Botschafter. Sie zeigen dir, wo du genauer hinschauen darfst, was in deinem Leben nicht im Gleichgewicht ist.

Indem du lernst, bewusst mit Stress, Angst und Wut umzugehen, wirst du deine emotionale Resilienz stärken. Du wirst erkennen, dass diese Emotionen nicht deine Feinde sind, sondern wertvolle Lehrmeister auf deinem Weg zu innerer Stärke und Ausgeglichenheit.

KAPITEL 3: GESUNDE BEZIEHUNGEN UND DAS SETZEN VON GRENZEN

Die Bedeutung von gesunden Bindungen für emotionale Gesundheit

Unsere Beziehungen sind ein Spiegel unserer emotionalen Gesundheit. Sie formen, wie wir die Welt sehen, wie wir mit Herausforderungen umgehen und wie wir uns selbst wahrnehmen. Gesunde Bindungen sind nicht nur das Fundament für erfüllende Beziehungen, sondern sie sind auch entscheidend für dein inneres Gleichgewicht und Wohlbefinden. Sie geben dir den Raum, authentisch zu sein, dich sicher zu fühlen und gleichzeitig zu wachsen. Ohne diese starken, stabilen Verbindungen fehlt uns oft ein Anker – ein Ort, an dem wir unsere emotionale Resilienz aufbauen können.

Warum wir soziale Wesen sind

Wir Menschen sind von Natur aus soziale Wesen. Wir sehnen uns nach Verbindung, nach Nähe und nach dem Gefühl, Teil einer Gemeinschaft zu sein. Gesunde Bindungen erfüllen dieses Grundbedürfnis nach Zugehörigkeit. Sie bieten uns die Möglichkeit, uns verstanden, gesehen und akzeptiert zu fühlen – so wie wir sind, mit all unseren Stärken und Schwächen. Beziehungen geben uns den Raum, uns zu entfalten, während sie uns gleichzeitig das Gefühl von Sicherheit und Geborgenheit schenken.

Stell dir vor, du stehst in einem Garten voller Blumen. Jede Blume wächst unterschiedlich, braucht unterschiedliche Pflege, und doch blühen sie alle im Zusammenspiel. So ist es auch mit unseren Beziehungen: Sie sind der Nährboden, in dem unsere emotionale Gesundheit wachsen und blühen kann. In den Momenten, in denen du dich von anderen unterstützt, geliebt und akzeptiert fühlst, wächst auch dein eigenes Selbstwertgefühl. Es ist dieser Rückhalt, der dir hilft, auch in schwierigen Zeiten standhaft zu bleiben.

Die Kraft gesunder Bindungen

Gesunde Bindungen sind nicht perfekt. Sie verlangen Arbeit, aber sie bieten dir einen Raum, in dem du authentisch sein kannst, ohne Angst vor Verurteilung oder Zurückweisung. In einer gesunden Beziehung darfst du Fehler machen, darfst du verletzlich sein, ohne befürchten zu müssen, dass dies deine Beziehung gefährdet. Genau diese Akzeptanz ist es, die dir erlaubt, emotional zu heilen und zu wachsen.

In gesunden Beziehungen geht es um gegenseitiges Geben und Nehmen. Du unterstützt und wirst unterstützt. Du teilst deine Gedanken, Sorgen und Freuden, und im Gegenzug teilt dein Gegenüber das Gleiche. Diese ausgewogene Dynamik stärkt beide Parteien, weil ihr gemeinsam durch die Höhen und Tiefen des Lebens geht. Emotionale Gesundheit wird dadurch gefördert, dass du dich auf andere verlassen kannst und sie sich auf dich verlassen können – eine Balance, die uns Stabilität und Sicherheit schenkt.

Die Rolle der Verletzlichkeit

In jeder gesunden Beziehung spielt Verletzlichkeit eine entscheidende Rolle. Es erfordert Mut, sich anderen gegenüber zu öffnen und die eigenen Unsicherheiten, Ängste und Schwächen zu zeigen. Aber genau das ist der Schlüssel zu tiefen und bedeutungsvollen Bindungen. Indem du dich verletzlich zeigst, gibst du anderen die Möglichkeit, dich wirklich zu sehen – nicht die perfekte Version von dir, sondern die echte, unvollkommene Version.

Wenn du zulässt, dass andere Menschen deine Verletzlichkeit sehen, schaffst du eine Verbindung, die tiefer geht als oberflächliche Gespräche oder Höflichkeiten. In diesen Momenten entsteht Vertrauen – und Vertrauen ist das Fundament jeder gesunden Beziehung. Es erfordert, dass du loslässt, was du glaubst, kontrollieren zu müssen, und stattdessen die Schönheit echter Nähe zulässt.

Gesunde Beziehungen als Schutzschild

Gesunde Beziehungen wirken wie ein Schutzschild gegen die Stürme des Lebens. Sie geben dir einen sicheren Hafen, wenn das Leben unvorhersehbar und schwierig wird. In den Momenten, in denen du dich verloren oder überwältigt fühlst, sind es oft diese stabilen Verbindungen, die dir helfen, wieder auf Kurs zu kommen.

Wenn du mit jemandem sprichst, dem du vertraust – einem Freund, Partner oder Familienmitglied –, spürst du die Last auf deinen Schultern leichter werden. Deine Sorgen werden geteilt, und plötzlich fühlt sich der Berg, den du zu erklimmen hast, weniger bedrohlich an. Gesunde Beziehungen schaffen Raum für emotionale Heilung und bieten dir die emotionale Unterstützung, die du brauchst, um dich selbst wieder zu finden.

Die Balance zwischen Geben und Nehmen

In gesunden Beziehungen geht es nicht nur darum, was du von anderen bekommst, sondern auch darum, was du gibst. Diese Balance zwischen Geben und Nehmen ist entscheidend. Wenn du bereit bist, in deine Beziehungen zu investieren – sei es durch Zuhören, durch Unterstützung oder einfach durch deine Anwesenheit –, schaffst du eine Grundlage, die von gegenseitiger Wertschätzung und Respekt geprägt ist.

Eine gesunde Beziehung bedeutet, dass du für andere da bist, aber auch, dass du dich auf andere verlassen kannst. Sie ist ein ständiger Fluss von Energie, Verständnis und Fürsorge. Wenn diese Balance stimmt, entsteht eine Dynamik, die beide Seiten stärkt und emotional nährt.

Emotionale Gesundheit durch stabile Verbindungen

Gesunde Bindungen tragen maßgeblich zur emotionalen Gesundheit bei. Sie bieten uns nicht nur Stabilität, sondern sie helfen uns auch, uns selbst besser zu verstehen. In der Interaktion mit anderen Menschen lernen wir, wer wir wirklich sind. Wir erkennen unsere Stärken, aber auch die Bereiche, in denen wir noch wachsen dürfen. Diese Reflexion, die in Beziehungen stattfindet, ermöglicht es uns, emotional zu reifen.

Je mehr wir uns in gesunden Beziehungen bewegen, desto besser lernen wir, was wir brauchen, um emotional ausgeglichen zu bleiben. Beziehungen geben uns den Spiegel, der uns zeigt, wie wir auf das Leben reagieren, und helfen uns dabei, unsere

Emotionen zu regulieren. Wir lernen, dass es okay ist, Unterstützung zu suchen, und dass es in Ordnung ist, nicht immer stark sein zu müssen.

Gesunde Bindungen kultivieren

Es ist wichtig, gesunde Beziehungen bewusst zu pflegen. Das bedeutet, Zeit und Energie in die Menschen zu investieren, die dir wichtig sind. Es bedeutet auch, Grenzen zu setzen, wo nötig, um deine eigenen emotionalen Bedürfnisse zu schützen. Gesunde Beziehungen basieren auf gegenseitigem Respekt, Vertrauen und Ehrlichkeit – und diese Eigenschaften erfordern bewusste Pflege.

Um gesunde Bindungen zu schaffen und zu erhalten, solltest du:

- **Offen und ehrlich kommunizieren**: Sprich deine Bedürfnisse aus und höre auch auf die Bedürfnisse der anderen. Ehrliche Kommunikation ist das Herzstück jeder gesunden Beziehung.

- **Verletzlich sein**: Zeige dich so, wie du bist, auch wenn es dir schwerfällt. In der Verletzlichkeit liegt die Chance für echte Nähe.

- **Grenzen setzen**: Es ist wichtig, deine eigenen Grenzen zu kennen und diese auch in Beziehungen zu kommunizieren. Nur so kannst du sicherstellen, dass du emotional gesund bleibst.

- **Dankbarkeit zeigen**: Wertschätze die Menschen, die dir nahestehen, und zeige ihnen, dass du ihre Unterstützung und Liebe nicht als selbstverständlich ansiehst.

Gesunde Bindungen sind unabdingbar für deine emotionale Gesundheit. Sie bieten dir den Raum, dich sicher zu fühlen, zu wachsen und deine emotionalen Ressourcen zu stärken. In Beziehungen, die von Vertrauen, Respekt und Offenheit geprägt sind, findest du die Unterstützung, die du brauchst, um in schwierigen Zeiten stark zu bleiben und dich selbst immer wieder zu finden.

Wie man toxische Beziehungen erkennt und loslässt

Manchmal ist es schwer, zuzugeben, dass eine Beziehung, die einst wichtig und wertvoll war, uns nicht mehr guttut. Toxische Beziehungen können einen tiefen emotionalen Einfluss auf uns haben, weil sie uns nicht nur Energie und Freude rauben, sondern uns auch daran hindern, unser volles Potenzial zu leben. Doch der erste Schritt zur Heilung besteht darin, zu erkennen, dass eine Beziehung toxisch geworden ist, und den Mut zu finden, sie loszulassen.

Was genau ist eine toxische Beziehung?

Eine toxische Beziehung zeichnet sich dadurch aus, dass sie mehr Leid als Freude bringt. Sie nährt sich von Kontrolle, Manipulation, emotionalem Missbrauch oder einem Ungleichgewicht in den Bedürfnissen. Das bedeutet nicht zwangsläufig, dass die andere Person „schlecht" ist – oft steckt viel Schmerz oder ungelöste Probleme hinter diesem Verhalten. Aber das macht die Beziehung nicht weniger schädlich. Eine toxische Beziehung untergräbt dein Selbstwertgefühl, verursacht ständige emotionale Turbulenzen und lässt dich in einem Zustand emotionaler Erschöpfung zurück.

Toxische Beziehungen können in allen Bereichen deines Lebens auftreten – in Partnerschaften, Freundschaften, bei der Arbeit oder sogar in der Familie. Es ist wichtig, zu erkennen, dass niemand das Recht hat, dein emotionales Wohlbefinden zu gefährden, egal, wie tief die Bindung ursprünglich war.

Die Anzeichen einer toxischen Beziehung

Toxische Beziehungen sind oft schwer zu erkennen, besonders wenn du emotional in die andere Person investiert bist. Du hast vielleicht das Gefühl, dass du diese Person nicht verlieren möchtest, oder dass es deine Verantwortung ist, die Beziehung zu „reparieren". Doch es gibt klare Anzeichen, die dir helfen können zu erkennen, ob eine Beziehung toxisch ist:

- **Ständiges Drama und Konflikt**: In toxischen Beziehungen scheint es nie Frieden zu geben. Es gibt immer wieder Dramen, Konflikte oder

Spannungen, die sich nie wirklich auflösen. Auch wenn es gute Momente gibt, sind sie oft von kurzer Dauer, bevor der nächste Konflikt auftritt.

- **Gefühl von Erschöpfung**: Nach jedem Treffen oder Gespräch mit dieser Person fühlst du dich emotional ausgelaugt. Es fühlt sich an, als ob die Beziehung dir mehr Energie nimmt, als sie dir gibt.

- **Mangel an Unterstützung**: In einer gesunden Beziehung sollten beide Seiten einander unterstützen. In einer toxischen Beziehung fehlt diese Unterstützung oft – deine Bedürfnisse werden ignoriert, und du fühlst dich allein in der Beziehung .

- **Manipulation und Kontrolle**: Toxische Beziehungen beinhalten oft subtile oder offensichtliche Formen von Manipulation. Vielleicht versuchst du ständig, es der anderen Person recht zu machen, oder du merkst, dass du dich aus Angst vor Konflikten verstellst.

- **Mangel an Vertrauen**: Vertrauen ist das Fundament jeder gesunden Beziehung. In einer toxischen Beziehung gibt es oft Misstrauen, Unsicherheit und das Gefühl, dass du dich ständig rechtfertigen musst.

- **Ständige Kritik und Herabsetzung**: Wenn die andere Person dich ständig kritisiert, abwertet oder dich schlecht fühlen lässt, ist dies ein klares Zeichen für eine toxische Dynamik. Dein Selbstwertgefühl leidet, und du beginnst vielleicht, an dir selbst zu zweifeln.

Diese Anzeichen sind wie kleine Warnleuchten, die dir signalisieren, dass du innehalten und die Beziehung genauer betrachten solltest. Es ist wichtig, dass du dir erlaubst, ehrlich zu sein und zu erkennen, dass diese Dynamik nicht gesund für dich ist.

Warum es so schwer ist, toxische Beziehungen loszulassen

Der Prozess, eine toxische Beziehung loszulassen, ist oft mit vielen Herausforderungen verbunden. Wir haben vielleicht das Gefühl, dass wir es der anderen Person „schuldig" sind, zu bleiben und zu helfen. Vielleicht gibt es auch Momente in der Beziehung, die schön und bedeutungsvoll waren, und es fällt schwer, diese Erinnerungen loszulassen.

Doch das Festhalten an einer toxischen Beziehung schadet dir mehr, als es nützt. Eine toxische Beziehung kann dein emotionales Wohlbefinden zerstören, dein Selbstwertgefühl schwächen und dich in einem Kreislauf von Schmerz und Verwirrung gefangen halten. Loslassen bedeutet nicht, dass du aufgibst oder scheiterst – es bedeutet, dass du dich für deine eigene emotionale Gesundheit entscheidest.

Es ist auch normal, Angst vor dem Alleinsein zu haben oder die Unsicherheit zu fürchten, die das Ende einer Beziehung mit sich bringt. Doch das Loslassen eröffnet dir die Möglichkeit, Raum für gesündere, liebevolle Beziehungen zu schaffen – Beziehungen, die dich aufbauen und in denen du dich frei und wertgeschätzt fühlen kannst.

Wie du eine toxische Beziehung loslässt

Der Prozess des Loslassens erfordert Mut und Selbstmitgefühl. Es ist kein einfacher Weg, aber es ist ein Schritt in Richtung emotionaler Freiheit. Hier sind einige Schritte, die dir helfen können, eine toxische Beziehung loszulassen:

- **Erkenne deine eigene Wertigkeit**: Du bist es wert, in Beziehungen zu sein, die dir Freude bringen und in denen du dich unterstützt fühlst. Erinnere dich daran, dass du das Recht hast, dich von Beziehungen zu lösen, die dir nicht guttun.

- **Setze klare Grenzen**: Beginne damit, Grenzen zu setzen. Dies kann bedeuten, dass du weniger Zeit mit der Person verbringst, klar kommunizierst, was du brauchst, oder dich emotional distanzierst, wenn die Beziehung zu belastend wird.

- **Sprich darüber**: Es ist wichtig, Unterstützung zu suchen. Sprich mit einem Freund, Therapeuten oder einer Vertrauensperson über deine Gefühle. Oft hilft es, die Perspektive einer außenstehenden Person zu hören, um Klarheit zu gewinnen.

- **Lass Schuldgefühle los**: Eine toxische Beziehung zu verlassen bedeutet nicht, dass du versagt hast. Du bist nicht für das Verhalten der anderen Person verantwortlich. Du trägst die Verantwortung für dein eigenes Wohlbefinden – und das bedeutet manchmal, schwierige Entscheidungen zu treffen.

- **Gib dir Zeit**: Der Prozess des Loslassens kann emotional sehr herausfordernd sein. Erlaube dir selbst, traurig, wütend oder unsicher zu sein. Emotionale Heilung braucht Zeit, und es ist okay, wenn der Weg nicht immer geradlinig verläuft.

- **Finde Wege, dich neu zu verbinden**: Nachdem du eine toxische Beziehung losgelassen hast, ist es wichtig, dich mit dir selbst und mit Menschen, die dir guttun, neu zu verbinden. Pflege deine anderen Beziehungen, die dir Kraft und Freude geben, und finde Aktivitäten, die dir helfen, wieder emotional aufzutanken.

Heilung nach toxischen Beziehungen

Das Loslassen einer toxischen Beziehung ist ein Akt des Selbstschutzes und der Selbstfürsorge, aber es kann auch Wunden hinterlassen. Der Heilungsprozess danach ist entscheidend, um wieder Vertrauen in dich selbst und in andere Beziehungen zu gewinnen.

Ein wichtiger Teil der Heilung besteht darin, Selbstmitgefühl zu üben. Erkenne an, dass du schwierige Entscheidungen getroffen hast, um dein eigenes Wohl zu schützen. Es ist in Ordnung, wenn der Heilungsprozess Zeit braucht. Erlaube dir selbst, langsam zu heilen, alte Wunden zu verarbeiten und neue, gesunde Beziehungen zu schaffen.

Denke daran, dass der Raum, den du durch das Loslassen einer toxischen Beziehung schaffst, Platz für gesunde, erfüllende Verbindungen bietet. Es mag schwer sein, aber es ist der Schritt, der dich auf deinem Weg zu emotionaler Gesundheit und einem erfüllteren Leben voranbringt.

Toxische Beziehungen zu erkennen und loszulassen ist ein Akt der Selbstliebe und des Mutes. Du entscheidest dich dafür, deine eigene emotionale Gesundheit an erste Stelle zu setzen und Platz für Beziehungen zu schaffen, die dich wirklich nähren und aufbauen.

Grenzen setzen: Schutz vor emotionaler Erschöpfung

Grenzen zu setzen ist eine der wichtigsten Fähigkeiten, um emotionale Gesundheit und Wohlbefinden zu bewahren. Ohne gesunde Grenzen kann es leicht passieren, dass du dich von den Anforderungen anderer überwältigt fühlst und deine eigenen Bedürfnisse vernachlässigst. Grenzen zu setzen ist kein Zeichen von Schwäche oder Egoismus – es ist ein Akt der Selbstfürsorge und des Respekts gegenüber dir selbst und anderen. Indem du Grenzen setzt, schaffst du Raum für dein emotionales Gleichgewicht und verhinderst, dass du in die Falle der emotionalen Erschöpfung gerätst.

Was sind emotionale Grenzen?

Emotionale Grenzen sind die unsichtbaren Linien, die du um dich herumziehst, um dein emotionales Wohlbefinden zu schützen. Sie definieren, wie weit du bereit bist zu gehen, was du von anderen akzeptierst und wie viel Energie du in bestimmte Beziehungen oder Situationen investierst. Ohne klare Grenzen kann es leicht passieren, dass du dich überforderst, zu viel Verantwortung für die Gefühle und Probleme anderer übernimmst oder ständig Ja sagst, auch wenn du innerlich eigentlich Nein meinst.

Grenzen setzen bedeutet, deine eigenen Bedürfnisse anzuerkennen und sie ernst zu nehmen. Es geht darum, dich selbst zu schützen, damit du nicht ausbrennst, und gleichzeitig deine Beziehungen zu verbessern, indem du klar und ehrlich kommunizierst.

Warum es so schwer ist, Grenzen zu setzen

Grenzen zu setzen fällt vielen von uns schwer, weil wir oft das Gefühl haben, anderen gefallen zu müssen oder sie nicht enttäuschen zu dürfen. Vielleicht hast du Angst, dass du als egoistisch oder unfreundlich wahrgenommen wirst, wenn du Nein sagst. Oder du glaubst, dass es deine Aufgabe ist, die Bedürfnisse anderer vor deine eigenen zu stellen.

Doch die Wahrheit ist: Wenn du keine klaren Grenzen setzt, schadest du nicht nur dir selbst, sondern auch deinen Beziehungen. Denn wenn du ständig über deine eigenen Bedürfnisse hinweggehst, wirst du irgendwann emotional erschöpft, was zu

Frustration, Groll und Missverständnissen führt. Grenzen zu setzen bedeutet nicht, dass du weniger liebevoll oder unterstützend bist – es bedeutet, dass du dich selbst respektierst und sicherstellst, dass du auch langfristig emotional verfügbar und ausgeglichen bleibst.

Die Anzeichen, dass du deine Grenzen nicht schützt

Es gibt einige klare Anzeichen dafür, dass deine Grenzen in deinen Beziehungen möglicherweise nicht ausreichend geschützt sind:

- **Emotionale Erschöpfung:** Du fühlst dich ständig müde und ausgelaugt, weil du mehr gibst, als du empfangen kannst. Deine Energie wird ständig von anderen aufgebraucht.

- **Groll und Frustration:** Obwohl du versuchst, es allen recht zu machen, spürst du innerlich einen wachsenden Groll, weil deine eigenen Bedürfnisse nicht berücksichtigt werden.

- **Schwierigkeit, Nein zu sagen:** Du sagst häufig Ja, auch wenn du innerlich Nein fühlst, aus Angst vor Ablehnung oder Konflikten.

- **Gefühl, ausgenutzt zu werden:** Du hast das Gefühl, dass andere von dir profitieren, ohne dir die gleiche Unterstützung zurückzugeben.

Wenn du dich in diesen Anzeichen wiedererkennst, könnte es an der Zeit sein, deine Grenzen neu zu setzen und zu stärken.

Wie du gesunde Grenzen setzt

Grenzen zu setzen erfordert Mut und Klarheit. Es bedeutet, dir selbst zu erlauben, deine Bedürfnisse an erste Stelle zu setzen, ohne Schuldgefühle zu haben. Hier sind einige Schritte, die dir helfen können, gesunde emotionale Grenzen zu etablieren:

- **Erkenne deine eigenen Bedürfnisse**: Der erste Schritt, um gesunde Grenzen zu setzen, besteht darin, dir deiner eigenen Bedürfnisse bewusst zu werden. Frage dich: „Was brauche ich, um mich emotional ausgeglichen zu fühlen? Was sind die Dinge, die mir Energie geben und was raubt mir Energie?" Wenn du dir klar über deine Bedürfnisse bist, kannst du deine Grenzen entsprechend anpassen.

- **Kommunuziere klar und freundlich**: Wenn du eine Grenze setzen musst, sei klar und direkt, aber auch freundlich. Du kannst sagen: „Ich schätze unsere Beziehung sehr, aber ich merke, dass ich mehr Zeit für mich brauche, um emotional ausgeglichen zu bleiben." Oder: „Ich möchte dir gerne helfen, aber heute schaffe ich es nicht. Lass uns einen anderen Zeitpunkt finden." Es geht darum, deine Bedürfnisse ohne Schuldgefühle auszudrücken und gleichzeitig respektvoll zu bleiben.

- **Lerne, Nein zu sagen**: Nein zu sagen, kann herausfordernd sein, aber es ist einer der kraftvollsten Wege, um deine Grenzen zu schützen. Wenn du spürst, dass du eine Bitte ablehnen musst, tue es ohne lange Erklärungen oder Ausreden. Ein einfaches „Das passt für mich gerade nicht" reicht aus. Denke daran, dass du niemandem verpflichtet bist, dich zu überlasten.

- **Schütze deine Zeit und Energie**: Emotionale Erschöpfung entsteht oft, wenn wir unsere Zeit und Energie unbedacht in Dinge investieren, die uns nicht guttun. Setze klare Grenzen, wann und wie du deine Zeit mit anderen teilst. Zum Beispiel kannst du entscheiden, an bestimmten Tagen oder zu bestimmten Zeiten keine Verpflichtungen einzugehen, um Raum für dich selbst zu schaffen.

- **Übe dich in Selbstfürsorge**: Grenzen setzen und sie zu schützen erfordert, dass du gut auf dich selbst achtest. Selbstfürsorge ist nicht verhandelbar, wenn du emotional ausgeglichen bleiben möchtest. Nimm dir bewusst Zeit für Dinge, die dich nähren, sei es durch Ruhe, Hobbys oder die Verbindung mit Menschen, die dir guttun.

Die Kraft des Nein-Sagens

Ein klares Nein kann dir den emotionalen Raum geben, den du brauchst, um dich zu erholen und wieder aufzutanken. Es erlaubt dir, dich selbst zu priorisieren, ohne dich für andere aufzuopfern. Viele von uns haben gelernt, dass Nein-Sagen egoistisch ist, aber das Gegenteil ist der Fall: Indem du Nein sagst, schützt du deine Energie und deine emotionale Gesundheit, sodass du auch langfristig für die Menschen da sein kannst, die dir wichtig sind.

Es ist zu empfehlen, das Nein-Sagen als einen Akt der Selbstfürsorge zu sehen, nicht als Ablehnung gegenüber anderen. Wenn du ein Nein freundlich, aber klar kommunizierst, wirst du erstaunt sein, wie sehr deine Mitmenschen dein Bedürfnis nach Grenzen respektieren. In den meisten Fällen reagieren Menschen positiv, weil du deine Bedürfnisse ehrlich und authentisch vertrittst.

Der emotionale Gewinn durch gesunde Grenzen

Gesunde Grenzen bringen dir nicht nur emotionalen Schutz, sondern auch tiefere und erfüllendere Beziehungen. Wenn du klar kommunizierst, was du brauchst und was du nicht tolerieren kannst, schaffst du Raum für Authentizität und gegenseitigen Respekt in deinen Beziehungen. Du wirst feststellen, dass deine Verbindungen zu anderen stärker werden, weil du deine eigene Integrität bewahrst und gleichzeitig für dich und deine Bedürfnisse einstehst.

Grenzen setzen bedeutet, dir selbst den Raum zu geben, den du brauchst, um in deinem eigenen Tempo zu wachsen, zu heilen und dich emotional ausgeglichen zu fühlen. Indem du deine Grenzen schützt, wirst du dich selbst mehr respektieren und auch von anderen diesen Respekt erfahren.

Grenzen zu setzen ist kein Akt der Abgrenzung, sondern der Selbstliebe. Es ist der Schlüssel, um emotional gesund zu bleiben und dich vor Erschöpfung zu schützen. Deine Bedürfnisse sind wichtig, und indem du lernst, deine Grenzen zu wahren, schaffst du dir den Raum, den du brauchst, um stark, authentisch und voller Energie zu leben.

KAPITEL 4: GLAUBENSSÄTZE HINTERFRAGEN UND NEU GESTALTEN

Alte Glaubenssätze und ihre Auswirkungen auf das emotionale Wohlbefinden

Jeder von uns lebt mit einer Reihe von Glaubenssätzen, die tief in uns verankert sind und unser tägliches Denken, Fühlen und Handeln prägen. Diese Glaubenssätze haben sich oft schon in der Kindheit gebildet, beeinflusst durch unsere Familien, unsere Erfahrungen und die Gesellschaft. Sie steuern, wie wir uns selbst und die Welt um uns herum wahrnehmen – und oft sind sie uns nicht einmal bewusst. Manche dieser Glaubenssätze sind unterstützend und positiv, während andere uns festhalten, blockieren und unser emotionales Wohlbefinden negativ beeinflussen.

Alte Glaubenssätze, besonders die, die limitierend oder negativ sind, können einen immensen Einfluss darauf haben, wie wir uns selbst und unser Leben erleben. Sie sind wie unsichtbare Mauern, die uns davon abhalten, unser volles Potenzial zu entfalten, und uns immer wieder in denselben emotionalen Mustern gefangen halten.

Was sind Glaubenssätze?

Glaubenssätze sind tief verankerte Überzeugungen, die wir über uns selbst, andere Menschen und die Welt haben. Sie dienen als innere Richtlinien, nach denen wir unser Leben gestalten. Manche Glaubenssätze sind uns bewusst, wie „Ich glaube daran, dass harte Arbeit Erfolg bringt". Doch viele andere sind unbewusst und wirken im Hintergrund, oft ohne dass wir merken, dass sie uns leiten.

Diese unbewussten Glaubenssätze können sowohl unterstützend als auch einschränkend sein. Unterstützende Glaubenssätze helfen uns, Herausforderungen zu meistern und uns selbst mit Liebe und Mitgefühl zu begegnen. Einschränkende Glaubenssätze hingegen schaffen eine negative Erzählung in unserem Inneren, die uns klein hält und unser emotionales Wohlbefinden schwächt.

Wie alte Glaubenssätze entstehen

Alte, einschränkende Glaubenssätze entstehen oft durch prägende Erfahrungen in der Kindheit oder Jugend. Vielleicht hast du als Kind oft gehört, dass du nur dann wertvoll bist, wenn du immer perfekt bist, oder dass du es nicht verdienst, geliebt zu werden, wenn du nicht den Erwartungen anderer entsprichst. Diese Botschaften haben sich tief in dein Unterbewusstsein eingegraben und formen nun, oft unbemerkt, deine Sicht auf dich selbst und dein Leben.

Manchmal entstehen Glaubenssätze auch durch schmerzhafte Erfahrungen. Wenn du zum Beispiel in einer früheren Beziehung abgelehnt wurdest, könntest du unbewusst den Glaubenssatz entwickelt haben, dass du nicht liebenswert bist oder dass du immer verlassen wirst. Solche Glaubenssätze beeinflussen, wie du zukünftige Beziehungen eingehst, oft ohne dass du es bewusst wahrnimmst.

Die Auswirkungen einschränkender Glaubenssätze auf dein emotionales Wohlbefinden

Einschränkende Glaubenssätze können einen erheblichen Einfluss auf dein emotionales Wohlbefinden haben. Sie beeinflussen, wie du dich selbst wahrnimmst, wie du auf Herausforderungen reagierst und wie du Beziehungen gestaltest. Hier sind einige der häufigsten Wege, wie alte Glaubenssätze dein emotionales Leben negativ beeinflussen können:

- **Selbstzweifel und geringes Selbstwertgefühl**: Wenn du den Glaubenssatz verinnerlicht hast, dass du nicht gut genug bist, führt das oft zu ständigen Selbstzweifeln. Du beginnst, an deinen Fähigkeiten und deinem Wert zu zweifeln, und das hindert dich daran, selbstbewusst durchs Leben zu gehen. Wer kennt nicht den Spruch „Der Esel nennt sich immer zuerst." Und jetzt überlege einmal, was dieser Satz mit deinem Selbstwertgefühl macht. Genau, du stellst dich immer nach hinten.

- **Perfektionismus**: Ein weit verbreiteter Glaubenssatz ist, dass du nur dann wertvoll bist, wenn du perfekt bist. Dieser Glaubenssatz setzt dich unter ständigen Druck, Fehler zu vermeiden, was zu Stress, Angst und Erschöpfung führen kann. Setzt du voraus, dass die ganze Welt um dich herum perfekt ist? Oft mag man doch jemand genau wegen seiner Makel. Umgekehrt ist das nicht anders.

- **Angst vor Ablehnung**: Wenn du glaubst, dass du nur dann geliebt wirst, wenn du dich anpasst oder die Erwartungen anderer erfüllst, wirst du möglicherweise Schwierigkeiten haben, authentisch du selbst zu sein. Diese Angst vor Ablehnung kann dazu führen, dass du dich in Beziehungen verstellst und dein wahres Selbst versteckst, was langfristig emotional erschöpfend ist.

- **Negative Selbsterzählungen**: Einschränkende Glaubenssätze schaffen oft negative innere Erzählungen, die deine Sicht auf dich selbst und die Welt verzerren. Du siehst dich vielleicht als unzureichend oder als jemanden, der nicht verdient, glücklich zu sein. Diese Erzählungen beeinflussen, wie du auf Herausforderungen reagierst und können dich in einem Kreislauf negativer Emotionen festhalten. Stelle dir vor, du warst eine Woche im Urlaub. 7 Tage, davon drei Tage Dauerregen, ein Tag trocken und drei Tage Sonnenschein. Die allermeisten von uns tendieren dazu, das Negative in den Vordergrund zu zu stellen. „Menno, wir hatten soooo ein schlechtes Wetter!". Besinne dich auf die schönen Dinge. „Das Wetter war durchwachsen, aber hey, wir hatten so einen tollen Spass und genossen traumhafte Sonnenuntergänge bei einem Aperol." Merkst du den großen Unterschied zwischen diesen beiden Sätzen? Es geht nicht darum, Dinge zwanghaft zu beschönigen. Aber die Energie, die du für die negativen Erzählungen aufbringen musst ist viel zu wertvoll und leider oft viel zu nachhaltig. Meist wird im kommenden Urlaub noch davon geredet, wie schlecht doch der letzte Urlaub war. Das ist absolut schade.

Wie du alte Glaubenssätze erkennst

Der erste Schritt, um die Macht alter Glaubenssätze zu brechen, ist, sie zu erkennen. Oft sind sie so tief in uns verankert, dass wir sie für selbstverständlich halten und nicht hinterfragen. Doch indem du dich selbst bewusst beobachtest und dir erlaubst, deine inneren Überzeugungen zu hinterfragen, kannst du anfangen, diese limitierenden Glaubenssätze ans Licht zu bringen.

Hier sind einige Fragen, die dir helfen können, deine alten Glaubenssätze zu erkennen:

- Was erzähle ich mir selbst in Momenten, in denen ich versage oder mich unsicher fühle?

- Welche Überzeugungen habe ich über mich selbst, die mich zurückhalten oder mir das Gefühl geben, nicht gut genug zu sein?

- Gibt es wiederkehrende Muster in meinem Leben, die auf einschränkende Glaubenssätze hindeuten? Zum Beispiel das Gefühl, nicht erfolgreich sein zu können, Beziehungen immer scheitern zu sehen oder ständig das Gefühl zu haben, mich beweisen zu müssen.

Wenn du diese Fragen ehrlich beantwortest, wirst du anfangen, die tieferliegenden Überzeugungen zu erkennen, die dein Leben prägen.

Den Kreislauf durchbrechen

Die gute Nachricht ist: Glaubenssätze sind veränderbar. Du bist nicht für immer an die alten, limitierenden Erzählungen gebunden, die du dir selbst erzählst. Der Prozess, Glaubenssätze zu verändern, erfordert Bewusstsein, Geduld und Mitgefühl mit dir selbst. Es geht nicht darum, die Glaubenssätze über Nacht loszuwerden, sondern sie Schritt für Schritt zu hinterfragen und durch unterstützende, positive Überzeugungen zu ersetzen.

Hier sind einige Schritte, die dir helfen können, alte Glaubenssätze zu transformieren:

- **Hinterfrage den Glaubenssatz:** Stelle den einschränkenden Glaubenssatz infrage, sobald du ihn erkennst. Frage dich: „Ist das wirklich wahr? Gibt es Beweise dafür, dass dieser Glaubenssatz nicht stimmt?" Oft basieren diese Glaubenssätze auf alten Erfahrungen, die nicht mehr relevant für dein heutiges Leben sind.

- **Finde positive Alternativen:** Ersetze den einschränkenden Glaubenssatz durch einen unterstützenden. Zum Beispiel: Statt „Ich bin nicht gut genug" könntest du sagen „Ich bin genug, so wie ich bin." Diese neuen Glaubenssätze stärken dein Selbstwertgefühl und helfen dir, auf gesündere Weise auf Herausforderungen zu reagieren.

- **Übe Selbstmitgefühl:** Wenn alte Glaubenssätze auftauchen, sei geduldig und liebevoll mit dir selbst. Es ist normal, dass diese Überzeugungen immer wieder zurückkommen, besonders wenn sie tief verankert sind. Übe Selbstmitgefühl, indem du dich daran erinnerst, dass du in einem Prozess des Wachstums und der Veränderung bist.

- **Erstelle neue innere Erzählungen**: Du hast die Macht, deine eigene innere Erzählung zu gestalten. Statt dich von alten Glaubenssätzen dominieren zu lassen, erschaffe neue, kraftvolle Erzählungen über dich selbst. Diese neuen Erzählungen sind eine Quelle der Stärke, die dir hilft, dein emotionales Wohlbefinden zu fördern und dein Leben bewusst zu gestalten.

Alte Glaubenssätze mögen tief in uns verwurzelt sein, aber sie definieren nicht, wer du wirklich bist. Indem du diese einschränkenden Überzeugungen erkennst und beginnst, sie zu hinterfragen, kannst du die Kontrolle über deine emotionale Gesundheit zurückgewinnen und ein Leben führen, das von Selbstliebe, Mitgefühl und innerer Freiheit geprägt ist.

Wege, destruktive Überzeugungen zu erkennen und zu verändern

Destruktive Überzeugungen können wie unsichtbare Ketten sein, die dich festhalten und dich davon abhalten, dein volles Potenzial zu leben. Oft sind diese Überzeugungen so tief in deinem Unterbewusstsein verankert, dass du nicht einmal bemerkst, wie sehr sie deine Gedanken, Gefühle und Handlungen beeinflussen. Sie erzeugen negative Muster und halten dich in einem Kreislauf von Selbstzweifeln, Angst oder Scham gefangen. Doch der erste Schritt zur Befreiung besteht darin, diese destruktiven Überzeugungen zu erkennen – und dann zu lernen, wie du sie verändern kannst.

Es ist möglich, diese tief verwurzelten Glaubenssätze zu transformieren und durch positive, stärkende Überzeugungen zu ersetzen. Es erfordert Mut, Entschlossenheit und vor allem Selbstmitgefühl, um dich von den Fesseln dieser alten Erzählungen zu befreien. Doch mit den richtigen Werkzeugen kannst du beginnen, dein inneres Skript umzuschreiben und dein Leben neu auszurichten.

Wie du destruktive Überzeugungen erkennst

Oft zeigen sich destruktive Überzeugungen nicht sofort. Sie wirken im Hintergrund und beeinflussen deine Wahrnehmung, deine Entscheidungen und sogar deine

Beziehungen. Destruktive Überzeugungen entstehen häufig aus vergangenen Erfahrungen – vielleicht aus Kindheitserlebnissen, wiederholten Misserfolgen oder aus den Botschaften, die du von anderen übernommen hast.

Hier sind einige Anzeichen, dass ein destruktiver Glaubenssatz am Werk ist:

- **Wiederkehrende negative Gedanken**: Du bemerkst, dass du immer wieder dieselben negativen Dinge über dich selbst denkst. Zum Beispiel: „Ich bin nicht gut genug", „Ich werde immer scheitern" oder „Niemand liebt mich, wie ich bin."

- **Emotionale Reaktionen, die nicht zu der Situation passen**: Manchmal reagierst du in bestimmten Situationen übermäßig emotional – sei es durch Wut, Trauer oder Angst. Diese Reaktionen können darauf hinweisen, dass ein tieferliegender Glaubenssatz getriggert wurde.

- **Selbstsabotage**: Du fängst ein Projekt an, sabotierst es aber auf halbem Weg oder gibst auf, bevor du wirklich eine Chance hast, erfolgreich zu sein. Destruktive Überzeugungen wie „Ich werde sowieso scheitern" können dich daran hindern, deine Ziele zu erreichen.

- **Begrenzende Muster in Beziehungen**: Vielleicht merkst du, dass du immer wieder ähnliche Konflikte in deinen Beziehungen erlebst oder dich von bestimmten Menschen angezogen fühlst, die nicht gut für dich sind. Destruktive Überzeugungen können dich dazu bringen, ungesunde Muster zu wiederholen.

Beobachte deine inneren Dialoge

Der erste Schritt, um destruktive Überzeugungen zu erkennen, besteht darin, auf deine inneren Dialoge zu achten. Diese „Selbstgespräche" laufen oft unbewusst ab, aber sie haben einen starken Einfluss auf dein emotionales Wohlbefinden. Wenn du merkst, dass deine Gedanken negativ, selbstkritisch oder übermäßig streng sind, kann das ein Hinweis darauf sein, dass ein destruktiver Glaubenssatz am Werk ist.

Wie du beginnen kannst:

- Nimm dir täglich ein paar Minuten Zeit, um deine Gedanken bewusst zu beobachten. Frage dich: „Was sage ich mir selbst in Momenten der Unsicherheit oder des Versagens?"

- Schreibe diese Gedanken in ein Journal. Du wirst vielleicht Muster erkennen – wiederkehrende Themen oder Überzeugungen, die dich zurückhalten.

Indem du dir deiner inneren Dialoge bewusst wirst, kannst du den ersten Schritt tun, um destruktive Überzeugungen ans Licht zu bringen.

Stelle deinen Glaubenssatz infrage

Sobald du einen destruktiven Glaubenssatz erkannt hast, besteht der nächste Schritt darin, ihn infrage zu stellen. Viele dieser Überzeugungen basieren auf vergangenen Erfahrungen oder falschen Annahmen über dich selbst. Sie fühlen sich vielleicht „wahr" an, weil du sie schon so lange in dir trägst, aber das bedeutet nicht, dass sie tatsächlich wahr sind.

Fragen, die du dir stellen kannst:

- **„Ist das wirklich wahr?"** Frage dich ehrlich, ob dieser Glaubenssatz tatsächlich auf Tatsachen beruht oder ob er nur eine alte, unreflektierte Überzeugung ist.

- **„Woher kommt dieser Glaubenssatz?"** Versuche, den Ursprung des Glaubenssatzes zu finden. Hast du ihn vielleicht in deiner Kindheit übernommen oder aufgrund einer bestimmten schmerzhaften Erfahrung entwickelt?

- **„Gibt es Beweise, die das Gegenteil zeigen?"** Suche nach Beweisen in deinem Leben, die dem Glaubenssatz widersprechen. Wenn du zum Beispiel glaubst, dass du immer scheitern wirst, finde Momente in deinem Leben, in denen du erfolgreich warst.

Indem du deinen Glaubenssatz hinterfragst, beginnst du, seine Macht über dich zu brechen.

Entwickle neue, positive Überzeugungen

Das Erkennen und Infragestellen eines destruktiven Glaubenssatzes ist der erste Schritt. Doch um wirkliche Veränderung zu bewirken, musst du ihn durch neue, stärkende Überzeugungen ersetzen. Diese neuen Überzeugungen sollten dir helfen, dich selbst mit mehr Mitgefühl, Stärke und Zuversicht zu sehen.

So entwickelst du neue Überzeugungen:

- **Ersetze den negativen Glaubenssatz**: Wenn du zum Beispiel den Glaubenssatz „Ich bin nicht gut genug" erkannt hast, ersetze ihn durch „Ich bin genug, so wie ich bin." Schreibe diesen neuen Glaubenssatz auf und erinnere dich regelmäßig daran.

- **Sprich deine neuen Überzeugungen laut aus**: Wiederhole deine neuen, positiven Überzeugungen laut vor dem Spiegel oder schreibe sie auf Zettel und platziere sie an Stellen, an denen du sie oft sehen kannst. Diese Affirmationen helfen dir, dein Gehirn neu zu programmieren und den neuen Glaubenssatz zu verankern.

- **Handle entsprechend deiner neuen Überzeugungen**: Um den neuen Glaubenssatz zu festigen, musst du anfangen, entsprechend zu handeln. Wenn du beispielsweise den neuen Glaubenssatz „Ich verdiene es, glücklich zu sein" entwickelt hast, triff Entscheidungen, die dein Glück fördern, und achte darauf, wie du dich in diesen Momenten fühlst.

Praktiziere Selbstmitgefühl

Destruktive Glaubenssätze neigen dazu, hart und verurteilend zu sein. Sie machen uns klein und lassen uns das Gefühl haben, nicht gut genug zu sein. Der Gegenspieler zu diesen harten Überzeugungen ist Selbstmitgefühl. Selbstmitgefühl bedeutet, dich selbst mit der gleichen Freundlichkeit und Geduld zu behandeln, die du einem geliebten Menschen entgegenbringen würdest.

Wie du Selbstmitgefühl üben kannst:

- **Sei geduldig mit dir selbst**: Der Prozess, destruktive Glaubenssätze zu verändern, braucht Zeit. Erwarte nicht, dass sich deine Überzeugungen über Nacht ändern. Sei liebevoll und geduldig mit dir, während du diesen Weg gehst.

- **Vergib dir selbst**: Wenn du merkst, dass du in alte Muster zurückfällst oder wieder an einen destruktiven Glaubenssatz glaubst, vergib dir selbst. Anstatt dich selbst zu verurteilen, erinnere dich daran, dass Veränderung ein Prozess ist.

- **Erinnere dich daran, dass du nicht allein bist**: Viele Menschen kämpfen mit destruktiven Glaubenssätzen. Du bist nicht allein in diesem Prozess. Der Weg der Selbstheilung und des Wachstums ist universell – und es gibt Unterstützung und Ressourcen, um dich auf diesem Weg zu begleiten.

Hole dir Unterstützung

Der Prozess, destruktive Überzeugungen zu erkennen und zu verändern, kann emotional herausfordernd sein. Manchmal sind diese Glaubenssätze tief verwurzelt, und es kann hilfreich sein, Unterstützung zu suchen. Sprich mit einem Therapeuten, Coach oder einer vertrauenswürdigen Person, die dir helfen kann, deine Überzeugungen zu reflektieren und neue Perspektiven zu entwickeln.

Indem du diesen Weg nicht allein gehst, kannst du deine emotionale Resilienz stärken und tiefere Einsichten in deine inneren Überzeugungen gewinnen.

Destruktive Glaubenssätze zu verändern, ist ein Prozess, der Mut und Selbstreflexion erfordert. Doch indem du diese alten Überzeugungen erkennst, hinterfragst und durch neue, unterstützende Glaubenssätze ersetzt, wirst du dich selbst auf einer tieferen Ebene heilen. Du wirst frei von den Ketten, die dich zurückgehalten haben, und beginnst, ein Leben zu führen, das von Selbstvertrauen, Mitgefühl und innerer Stärke geprägt ist.

Positive Glaubenssätze entwickeln

Positive Glaubenssätze sind der Schlüssel zu emotionaler Gesundheit und einem erfüllten Leben. Sie wirken wie ein innerer Kompass, der dich ermutigt, dich selbst und die Welt um dich herum mit mehr Vertrauen, Mitgefühl und Zuversicht zu betrachten. Im Gegensatz zu destruktiven Glaubenssätzen, die dich zurückhalten, geben dir positive Glaubenssätze die Erlaubnis, zu wachsen, dich weiterzuentwickeln und Herausforderungen mit mehr Leichtigkeit zu begegnen.

Das Schöne an Glaubenssätzen ist, dass du sie verändern kannst. Du bist nicht an die alten, negativen Überzeugungen gebunden, die dich klein halten oder dich in Zweifel stürzen. Du hast die Fähigkeit, bewusst positive Glaubenssätze zu entwickeln, die dir helfen, dein volles Potenzial zu leben und deine emotionale Widerstandskraft zu stärken.

Warum positive Glaubenssätze so wichtig sind

Positive Glaubenssätze beeinflussen, wie du dich selbst und die Welt siehst. Sie formen deine Wahrnehmung, deine Entscheidungen und letztlich dein Leben. Wenn du glaubst, dass du fähig, stark und liebenswert bist, wirst du ganz anders auf Herausforderungen reagieren, als wenn du denkst, dass du nicht gut genug bist oder ständig versagen wirst.

Positive Glaubenssätze schaffen ein Fundament des Selbstvertrauens und der inneren Ruhe. Sie ermöglichen es dir, dich mit mehr Mitgefühl und Selbstliebe zu sehen und helfen dir, aus schwierigen Situationen gestärkt hervorzugehen.

Ein positiver Glaubenssatz ist wie ein Anker, der dich durch die Stürme des Lebens trägt. Wenn du daran glaubst, dass du genug bist, so wie du bist, wirst du selbst in Momenten des Zweifelns oder der Unsicherheit die innere Kraft haben, weiterzumachen.

Wie du positive Glaubenssätze entwickelst

Positive Glaubenssätze entstehen nicht über Nacht, aber du kannst sie Schritt für Schritt aufbauen. Der Schlüssel liegt darin, destruktive Glaubenssätze zu erkennen, sie infrage zu stellen und bewusst neue, unterstützende Überzeugungen zu formulieren. Hier sind einige Ansätze, die dir helfen, positive Glaubenssätze in dein Leben zu integrieren:

1. Beginne mit Selbstreflexion

Der erste Schritt, um positive Glaubenssätze zu entwickeln, besteht darin, dir deiner aktuellen Überzeugungen bewusst zu werden. Setze dich hin und frage dich: „Welche Überzeugungen über mich selbst und das Leben halte ich für wahr?" Notiere dir sowohl die positiven als auch die negativen Glaubenssätze, die dir in den Sinn kommen.

Beispiel:

- Negativer Glaubenssatz: „Ich bin nicht gut genug."
- Positiver Glaubenssatz: „Ich bin genug, genau so, wie ich bin."

Dieser Prozess der Selbstreflexion hilft dir, die negativen Überzeugungen, die dich bisher zurückgehalten haben, zu identifizieren und ihnen bewusste, positive Alternativen entgegenzustellen.

2. Formuliere klare, positive Glaubenssätze

Sobald du erkannt hast, welche Glaubenssätze dich limitieren, geht es darum, neue, positive Überzeugungen zu entwickeln. Diese neuen Glaubenssätze sollten realistisch, unterstützend und aufbauend sein. Sie müssen nicht perfekt sein, aber sie sollten dir helfen, eine gesündere und positivere Sichtweise auf dich selbst und deine Fähigkeiten zu entwickeln.

Beispiel:

- Negativer Glaubenssatz: „Ich werde immer scheitern."

- Positiver Glaubenssatz: „Ich bin fähig, Herausforderungen zu meistern, und ich wachse mit jeder Erfahrung."

Achte darauf, deine positiven Glaubenssätze in einer Weise zu formulieren, die dich motiviert und stärkt. Statt zu sagen „Ich will erfolgreich sein", könntest du sagen: „Ich habe die Kraft, erfolgreich zu sein." Die Formulierung im Präsens macht den Glaubenssatz kraftvoller und verankert ihn in deiner gegenwärtigen Realität.

3. Wiederhole deine positiven Glaubenssätze regelmäßig

Positive Glaubenssätze entfalten ihre volle Kraft, wenn du sie regelmäßig wiederholst. Du kannst sie laut vor dem Spiegel sagen, in dein Tagebuch schreiben oder sie dir auf kleine Zettel notieren, die du an Orten platzierst, an denen du sie oft siehst – am Badezimmerspiegel, an deinem Schreibtisch oder auf dem Kühlschrank.

Beispiele für tägliche Affirmationen:

• „Ich verdiene es, glücklich zu sein."

• „Ich bin fähig, stark und mutig."

• „Ich vertraue auf meine Fähigkeiten und mein Potenzial."

Durch die Wiederholung deiner positiven Glaubenssätze wirst du beginnen, sie stärker in deinem Bewusstsein zu verankern. Mit der Zeit werden sie zu einem natürlichen Teil deines Denkens und Fühlens.

4. Handle nach deinen positiven Glaubenssätzen

Positive Glaubenssätze entfalten ihre volle Wirkung, wenn du beginnst, nach ihnen zu handeln. Es reicht nicht aus, nur an sie zu glauben – du musst sie auch in deinem täglichen Leben umsetzen. Wenn du zum Beispiel den positiven Glaubenssatz „Ich bin mutig und stark" entwickelt hast, solltest du bewusst Situationen suchen, in denen du mutig handelst.

Beispiele für aktives Handeln:

- Wenn du dich oft unsicher fühlst, in der Öffentlichkeit zu sprechen, versuche, kleine Gelegenheiten zu nutzen, um deine Stimme zu erheben und deine Meinung zu äußern.

- Wenn du glaubst, dass du in der Lage bist, deine Ziele zu erreichen, beginne, konkrete Schritte zu unternehmen, um diese Ziele zu verwirklichen.

Das Handeln nach deinen positiven Glaubenssätzen hilft dir, sie tiefer in deiner Identität zu verankern und sie stärker zu spüren.

5. Sei geduldig mit dir selbst

Das Entwickeln positiver Glaubenssätze ist ein Prozess. Alte, destruktive Überzeugungen können sich immer wieder einschleichen, besonders in stressigen oder schwierigen Momenten. Das ist völlig normal. Sei geduldig mit dir selbst und erkenne, dass Veränderung Zeit braucht.

Selbstmitgefühl ist ein wichtiger Bestandteil dieses Prozesses. Wenn du bemerkst, dass du in alte negative Denkmuster zurückfällst, verurteile dich nicht. Sage stattdessen: „Es ist okay, dass ich noch lerne. Ich werde weiterhin daran arbeiten, meine positiven Glaubenssätze zu stärken."

6. Umgebe dich mit positiven Einflüssen

Die Menschen, mit denen du deine Zeit verbringst, und die Umgebung, in der du dich bewegst, haben einen großen Einfluss auf deine Glaubenssätze. Umgebe dich mit Menschen, die dich unterstützen und stärken, die an dich glauben und dir helfen, deine positiven Glaubenssätze zu leben. Suche dir Umgebungen, die dich inspirieren und dich daran erinnern, was möglich ist.

Wenn du merkst, dass bestimmte Beziehungen oder Umstände dich immer wieder in alte, destruktive Überzeugungen zurückwerfen, ist es wichtig, gesunde Grenzen zu setzen und dich bewusst für positive Einflüsse zu entscheiden.

Positive Glaubenssätze zu entwickeln, ist ein kraftvoller Akt der Selbstfürsorge und Selbstbestimmung. Indem du bewusst neue, unterstützende Überzeugungen über dich selbst entwickelst und sie in deinem Leben verankerst, wirst du mehr innere Stärke, Zuversicht und Freude erfahren. Du wirst erkennen, dass du fähig, wertvoll und stark genug bist, um alles zu erreichen, was du dir vornimmst – und du wirst dich selbst mit mehr Mitgefühl und Liebe sehen.

KAPITEL 5: STRESSBEWÄLTIGUNG FÜR EMOTIONALE STABILITÄT

Die Verbindung von Stress und emotionaler Gesundheit

Stress ist eine unvermeidliche Tatsache des Lebens. Jeder von uns erlebt ihn in verschiedenen Formen – sei es durch berufliche Verpflichtungen, familiäre Herausforderungen, finanzielle Sorgen oder gesundheitliche Probleme. Während Stress an sich nicht immer negativ ist, kann er, wenn er chronisch und unkontrolliert bleibt, einen tiefgreifenden Einfluss auf deine emotionale Gesundheit haben. Der Schlüssel liegt darin, zu verstehen, wie Stress auf dich wirkt, und Wege zu finden, damit umzugehen, bevor er dein emotionales Gleichgewicht ins Wanken bringt.

Was ist Stress wirklich?

Stress entsteht, wenn du das Gefühl hast, dass die Anforderungen, die an dich gestellt werden, deine Ressourcen übersteigen. Es ist eine Reaktion deines Körpers auf Herausforderungen – sei es physischer, emotionaler oder mentaler Natur. In kleinen Dosen kann Stress sogar hilfreich sein. Er schärft deine Sinne, motiviert dich, fokussiert zu bleiben, und gibt dir die Energie, schwierige Aufgaben zu bewältigen. Das nennt man oft „positiven Stress" oder „Eustress".

Problematisch wird Stress jedoch, wenn er chronisch wird – also wenn du dich ständig unter Druck fühlst und keine Möglichkeit findest, dich zu erholen. Chronischer Stress aktiviert deinen Körper kontinuierlich im „Kampf-oder-Flucht"-Modus, was zu einer Überlastung deines Nervensystems und letztlich zu emotionaler Erschöpfung führt.

Die Auswirkungen von chronischem Stress auf deine emotionale Gesundheit

Wenn Stress langfristig unkontrolliert bleibt, beginnt er, deine emotionale Gesundheit zu beeinflussen. Die Verbindung zwischen Stress und emotionalem Wohlbefinden ist stark, denn Stress kann nicht nur deine Stimmung, sondern auch deine

Denkweise und dein Verhalten verändern. Hier sind einige der häufigsten Wege, wie chronischer Stress deine emotionale Gesundheit beeinträchtigen kann:

- **Erhöhte Angst und Sorgen**: Wenn du dich ständig gestresst fühlst, ist dein Geist oft im „Gefahrenmodus". Du machst dir übermäßig Sorgen um die Zukunft oder über Dinge, die außerhalb deiner Kontrolle liegen. Stress verstärkt Ängste und führt dazu, dass du dich ständig in einem Zustand der Alarmbereitschaft befindest.

- **Depressive Verstimmungen**: Chronischer Stress kann dich in einen Zustand emotionaler Erschöpfung versetzen, was oft mit depressiven Gefühlen einhergeht. Du fühlst dich möglicherweise niedergeschlagen, erschöpft und hoffnungslos, weil du das Gefühl hast, dass der Druck niemals nachlässt.

- **Reizbarkeit und Wutanfälle**: Stress raubt dir die Fähigkeit, klar und ruhig zu denken. Kleine Unannehmlichkeiten, die du normalerweise problemlos bewältigen könntest, scheinen plötzlich überwältigend. Du reagierst gereizt, bist schneller frustriert oder hast das Gefühl, kurz vor einem emotionalen Ausbruch zu stehen.

- **Schlafstörungen**: Stress beeinflusst oft deinen Schlaf, indem er dich wach hält, selbst wenn du erschöpft bist. Schlaflosigkeit oder unruhiger Schlaf verschärfen wiederum den Stress, was zu einem Teufelskreis von Müdigkeit und emotionaler Instabilität führen kann.

- **Gefühl der Überforderung**: Wenn der Stress zu groß wird, kannst du das Gefühl haben, dass alles außer Kontrolle gerät. Dieses Gefühl der Überforderung kann zu Hilflosigkeit führen, was sich negativ auf dein Selbstvertrauen und deine emotionale Stabilität auswirkt.

Die Rolle von Stress in deinem emotionalen Wohlbefinden

Stress ist ein wichtiger Faktor, der darüber entscheidet, wie du dich emotional fühlst. In kleinen Mengen ist er ein natürlicher Teil des Lebens, der dich herausfordert und wachsen lässt. Doch wenn Stress dein Leben dominiert, raubt er dir die Fähigkeit, dich emotional ausgeglichen und stark zu fühlen. Es ist wichtig, dass du lernst, die frühen Anzeichen von Stress zu erkennen, bevor er dein Wohlbefinden beeinträchtigt.

Die Verbindung zwischen Körper und Geist: Stress wirkt sich nicht nur auf deine Emotionen aus, sondern auch auf deinen Körper. Wenn du gestresst bist, produziert dein Körper Hormone wie Cortisol und Adrenalin, die dir helfen sollen, schnell auf Bedrohungen zu reagieren. In kleinen Mengen sind diese Hormone hilfreich, aber bei chronischem Stress wird dein Körper mit diesen Hormonen überschwemmt, was langfristig zu gesundheitlichen Problemen führen kann. Dies zeigt, wie stark Stress und emotionale Gesundheit miteinander verbunden sind – wenn dein Körper gestresst ist, leidet auch dein Geist.

Die Bedeutung der Stressbewältigung für emotionale Stabilität

Die gute Nachricht ist, dass du, obwohl Stress unvermeidlich ist, die Kontrolle darüber hast, wie du mit ihm umgehst. Indem du lernst, Stress in deinem Leben besser zu bewältigen, stärkst du nicht nur deine emotionale Gesundheit, sondern auch deine Fähigkeit, widerstandsfähiger und ausgeglichener zu bleiben.

Achtsamkeit und Bewusstsein: Der erste Schritt zur Stressbewältigung ist, dir deiner Stressauslöser bewusst zu werden. Was bringt dich aus dem Gleichgewicht? Wann fühlst du dich überfordert oder überwältigt? Indem du dich selbst achtsam beobachtest, kannst du erkennen, wann dein Stresslevel steigt, und rechtzeitig gegensteuern.

Grenzen setzen: Oft entsteht Stress, weil wir uns zu viel zumuten oder die Erwartungen anderer über unsere eigenen Bedürfnisse stellen. Es ist wichtig, dass du klare Grenzen setzt – sei es im Beruf oder in deinen persönlichen Beziehungen. Diese Grenzen schützen dich davor, emotional auszubrennen, und geben dir den Raum, dich auf das zu konzentrieren, was dir wirklich wichtig ist.

Selbstfürsorge als Priorität: Deine emotionale Gesundheit wird gestärkt, wenn du dich bewusst um dich selbst kümmerst. Das bedeutet, dir regelmäßig Zeit für Erholung und Entspannung zu nehmen. Ob durch Bewegung, Meditation, ein gutes Buch oder einfach einen Spaziergang in der Natur – finde heraus, was dir hilft, Stress abzubauen, und integriere diese Aktivitäten in deinen Alltag.

Unterstützung suchen: Stress kann überwältigend sein, besonders wenn du das Gefühl hast, alles alleine bewältigen zu müssen. Scheue dich nicht, Unterstützung von anderen zu suchen – sei es durch Gespräche mit Freunden oder durch professionelle Hilfe. Es ist kein Zeichen von Schwäche, um Hilfe zu bitten, sondern ein Schritt in Richtung emotionaler Stabilität.

Obwohl Stress oft negativ wahrgenommen wird, kann er auch eine Chance für persönliches Wachstum sein. Es ist nicht der Stress selbst, der unser emotionales Wohlbefinden beeinträchtigt, sondern wie wir damit umgehen. Wenn du lernst, auf Stress mit Bewusstsein und Selbstfürsorge zu reagieren, kann er zu einem Katalysator für Resilienz werden.

Indem du gesunde Bewältigungsstrategien entwickelst, stärkst du nicht nur deine emotionale Stabilität, sondern auch deine Fähigkeit, mit zukünftigen Herausforderungen besser umzugehen. Du wirst erkennen, dass du mehr Kontrolle über deinen emotionalen Zustand hast, als du vielleicht dachtest.

Stress und emotionale Gesundheit sind untrennbar miteinander verbunden. Indem du lernst, Stress in deinem Leben zu erkennen und bewusst mit ihm umzugehen, stärkst du nicht nur deine emotionale Widerstandskraft, sondern auch dein allgemeines Wohlbefinden. Du kannst die Herausforderungen des Lebens nicht immer ändern, aber du kannst deine Reaktion auf sie verändern – und genau das ist der Schlüssel zu emotionaler Stabilität.

Achtsamkeitsbasierte Stressreduktion

In einer Welt, die uns ständig fordert und immer wieder neue Herausforderungen bereithält, kann es leicht passieren, dass du dich überwältigt, gestresst oder emotional ausgelaugt fühlst. Manchmal fühlt es sich an, als würden die Anforderungen des Alltags niemals nachlassen. Genau hier kann Achtsamkeit ein mächtiges Werkzeug sein. Achtsamkeit lehrt uns, im gegenwärtigen Moment zu verweilen, ohne uns in Sorgen über die Zukunft oder Grübeleien über die Vergangenheit zu verlieren. Durch achtsame Praktiken kannst du lernen, Stress zu reduzieren und emotionale Stabilität zu fördern.

Im ersten Kapitel haben wir bereits über die Bedeutung von Achtsamkeit gesprochen, vor allem in Bezug auf Selbstwahrnehmung und Selbstreflexion. Du erinnerst dich sicher an die Übungen wie den Body-Scan, die 3-Minuten-Atempause und das achtsame Gehen, die wir bereits behandelt haben. Diese Techniken sind nicht nur kraftvoll, um dich selbst besser kennenzulernen, sondern sie sind auch äußerst wirksam, um Stress in deinem Alltag zu bewältigen.

Stress entsteht oft, wenn du dich in Gedanken über die Zukunft oder die Vergangenheit verlierst. Vielleicht machst du dir Sorgen darüber, was passieren wird, oder du grübelst über das, was bereits geschehen ist. Dieser gedankliche Kreislauf kann den Stress verstärken, weil er dich in einem Zustand der ständigen Alarmbereitschaft hält.

Achtsamkeit hilft dir, diesen Kreislauf zu durchbrechen. Sie bringt dich zurück in den gegenwärtigen Moment, wo du die Kontrolle über deine Reaktionen hast. Indem du dich auf das Hier und Jetzt konzentrierst, kannst du die Gedanken und Gefühle, die Stress verursachen, bewusst wahrnehmen, ohne dich von ihnen überwältigen zu lassen. Du schaffst dadurch eine Distanz zu deinen Gedanken und Emotionen, was es dir ermöglicht, klarer und ruhiger zu reagieren.

Die Vorteile achtsamer Stressbewältigung:

- **Klarheit und Fokus**: Achtsamkeit bringt deine Aufmerksamkeit in den gegenwärtigen Moment und hilft dir, klarer zu denken und bessere Entscheidungen zu treffen.

- **Emotionale Stabilität**: Indem du deine Gedanken und Gefühle bewusst wahrnimmst, ohne auf sie zu reagieren, kannst du lernen, negative Emotionen loszulassen, bevor sie sich aufstauen.

- **Reduzierte körperliche Stresssymptome**: Achtsamkeitstechniken wie tiefe Atmung oder Meditation aktivieren dein parasympathisches Nervensystem, das den „Kampf-oder-Flucht"-Modus deines Körpers beruhigt und dir hilft, dich zu entspannen.

Die bereits bekannten Achtsamkeitstechniken für Stressbewältigung nutzen

Du hast bereits einige Achtsamkeitstechniken kennengelernt, die dir nicht nur dabei helfen, dich selbst besser wahrzunehmen, sondern die auch besonders effektiv sind, wenn es darum geht, Stress zu reduzieren. Im Folgenden möchte ich dich daran erinnern, wie du diese Übungen gezielt zur Stressbewältigung einsetzen kannst.

1. Die 3-Minuten-Atempause

Die 3-Minuten-Atempause, die du bereits aus Kapitel 1 kennst, ist ein hervorragendes Werkzeug, um dich schnell zu erden, wenn du dich gestresst oder überfordert fühlst.

So setzt du die Atempause gezielt gegen Stress ein:

• Nutze diese Technik, wann immer du das Gefühl hast, dass der Stress zu viel wird – egal, ob bei der Arbeit, zu Hause oder unterwegs.

• Atme dabei tief ein und aus, und richte deine volle Aufmerksamkeit auf deinen Atem. Dies hilft dir, den Kreislauf von stressigen Gedanken zu unterbrechen und dich in den Moment zurückzubringen.

Diese kurze Übung bringt dich schnell in einen Zustand der Ruhe und hilft dir, dich in stressigen Momenten zu zentrieren.

2. Der Body-Scan zur Entspannung

Den Body-Scan hast du bereits in Kapitel 1 kennengelernt, um dich selbst besser wahrzunehmen. Er ist aber auch eine hervorragende Technik, um körperlichen Stress abzubauen, indem du bewusst Spannungen im Körper loslässt.

So nutzt du den Body-Scan gegen Stress:

• Wann immer du dich gestresst fühlst, nimm dir einige Minuten Zeit für einen Body-Scan.

• Während du durch deinen Körper wanderst, achte darauf, wo sich Spannungen angesammelt haben, und atme gezielt in diese Bereiche, um die Anspannung loszulassen.

• Dies hilft dir, nicht nur deinen Geist zu beruhigen, sondern auch körperliche Stresssymptome wie Verspannungen oder Kopfschmerzen zu lindern.

3. Achtsames Gehen zur Stressreduktion

Achtsames Gehen bietet dir nicht nur die Möglichkeit, deinen Alltag bewusster zu erleben, sondern auch, Stress abzubauen. Du kannst diese Technik überall anwenden – ob bei einem Spaziergang in der Natur oder einfach auf dem Weg zur Arbeit.

So integrierst du achtsames Gehen gegen Stress in deinen Alltag:

- Nutze kurze Pausen während deines Tages, um achtsam zu gehen. Spüre jeden Schritt, nimm deine Umgebung wahr, und lasse alle Gedanken los, die sich um den Stress drehen.

- Achtsames Gehen hilft dir, den Geist zu klären, und wirkt entspannend auf deinen Körper, da du deine Aufmerksamkeit auf die Bewegung richtest und den Alltagsstress hinter dir lässt.

Achtsamkeit in deinem Alltag als Stressmanagement

Wie du in Kapitel 1 bereits erfahren hast, muss Achtsamkeit keine aufwendige Praxis sein. Du kannst Achtsamkeit in kleinen Schritten in deinen Alltag integrieren, um Stress zu reduzieren und deine emotionale Stabilität zu fördern. Es geht nicht darum, immer perfekt zu meditieren oder jeden Moment bewusst zu erleben, sondern vielmehr darum, dir regelmäßig kleine Momente der Achtsamkeit zu gönnen.

Erinnere dich daran:

- Es sind oft die kleinen, alltäglichen Momente der Achtsamkeit – wie bewusstes Atmen, achtsames Gehen oder das Fokussieren auf den Körper – die dir helfen, Stress abzubauen und wieder emotional ins Gleichgewicht zu kommen.

Achtsamkeitsbasierte Stressreduktion bietet dir ein kraftvolles Werkzeug, um den Stress deines Alltags bewusst zu begegnen. Indem du die Techniken nutzt, die wir bereits in Kapitel 1 behandelt haben, kannst du Stress gezielt abbauen, innere Ruhe finden und deine emotionale Stabilität stärken.

Meditation und andere Techniken zur Entspannung

In einer Welt, die uns ständig fordert, ist es wichtig, bewusste Entspannung zu praktizieren, um emotional und körperlich im Gleichgewicht zu bleiben. Meditation und
andere Entspannungstechniken sind wunderbare Werkzeuge, die dir helfen können,
den Lärm des Alltags auszublenden, Stress abzubauen und deine innere Ruhe wiederzufinden. Diese Techniken erlauben es dir, dich von belastenden Gedanken zu
lösen, deinen Körper zu entspannen und emotionale Stabilität zu fördern.

Die Kraft der Meditation

Meditation ist eine der ältesten und bewährtesten Methoden, um den Geist zu beruhigen und Stress abzubauen. Sie hilft dir, den ständigen Strom von Gedanken zu
unterbrechen und bewusst im Moment zu verweilen. Dabei geht es nicht darum,
keine Gedanken mehr zu haben, sondern vielmehr darum, sie loszulassen, ohne dich
an ihnen festzuhalten.

Regelmäßige Meditation stärkt nicht nur deine emotionale Resilienz, sondern kann
auch deine Konzentration, dein Selbstbewusstsein und dein allgemeines Wohlbefinden verbessern. Studien zeigen, dass Meditation die Produktion von Stresshormonen
wie Cortisol senkt und das parasympathische Nervensystem aktiviert, was eine tiefere Entspannung fördert.

Einfache Meditationspraxis für den Alltag

Wenn du Meditation in deinen Alltag integrieren möchtest, musst du nicht stunden-
lang still sitzen. Es geht darum, kleine Momente der Achtsamkeit zu schaffen, in
denen du dich bewusst auf deinen Atem oder einen ruhigen Fokuspunkt konzentrierst. Eine einfache Technik ist die Achtsamkeitsmeditation, die wir bereits in Kapitel 1 besprochen haben. Falls du diese Übung vertiefen möchtest, kannst du dort
nachlesen, wie du sie in dein tägliches Leben integrieren kannst.

Hier ein kurzes Beispiel für eine einfache Meditationspraxis:

- **Setze dich bequem hin**: Finde eine bequeme Sitzposition, in der du dich wohl-fühlst, und schließe die Augen.

- **Richte deine Aufmerksamkeit auf den Atem**: Atme tief ein und aus, und richte deine volle Aufmerksamkeit auf den Atem. Spüre, wie sich deine Lungen mit jedem Einatmen füllen und sich bei jedem Ausatmen leeren.

- **Beobachte deine Gedanken**: Wenn Gedanken auftauchen, nimm sie wahr, aber lasse sie ohne Bewertung los. Bringe deine Aufmerksamkeit sanft wieder zum Atem zurück.

- **Bleibe für ein paar Minuten in dieser Stille**: Setze diese Praxis für 5 bis 10 Minuten fort und genieße die Ruhe.

Andere Techniken zur Entspannung

Neben der Meditation gibt es viele weitere Techniken, die dir helfen können, tief zu entspannen und Stress abzubauen. Einige davon hast du bereits im Zusammenhang mit Achtsamkeit in Kapitel 1 kennengelernt, wie etwa den Body-Scan und achtsames Gehen. Falls du diese vertiefen möchtest, findest du dort detaillierte Anleitungen.

Zusätzlich möchte ich dir noch einige weitere Entspannungstechniken vorstellen, die du in deinen Alltag integrieren kannst:

1. Progressive Muskelentspannung

Die progressive Muskelentspannung (PME) ist eine Technik, die dir hilft, Spannun-gen in deinem Körper bewusst wahrzunehmen und loszulassen. Du spannst dabei verschiedene Muskelgruppen nacheinander an und entspannst sie dann wieder. Diese Methode hilft, körperliche Anspannung zu reduzieren und gleichzeitig men-tale Ruhe zu fördern.

So geht's:

- Finde eine bequeme Position im Sitzen oder Liegen.

- Beginne bei den Füßen und spanne die Muskeln für etwa 5 Sekunden an, dann lass sie bewusst los.

- Arbeite dich langsam nach oben durch deinen Körper: Beine, Bauch, Arme, Schultern und Gesicht.

- Achte auf das Gefühl der Entspannung nach jeder Anspannung und genieße das Gefühl, wie die Spannung aus deinem Körper weicht.

PME ist besonders wirksam, wenn du körperlich gestresst bist oder Schwierigkeiten hast, abends zur Ruhe zu kommen.

2. Visualisierung

Visualisierung ist eine Technik, bei der du dir in Gedanken einen ruhigen, angenehmen Ort vorstellst – vielleicht einen Strand, einen Wald oder einen anderen Ort, an dem du dich sicher und entspannt fühlst. Diese Methode hilft, den Geist von belastenden Gedanken abzulenken und eine tiefe Entspannung herbeizuführen.

So nutzt du Visualisierung:

- Schließe die Augen und stelle dir einen Ort vor, an dem du dich entspannt und wohlfühlst.

- Versuche, diesen Ort so lebendig wie möglich vor deinem inneren Auge zu sehen: Welche Farben, Geräusche, Gerüche und Empfindungen nimmst du wahr?

- Bleibe für einige Minuten in dieser Visualisierung und genieße die Entspannung, die sie dir bringt.

Diese Technik eignet sich besonders gut, um in stressigen Momenten Abstand zu gewinnen und innere Ruhe zu finden.

3. Atemübungen

Atemübungen sind ein einfaches, aber äußerst wirksames Mittel, um Stress abzubauen und dich sofort zu entspannen. Die bewusste Atmung aktiviert dein parasympathisches Nervensystem, das für Entspannung und Regeneration zuständig ist.

Eine Atemtechnik, die wir in Kapitel 1 bereits besprochen haben, ist die 3-Minuten-Atempause. Sie eignet sich hervorragend, um schnell wieder zur Ruhe zu kommen, wenn der Stress dich überwältigt. Du kannst diese Übung im Alltag jederzeit anwenden, um dich zu zentrieren und den Stress abzubauen.

4. Yoga zur Entspannung

Yoga ist eine wunderbare Möglichkeit, Körper und Geist in Einklang zu bringen. Durch die Kombination von bewusster Atmung und sanften Bewegungen hilft Yoga, Verspannungen zu lösen und innere Ruhe zu finden. Besonders für die Entspannung eignen sich ruhige Yoga-Stile wie Yin Yoga oder restorative Yoga-Praktiken, die du ganz einfach zu Hause durchführen kannst.

Yoga ist besonders effektiv, wenn du den ganzen Tag in Bewegung warst oder deine Muskeln durch Anspannung verkrampft sind. Die regelmäßige Praxis kann nicht nur körperlichen Stress abbauen, sondern auch deine emotionale Resilienz stärken.

Achtsamkeitsmeditation, Body-Scan und achtsames Gehen findest du in Kapitel 1, wenn du diese Techniken vertiefen möchtest. Sie sind grundlegende Methoden, die dir helfen, dich selbst zu beruhigen und Stress im Alltag besser zu bewältigen.

Meditation und andere Entspannungstechniken bieten dir eine kraftvolle Möglichkeit, Stress abzubauen und innere Ruhe zu finden. Indem du diese Techniken regelmäßig in deinen Alltag integrierst, kannst du deine emotionale Gesundheit stärken und gleichzeitig mehr Gelassenheit und Resilienz im Umgang mit den Herausforderungen des Lebens entwickeln.

KAPITEL 6: SELBSTFÜRSORGE ALS GRUND-LAGE EMOTIONALER GESUNDHEIT

Warum Selbstfürsorge keine Selbstsucht ist

Selbstfürsorge wird oft missverstanden. Viele von uns wurden mit der Überzeugung großgezogen, dass es egoistisch sei, sich selbst an die erste Stelle zu setzen oder dass Fürsorge ausschließlich anderen vorbehalten sein sollte. Doch das könnte nicht weiter von der Wahrheit entfernt sein. Selbstfürsorge ist keine Selbstsucht. Sie ist ein grundlegender Bestandteil emotionaler Gesundheit und ermöglicht es dir, für dich selbst und andere da zu sein – mit Liebe, Mitgefühl und emotionaler Stabilität.

Was Selbstfürsorge wirklich bedeutet

Selbstfürsorge ist nicht einfach nur das gelegentliche Verwöhnen mit einem warmen Bad oder einer Massage (obwohl das definitiv schöne Teile davon sein können). Selbstfürsorge geht viel tiefer. Sie bedeutet, auf deine eigenen Bedürfnisse zu hören, sowohl emotional als auch körperlich, und diese ernst zu nehmen. Es bedeutet, dir selbst Raum zu geben, dich zu erholen, zu heilen und aufzutanken – nicht, weil du egoistisch bist, sondern weil du nur dann wirklich für andere da sein kannst, wenn du selbst in Balance bist.

Stell dir vor, du hast ein Glas, das du anderen einschenkst, sei es durch Liebe, Unterstützung oder Fürsorge. Wenn du jedoch nie dafür sorgst, dass dein eigenes Glas wieder aufgefüllt wird, bleibt es irgendwann leer. Selbstfürsorge ist der Akt, dein Glas wieder aufzufüllen, damit du nicht nur für dich selbst, sondern auch für andere da sein kannst.

Die Angst vor dem Vorwurf der Selbstsucht

Es ist verständlich, dass der Gedanke an Selbstfürsorge in manchen Menschen ein unangenehmes Gefühl auslöst. Vielleicht hast du Angst, als selbstsüchtig wahrgenommen zu werden oder andere zu enttäuschen, wenn du deine eigenen Bedürfnisse priorisierst. Doch dieser Glaube, dass du immer für andere da sein musst und deine eigenen Bedürfnisse hinten anstellen solltest, führt oft zu emotionaler Erschöpfung, Frustration und letztendlich zu Groll.

Indem du dich um dich selbst kümmerst, schaffst du die Grundlage, um besser und ausgeglichener für die Menschen in deinem Leben da zu sein. Selbstfürsorge bedeutet nicht, dass du andere vernachlässigst. Im Gegenteil, sie stärkt deine Fähigkeit, mitfühlend und präsent zu sein – ohne dich dabei selbst zu verlieren.

Der Unterschied zwischen Selbstfürsorge und Selbstsucht

Selbstfürsorge und Selbstsucht sind zwei völlig verschiedene Dinge. Selbstsucht bedeutet, ausschließlich für deine eigenen Bedürfnisse auf Kosten anderer zu handeln. Sie schließt aus, dass du anderen Mitgefühl oder Unterstützung entgegenbringst. Selbstfürsorge hingegen bedeutet, dir selbst die gleiche Liebe und Aufmerksamkeit zu schenken, die du auch anderen gibst.

Hier einige wichtige Unterschiede:

- **Selbstsucht** bedeutet, dass du nur an dich denkst und dabei die Bedürfnisse anderer ignorierst.

- **Selbstfürsorge** bedeutet, dass du deine eigenen Bedürfnisse ernst nimmst und gleichzeitig respektvoll mit anderen umgehst.

Wenn du dich um dich selbst kümmerst, tust du dies nicht, um anderen zu schaden oder sie zu vernachlässigen. Du tust es, um deine emotionale, mentale und körperliche Gesundheit zu schützen, damit du langfristig in der Lage bist, ein erfülltes Leben zu führen und für andere da zu sein.

Die emotionale Erschöpfung ohne Selbstfürsorge

Vielleicht hast du schon einmal erlebt, was passiert, wenn du dir selbst keine Zeit für Fürsorge gibst. Du bist vielleicht ständig für andere da, erfüllst Erwartungen und stellst deine eigenen Bedürfnisse zurück, bis du merkst, dass du emotional erschöpft bist. Deine Geduld wird dünner, kleine Dinge frustrieren dich schneller, und du fühlst dich überwältigt oder sogar ausgebrannt. Dies ist ein klares Zeichen dafür, dass deine emotionalen Ressourcen aufgebraucht sind.

Selbstfürsorge ist der Weg, um dieser emotionalen Erschöpfung vorzubeugen. Sie gibt dir die Möglichkeit, regelmäßig innezuhalten und zu reflektieren, was du brauchst, um in Balance zu bleiben. Ob es eine Pause, Ruhe, Bewegung oder Zeit für dich selbst ist – Selbstfürsorge stellt sicher, dass du dich immer wieder neu aufladen kannst, bevor du leer läufst.

Selbstfürsorge als Vorbild für andere

Wenn du dich um dich selbst kümmerst, zeigst du auch anderen Menschen in deinem Leben, dass es wichtig und in Ordnung ist, auf die eigenen Bedürfnisse zu achten. Du wirst zum Vorbild für gesunde Grenzen und emotionale Selbstfürsorge, und das inspiriert andere, das Gleiche zu tun.

Vielleicht hast du Angst, dass andere dich als egoistisch betrachten, wenn du dir Zeit für dich selbst nimmst oder Nein sagst, wenn du etwas nicht leisten kannst. Doch die Realität ist, dass Menschen oft Respekt für diejenigen empfinden, die ihre eigenen Bedürfnisse erkennen und klar kommunizieren. Selbstfürsorge zeigt Stärke und Selbstrespekt, und sie lehrt andere, dass es nicht nur akzeptabel, sondern notwendig ist, auf sich selbst Acht zu geben.

Praktische Schritte, um Selbstfürsorge zu integrieren

Selbstfürsorge muss nicht kompliziert oder zeitaufwendig sein. Es geht vielmehr darum, kleine, bewusste Entscheidungen zu treffen, die dein emotionales Wohlbefinden unterstützen. Hier einige einfache Möglichkeiten, Selbstfürsorge in deinen Alltag zu integrieren:

- **Setze klare Grenzen**: Lerne, Nein zu sagen, wenn du merkst, dass deine Energie begrenzt ist. Dies schützt dich vor Überforderung und emotionaler Erschöpfung.

- **Nimm dir Zeit für Ruhe**: Plane bewusst Pausen in deinem Tag ein, um dich zu entspannen und wieder aufzutanken. Diese Momente der Ruhe helfen dir, in Balance zu bleiben.

- **Bewege dich regelmäßig**: Körperliche Bewegung ist eine kraftvolle Form der Selbstfürsorge. Ob Yoga, ein Spaziergang oder eine Sportart, die dir Freude bereitet – Bewegung hilft dir, Stress abzubauen und dich emotional zu stabilisieren.
- **Achte auf deine emotionalen Bedürfnisse**: Frage dich regelmäßig, wie es dir geht und was du emotional brauchst. Sei achtsam gegenüber deinen Gefühlen und erlaube dir, auf sie zu reagieren.

Wenn du mehr über konkrete Achtsamkeits- und Selbstreflexionsübungen erfahren möchtest, kannst du auf die Techniken in Kapitel 1 zurückgreifen, die dir helfen, mit Selbstfürsorge in Kontakt zu kommen.

Selbstfürsorge ist kein Egoismus. Sie ist die Basis für ein erfülltes und ausgeglichenes Leben. Wenn du dich um dich selbst kümmerst, stärkst du nicht nur deine emotionale Gesundheit, sondern auch deine Fähigkeit, für andere da zu sein. Es ist ein Akt der Selbstliebe, der es dir ermöglicht, in Balance zu bleiben und den Herausforderungen des Lebens mit mehr Resilienz und Mitgefühl zu begegnen.

Praktische Ansätze für tägliche Selbstfürsorge-Routinen

Selbstfürsorge ist nicht etwas, das man nur dann praktiziert, wenn man erschöpft ist oder sich am Rande eines Zusammenbruchs befindet. Es ist eine tägliche Praxis, die du bewusst in dein Leben integrierst, um dauerhaft emotional stabil, ausgeglichen und widerstandsfähig zu bleiben. Indem du dir regelmäßig kleine Momente der Selbstfürsorge gönnst, schaffst du dir einen inneren Anker, der dich durch die Höhen und Tiefen des Lebens trägt. Diese Routinen müssen nicht zeitaufwendig sein – schon einfache Gewohnheiten können einen großen Unterschied machen.

Die Bedeutung von Routinen

Routinen geben deinem Tag Struktur und helfen dir, Selbstfürsorge zur Priorität zu machen, selbst wenn das Leben hektisch wird. Sie erinnern dich daran, dass es in Ordnung ist, dir Zeit für dich selbst zu nehmen, und schaffen eine bewusste Verbindung zu deinem emotionalen Wohlbefinden. Das Ziel ist es, Selbstfürsorge zu einem natürlichen Teil deines Alltags zu machen, anstatt sie nur als Notfallmaßnahme zu sehen.

Wenn du tägliche Selbstfürsorge-Routinen entwickelst, baust du eine solide Grundlage für deine emotionale Gesundheit auf. Es geht nicht darum, stundenlange Rituale durchzuführen, sondern darum, sich kleine Momente der Achtsamkeit und des Mitgefühls zu schenken, die dich nähren und stärken.

Beginne den Tag mit einer Morgenroutine

Der Morgen bietet dir die Gelegenheit, deinen Tag bewusst und achtsam zu starten. Anstatt direkt in den Trubel des Alltags zu springen, kannst du dir einige Minuten Zeit nehmen, um dich auf dich selbst zu konzentrieren und deine Energie für den Tag zu setzen.

Einige Vorschläge für eine einfache Morgenroutine:

- **Atemübung oder kurze Meditation**: Nimm dir 5 Minuten Zeit, um tief durchzuatmen oder eine kurze Achtsamkeitsmeditation zu praktizieren. Diese Übung bringt dich in den Moment und hilft dir, den Tag mit Klarheit und Ruhe zu beginnen. Wenn du mehr über Achtsamkeitspraktiken erfahren möchtest, findest du in Kapitel 1 hilfreiche Techniken wie die 3-Minuten-Atempause.

- **Dankbarkeitstagebuch**: Schreibe jeden Morgen drei Dinge auf, für die du dankbar bist. Diese einfache Praxis verändert deine Perspektive und hilft dir, den Tag mit einer positiven Einstellung zu beginnen.

- **Sanfte Bewegung**: Ob ein paar Minuten Dehnen, Yoga oder ein kurzer Spaziergang – Bewegung am Morgen weckt deinen Körper auf und fördert die Durchblutung, was dir hilft, dich energiegeladen und ausgeglichen zu fühlen.

Plane bewusste Pausen ein

Im Laufe des Tages neigen wir oft dazu, von einer Aufgabe zur nächsten zu hetzen, ohne uns Zeit für eine Pause zu nehmen. Doch bewusste Pausen sind entscheidend, um emotionale Erschöpfung zu vermeiden und die Verbindung zu dir selbst zu bewahren. Plane dir kurze Auszeiten ein, um aufzutanken und dich wieder zu zentrieren.

So kannst du Pausen bewusst gestalten:

- **Kurze Atempausen**: Wenn du merkst, dass du gestresst oder überfordert bist, halte für ein paar Minuten inne und konzentriere dich auf deine Atmung. Nimm drei tiefe Atemzüge und spüre, wie sich dein Körper entspannt. Diese kleine Pause kann Wunder wirken, um deinen Stresslevel zu senken.

- **Achtsames Gehen**: Nutze deine Pausen, um dich kurz zu bewegen. Gehe ein paar Schritte und achte dabei bewusst auf deine Umgebung, deinen Atem und deine Schritte. Das achtsame Gehen, das wir in Kapitel 1 behandelt haben, hilft dir, dich wieder mit dem Moment zu verbinden.

- **Stretching**: Gerade wenn du viel am Schreibtisch sitzt, kann es helfen, ein paar Minuten für Dehnübungen einzuplanen. Dein Körper wird es dir danken, und du wirst dich danach erfrischt und klarer im Kopf fühlen.

Verpflichte dich zur abendlichen Entspannung

Der Abend ist die perfekte Zeit, um den Tag bewusst abzuschließen und deinen Geist auf Ruhe einzustellen. Eine abendliche Selbstfürsorge-Routine hilft dir, Stress loszulassen und deinen Körper auf den Schlaf vorzubereiten, sodass du erholt und gestärkt in den nächsten Tag starten kannst.

Einige Ideen für eine entspannende Abendroutine:

- **Achtsames Tagebuch**: Nimm dir Zeit, um deine Gedanken und Gefühle in einem Tagebuch festzuhalten. Reflektiere darüber, was du an diesem Tag erlebt hast, welche Emotionen dich begleitet haben und was du loslassen möchtest, bevor du schlafen gehst.

- **Abendmeditation oder Visualisierung**: Beende den Tag mit einer kurzen Meditation oder Visualisierung. Stelle dir vor, wie du alle Sorgen des Tages loslässt und in einen Zustand der Entspannung übergehst. Diese Technik kannst du dir auch in stressigen Zeiten zunutze machen, um dich vor dem Schlafengehen zu beruhigen.

- **Ruhiges Bad oder heiße Dusche**: Ein warmes Bad oder eine Dusche hilft nicht nur, körperliche Anspannungen loszulassen, sondern wirkt auch beruhigend auf deinen Geist. Du kannst dabei ätherische Öle wie Lavendel verwenden, um die Entspannung zu vertiefen.

Achte auf deinen Körper

Selbstfürsorge bedeutet auch, gut auf deinen Körper zu achten. Regelmäßige Bewegung, eine ausgewogene Ernährung und ausreichend Schlaf sind zentrale Bestandteile emotionaler und körperlicher Gesundheit. Du kannst diese Aspekte in deine tägliche Selbstfürsorge-Routine integrieren, um sicherzustellen, dass du dich ganzheitlich wohlfühlst.

Tipps für körperliche Selbstfürsorge:

- **Bewegung**: Finde eine Bewegungsform, die dir Spaß macht und dich körperlich aktiviert. Ob Yoga, Tanzen, Laufen oder einfach ein Spaziergang – Bewegung ist eine wunderbare Art, Stress abzubauen und dich emotional auszugleichen.

- **Ernährung**: Achte darauf, dich bewusst und ausgewogen zu ernähren. Dein Körper und Geist sind eng miteinander verbunden, und was du isst, kann deine Energie und Stimmung beeinflussen. Du kannst einfache, nährstoffreiche Rezepte ausprobieren, wie die basischen Suppen und Eintöpfe, die wir bereits in Kapitel 2 besprochen haben.

- **Schlaf**: Guter Schlaf ist ein wesentlicher Bestandteil emotionaler Stabilität. Versuche, regelmäßige Schlafzeiten einzuhalten und dir ein ruhiges Umfeld für die Nacht zu schaffen.

Verbinde dich mit anderen

Auch soziale Selbstfürsorge ist ein wichtiger Aspekt deiner emotionalen Gesundheit. Verbringe Zeit mit Menschen, die dir guttun, die dich unterstützen und mit denen du auf einer tiefen Ebene verbunden bist. Soziale Unterstützung hilft dir, dich sicher und getragen zu fühlen – besonders in herausfordernden Zeiten.

So kannst du soziale Selbstfürsorge integrieren:

- **Zeit mit Freunden oder Familie**: Plane regelmäßige Treffen oder Telefonate mit den Menschen, die dir am Herzen liegen. Soziale Verbindungen stärken nicht nur deine Beziehungen, sondern auch dein emotionales Wohlbefinden.

- **Gesunde Grenzen setzen**: Manchmal bedeutet soziale Selbstfürsorge auch, gesunde Grenzen zu setzen und Beziehungen zu pflegen, die dir Energie geben, anstatt sie zu rauben. In Kapitel 3 haben wir besprochen, wie du Grenzen setzt, um emotionale Erschöpfung zu vermeiden.

Selbstfürsorge-Routinen sind nicht kompliziert oder zeitintensiv – es sind kleine, bewusste Entscheidungen, die dir helfen, jeden Tag emotional stabil und ausgeglichen zu bleiben. Indem du diese einfachen Praktiken in deinen Alltag integrierst, wirst du merken, dass du mehr Energie, Ruhe und Klarheit hast, um den Herausforderungen des Lebens gelassener zu begegnen.

Die Rolle von Bewegung, Ernährung und Schlaf

Selbstfürsorge umfasst viele Facetten, doch drei grundlegende Säulen bilden das Fundament deiner emotionalen Gesundheit: Bewegung, Ernährung und Schlaf. Diese Elemente sind eng miteinander verbunden und beeinflussen direkt, wie du dich fühlst, wie du denkst und wie du auf die Welt um dich herum reagierst. Indem du bewusst auf diese Bereiche achtest, schaffst du eine stabile Basis, die dich dabei unterstützt, emotional ausgeglichen und widerstandsfähig zu bleiben.

Bewegung: Der Körper als Schlüssel zur Emotion

Bewegung ist mehr als nur körperliche Aktivität; sie ist ein Ausdruck von Lebendigkeit und ein direkter Weg, um mit deinem Körper in Kontakt zu treten. Wenn du dich bewegst, setzt du nicht nur physische Energien frei, sondern beeinflusst auch deine Stimmung und dein emotionales Wohlbefinden.

Warum Bewegung wichtig ist:

- **Stressabbau:** Körperliche Aktivität reduziert das Stresshormon Cortisol und fördert die Produktion von Endorphinen – den sogenannten Glückshormonen. Diese chemischen Veränderungen in deinem Körper helfen dir, dich entspannter und glücklicher zu fühlen.

- **Selbstvertrauen stärken:** Durch regelmäßige Bewegung entwickelst du ein stärkeres Körperbewusstsein und Selbstvertrauen. Du spürst deine eigene Kraft und Fähigkeit, Herausforderungen zu meistern.

- **Emotionale Blockaden lösen:** Bewegung kann helfen, emotionale Spannungen abzubauen. Ob durch Yoga, Tanzen oder einen schnellen Spaziergang – du gibst deinen Gefühlen Raum, sich auszudrücken und zu lösen.

Wie du Bewegung in deinen Alltag integrieren kannst:

- **Finde eine Aktivität, die dir Freude bereitet:** Es muss kein intensives Workout im Fitnessstudio sein. Vielleicht entdeckst du die Liebe zum Tanzen, Schwimmen oder Wandern. Das Wichtigste ist, dass du dich gerne bewegst.

- **Setze realistische Ziele:** Beginne mit kleinen Schritten. Schon 20 Minuten Bewegung am Tag können einen großen Unterschied machen.

- **Verbinde Bewegung mit Achtsamkeit:** Während du dich bewegst, achte bewusst auf deinen Körper und deine Atmung. So kombinierst du körperliche Aktivität mit mentaler Entspannung.

Ernährung: Nahrung für Körper und Seele

Was du isst, nährt nicht nur deinen Körper, sondern beeinflusst auch deine Stimmung und Energie. Eine bewusste Ernährung ist ein Akt der Selbstfürsorge, der dir hilft, dich ausgeglichener und vitaler zu fühlen.

Die Verbindung zwischen Ernährung und emotionalem Wohlbefinden:

- **Stabile Energielevel:** Durch eine ausgewogene Ernährung vermeidest du starke Schwankungen des Blutzuckerspiegels, die zu Stimmungsschwankungen und Energieeinbrüchen führen können.

- **Nährstoffe für das Gehirn:** Bestimmte Nährstoffe, wie Omega-3-Fettsäuren, Vitamine und Mineralstoffe, unterstützen die Gehirnfunktion und können sich positiv auf deine Stimmung auswirken.

- **Bauchgefühl und Emotionen:** Dein Darm wird oft als „zweites Gehirn" bezeichnet. Eine gesunde Darmflora kann Stress reduzieren und dein allgemeines Wohlbefinden steigern.

Tipps für eine nährstoffreiche Ernährung:

- **Iss vielfältig und bunt:** Integriere eine Vielzahl von Obst, Gemüse, Vollkornprodukten und gesunden Fetten in deine Mahlzeiten.

- **Achtsames Essen:** Nimm dir Zeit für deine Mahlzeiten. Genieße jeden Bissen und höre auf die Signale deines Körpers.

- **Höre auf deinen Körper:** Jeder Körper ist anders. Achte darauf, wie verschiedene Lebensmittel dich fühlen lassen, und passe deine Ernährung entsprechend an.

- **Lasse dir nicht von irgendwelchen Networkmarketingleuten erklären**, dass du deren Nahrungsergänzungsmittel brauchst, weil die Nährstoffe in landwirtschaftlichen Erzeugnissen heute nicht mehr in ausreichendem Maße vorhanden sind.

Richtig ist: Eine Tomate ist nicht gleich eine Tomate. Die eine wächst in Spanien hermetisch abgeriegelt von der Natur auf, wird tausende Kilometer herumtransportiert und landet irgendwann im Supermarkt. Die andere wird hier in einem Demeter-Betrieb angebaut und landet von der Pflanze 5 Minuten später direkt im Hofladen. Du solltest dich definitiv für letztere entscheiden, auch wenn es dann nunmal die Tomaten nicht das ganze Jahr über gibt.

Regional und saisonal ist die beste gesunde Ernährung! Und glaube mir, man schmeckt es.

Schlaf: Die Quelle der Regeneration

Schlaf ist keine Zeitverschwendung; er ist essenziell für deine körperliche und emotionale Erholung. Guter Schlaf ermöglicht es deinem Körper, sich zu regenerieren, und deinem Geist, Erlebtes zu verarbeiten.

Die Bedeutung von Schlaf für deine emotionale Gesundheit:

- **Emotionale Verarbeitung:** Während des Schlafs verarbeitet dein Gehirn die Ereignisse des Tages, was wichtig für das emotionale Gleichgewicht ist.

- **Stressreduktion:** Ausreichender Schlaf hilft, den Cortisolspiegel zu senken und Stress abzubauen.

- **Konzentration und Entscheidungsfindung:** Ohne genügend Schlaf fällt es schwer, klar zu denken und angemessen auf Herausforderungen zu reagieren.

Wege zu einem erholsamen Schlaf:

- **Schlafroutine etablieren:** Gehe möglichst zur gleichen Zeit ins Bett und stehe zur gleichen Zeit auf, um deinen biologischen Rhythmus zu unterstützen.

- **Schlaffördernde Umgebung:** Sorge für ein ruhiges, dunkles und angenehmes Schlafzimmer.

- **Abendrituale einführen:** Vermeide Bildschirmzeit vor dem Schlafengehen und gönne dir stattdessen entspannende Aktivitäten wie Lesen oder eine warme Dusche.

Die Synergie von Bewegung, Ernährung und Schlaf

Diese drei Elemente beeinflussen sich gegenseitig und wirken zusammen, um dein emotionales Wohlbefinden zu fördern. Regelmäßige Bewegung kann deinen Schlaf verbessern, eine gute Ernährung liefert die Energie für körperliche Aktivität, und ausreichender Schlaf unterstützt deine Motivation, dich zu bewegen und gesund zu essen.

Wie du die Synergie nutzen kannst:

- **Ganzheitlicher Ansatz:** Betrachte Bewegung, Ernährung und Schlaf nicht isoliert, sondern als Teile eines Ganzen, die zusammenwirken.

- **Achtsamkeit in allen Bereichen:** Wende die Prinzipien der Achtsamkeit, die wir in Kapitel 1 besprochen haben, auch hier an. Sei präsent, wenn du isst, dich bewegst oder dich auf den Schlaf vorbereitest.

- **Kleine Veränderungen mit großer Wirkung:** Beginne mit kleinen Anpassungen in jedem Bereich und beobachte, wie sie sich positiv auf dein emotionales Wohlbefinden auswirken.

Indem du Bewegung, Ernährung und Schlaf bewusst in deine Selbstfürsorge integrierst, legst du den Grundstein für nachhaltige emotionale Gesundheit. Es geht nicht um Perfektion, sondern darum, liebevoll auf dich selbst zu achten und deinem Körper und Geist das zu geben, was sie brauchen, um zu gedeihen.

KAPITEL 7: VERGEBUNG UND LOSLASSEN – DER WEG ZUR INNEREN FREIHEIT

Die Kraft der Vergebung: Sich selbst und anderen vergeben

Vergebung ist eine der tiefsten und zugleich herausforderndsten emotionalen Erfahrungen, die wir durchleben können. Sie erfordert Mut, Verletzlichkeit und die Bereitschaft, alten Schmerz loszulassen. Doch gerade in der Vergebung liegt eine immense Kraft – sie ist der Schlüssel zu innerer Freiheit und emotionaler Heilung. Vergebung bedeutet nicht, das Verhalten anderer zu entschuldigen oder zu vergessen, sondern sie befreit dich von der Last des Grolls und der Wut, die dich zurückhalten. Es ist ein Akt der Selbstfürsorge, der es dir erlaubt, in Frieden mit dir selbst und deiner Vergangenheit zu leben.

Was Vergebung wirklich bedeutet

Vergebung ist oft missverstanden. Viele Menschen glauben, dass Vergebung bedeutet, dem anderen zu signalisieren, dass das, was geschehen ist, in Ordnung war. Doch das ist nicht der Fall. Vergebung ist kein Freispruch für das Verhalten einer anderen Person, sondern eine bewusste Entscheidung, dich von dem emotionalen Gewicht der Vergangenheit zu befreien. Wenn du vergibst, gibst du dir selbst die Erlaubnis, nicht länger von negativen Gefühlen wie Wut, Groll oder Trauer gefangen zu sein. Viele sogenannte „Lifecoaches" schwimmen seit einiger Zeit auf dieser „Vergebungswelle". Lasse dich davon nicht blenden. Es gibt Dinge, die können und sollen nicht vergeben werden. Die Vergebung ist in erster Linie dein eigenes Werkzeug für dein! Seelenwohl.

Vergebung bedeutet auch nicht, dass du die Beziehung zu der Person, die dich verletzt hat, wieder aufnehmen musst. Es geht vielmehr darum, den inneren Frieden zu finden, unabhängig davon, was die andere Person getan hat oder wie sie darauf reagiert.

Ebenso wichtig ist die Selbstvergebung. Du trägst vielleicht alte Fehler oder vergangene Entscheidungen mit dir herum, die dich emotional belasten. Dich selbst zu vergeben, ist ein kraftvoller Schritt, um wieder in Balance zu kommen und dir die Möglichkeit zu geben, aus der Vergangenheit zu lernen, ohne in ihr gefangen zu bleiben.

Die Person, der wir oft am schwersten vergeben, sind wir selbst. Wir tragen häufig die Last vergangener Fehler, Versäumnisse oder Entscheidungen mit uns herum und lassen diese Erinnerungen immer wieder hochkommen. Vielleicht gibst du dir selbst die Schuld für Dinge, die du nicht ändern konntest, oder du hältst an einem Bild von dir fest, das dich in deiner eigenen Entwicklung behindert.

Doch Vergebung bedeutet, dir selbst Mitgefühl zu schenken und zu akzeptieren, dass du nicht perfekt sein musst, um wertvoll zu sein. Fehler sind ein unvermeidlicher Teil des Lebens und bieten uns die Möglichkeit, zu wachsen und uns weiterzuentwickeln. Selbstvergebung bedeutet, dich selbst zu entlasten und die Vergangenheit loszulassen, damit du emotional frei sein kannst.

Wie du Selbstvergebung praktizierst:

- **Anerkennen, was geschehen ist:** Der erste Schritt zur Selbstvergebung besteht darin, anzuerkennen, was passiert ist. Nimm die Situation wahr, ohne sie zu verdrängen oder schönzureden. Frage dich: „Was genau trage ich mit mir herum, und wie beeinflusst es mich heute?"

- **Mitgefühl für dich selbst entwickeln:** Stelle dir vor, wie du einem Freund Mitgefühl entgegenbringst, wenn er mit einer schwierigen Situation kämpft. Wende dieses Mitgefühl auch auf dich selbst an. Erlaube dir, menschlich zu sein und Fehler zu machen.

- **Verantwortung übernehmen, ohne Schuldgefühle:** Vergebung bedeutet nicht, die Verantwortung für deine Handlungen zu leugnen, sondern sie bewusst anzunehmen – ohne dich dabei selbst zu verurteilen. Du bist nicht deine Fehler, und du hast das Recht, weiterzugehen.

- **Loslassen und vorwärtsgehen:** Selbstvergebung ist der Akt, das emotionale Gepäck der Vergangenheit loszulassen und die Erlaubnis, neu anzufangen. Du verdienst es, mit Leichtigkeit und Frieden in die Zukunft zu gehen.

Vergebung gegenüber anderen

Anderen zu vergeben kann noch schwieriger sein, besonders wenn wir uns tief verletzt, betrogen oder im Stich gelassen fühlen. Doch wenn wir an Groll und Wut festhalten, sind es letztlich wir selbst, die leiden. Diese negativen Emotionen binden uns an die Vergangenheit und verhindern, dass wir wirklich frei leben können.

Die Entscheidung, jemandem zu vergeben, ist ein Akt der Selbstbefreiung. Du gibst der anderen Person keine Macht mehr über dein emotionales Leben und entscheidest dich bewusst, den Schmerz loszulassen.

Wie du anderen vergibst:

- **Erkenne den Schmerz an:** Es ist wichtig, die Verletzung, die du erlebt hast, nicht zu unterdrücken. Nimm die Gefühle, die damit verbunden sind, wahr. Groll entsteht oft, wenn wir den Schmerz nicht vollständig anerkennen oder ausdrücken.

- **Verstehe, dass Vergebung für dich ist:** Vergebung bedeutet nicht, das Verhalten der anderen Person zu entschuldigen. Sie ist ein Akt der Selbstfürsorge. Indem du vergibst, befreist du dich von dem Gift der negativen Emotionen, die dich lähmen.

- **Die Perspektive wechseln:** Manchmal hilft es, die Situation aus der Perspektive der anderen Person zu betrachten. Das bedeutet nicht, das Verhalten gutzuheißen, sondern es kann dir helfen, Mitgefühl zu entwickeln und die Menschlichkeit hinter den Handlungen zu sehen.

- **Loslassen:** Der letzte Schritt besteht darin, den Groll, die Wut oder den Schmerz bewusst loszulassen. Du entscheidest dich, nicht länger von diesen Emotionen kontrolliert zu werden. Dies ist ein Prozess, der Zeit braucht, aber mit jedem Schritt wirst du leichter und freier.

Die heilende Kraft der Vergebung

Vergebung heilt nicht nur deine Seele, sondern auch deinen Körper. Studien zeigen, dass Vergebung zu einer besseren körperlichen Gesundheit führen kann, indem sie

Stress reduziert und das Risiko für chronische Erkrankungen wie Bluthochdruck oder Herzerkrankungen verringert. Vergebung wirkt wie ein emotionaler Detox: Du lässt los, was dir schadet, und schaffst Raum für Heilung und inneren Frieden.

Vorteile der Vergebung:

- **Innerer Frieden:** Du wirst ruhiger und gelassener, wenn du nicht länger an Groll festhältst.

- **Bessere Beziehungen:** Vergebung kann dich emotional öffnen und dich für tiefere, authentischere Verbindungen bereit machen.

- **Mehr Selbstvertrauen:** Wenn du dir selbst und anderen vergibst, wirst du dich stärker und emotional stabiler fühlen, weil du weißt, dass du die Kontrolle über deine Emotionen zurückgewonnen hast.

Vergebung als Weg zur inneren Freiheit

Am Ende ist Vergebung ein Akt der Befreiung. Du lässt nicht nur die Vergangenheit los, sondern öffnest dich auch für ein Leben, das nicht von negativen Emotionen oder unerfüllten Erwartungen geprägt ist. Es ist der Schritt, der dich von den emotionalen Ketten der Vergangenheit löst und dir ermöglicht, dein Leben in Freiheit und Frieden zu gestalten.

Vergebung ist kein einmaliger Akt, sondern ein Prozess, der Zeit und Geduld erfordert. Doch je mehr du übst, dir selbst und anderen zu vergeben, desto leichter wird es, alte Verletzungen loszulassen und emotional frei zu leben.

Vergebung, sowohl für dich selbst als auch für andere, ist ein kraftvoller Akt der Selbstfürsorge und emotionalen Heilung. Sie gibt dir die Möglichkeit, die Last der Vergangenheit abzulegen und dein Leben mit mehr Leichtigkeit und innerem Frieden zu gestalten. Es ist der Weg zur inneren Freiheit, der dich befreit und dir erlaubt, in deiner emotionalen Stärke zu wachsen.

Rituale und Übungen zum Loslassen von emotionalen Altlasten

Loslassen ist ein kraftvoller Akt der Befreiung, der es dir erlaubt, alten Schmerz, Groll oder negative Glaubenssätze hinter dir zu lassen. Es ist kein einfacher Prozess, denn wir neigen dazu, an emotionalen Altlasten festzuhalten – sei es aus Angst vor Veränderung, aus Gewohnheit oder weil wir glauben, dass diese alten Wunden uns definieren. Doch das Festhalten an diesen Altlasten hindert uns daran, emotional frei und leicht zu leben. Indem du bewusste Rituale und Übungen integrierst, die dir helfen, loszulassen, schaffst du Raum für Heilung und persönliches Wachstum.

Rituale haben eine besondere Bedeutung, weil sie symbolische Handlungen sind, die uns helfen, emotionale Prozesse sichtbar und greifbar zu machen. Sie geben dir die Möglichkeit, auf achtsame und bewusste Weise den inneren Prozess des Loslassens zu unterstützen.

Warum es so schwer ist, loszulassen

Bevor wir uns den Ritualen und Übungen widmen, ist es wichtig zu verstehen, warum es oft so schwer fällt, emotional loszulassen. Emotionale Altlasten können von unverarbeiteten Gefühlen, nicht abgeschlossenen Beziehungen oder alten Glaubenssätzen herrühren, die du über dich selbst oder andere entwickelt hast. Der Schmerz und die Angst, die mit diesen Erfahrungen verbunden sind, halten uns oft zurück. Wir klammern uns an das Bekannte – selbst wenn es uns schadet – weil uns das Loslassen unsicher und verletzlich macht.

Doch das Loslassen ist ein Akt des Vertrauens. Es bedeutet, dass du darauf vertraust, dass du ohne diese Altlasten stärker, freier und glücklicher sein kannst. Es erfordert Mut, die Kontrolle aufzugeben und dich für das Unbekannte zu öffnen. Aber genau darin liegt das Potenzial für Heilung und Transformation.

Rituale zum Loslassen

Rituale geben dir die Möglichkeit, das Loslassen bewusst zu gestalten. Sie schaffen einen sicheren Rahmen, in dem du dich von emotionalen Altlasten verabschieden kannst. Diese symbolischen Handlungen machen den Prozess des Loslassens sichtbar und greifbar.

1. Das Verbrennungsritual

Dieses Ritual ist eine kraftvolle Methode, um alte Emotionen, negative Glaubenssätze oder schmerzliche Erinnerungen symbolisch loszulassen. Indem du das, was
dich belastet, aufschreibst und es anschließend verbrennst, kannst du dich auf symbolische Weise von diesen Lasten befreien.

So führst du das Verbrennungsritual durch:

- **Setze dich an einen ruhigen Ort:** Nimm dir Zeit, um über das nachzudenken, was du loslassen möchtest. Schreibe diese Emotionen, Situationen oder
  Gedanken auf ein Blatt Papier.

- **Lies es laut vor:** Lies dir die Worte durch, die du niedergeschrieben hast, und
  nimm bewusst wahr, wie sie sich anfühlen. Erlaube dir, die damit verbundenen Emotionen zu spüren.

- **Verbrenne das Papier:** Zünde das Papier an und lass es in einem feuerfesten
  Gefäß verbrennen. Während es brennt, stelle dir vor, wie die Emotionen oder
  Glaubenssätze, die dich belastet haben, mit dem Rauch davonziehen.

- **Schließe das Ritual ab:** Atme tief ein und aus, und nimm wahr, wie du dich
  danach fühlst. Erlaube dir, den symbolischen Akt des Loslassens als Befreiung zu spüren.

Dieses Ritual kann dir helfen, schmerzliche Erinnerungen oder negative Gedanken
endgültig loszulassen und emotionalen Raum für Neues zu schaffen.

2. Das Loslass-Brief-Ritual

Dieses Ritual ermöglicht es dir, alte emotionale Wunden durch das Schreiben eines
Briefs zu heilen. Oft bleiben ungelöste Gefühle in uns stecken, weil wir sie nicht
ausdrücken konnten. Ein Brief an eine Person oder Situation, die dich belastet, gibt
dir die Möglichkeit, diese Emotionen freizulassen.

So funktioniert das Loslass-Brief-Ritual:

- **Schreibe einen Brief an die Person oder Situation:** Schreibe alles auf, was du über diese Person oder Erfahrung fühlst. Es geht nicht darum, den Brief abzuschicken, sondern darum, deine Gedanken und Gefühle zu formulieren.

- **Lasse alle Emotionen zu:** Erlaube dir, alles aufzuschreiben – den Schmerz, die Enttäuschung, den Ärger oder die Trauer. Sei ehrlich und schreibe, ohne dich zurückzuhalten.

- **Zerreiße oder verbrenne den Brief:** Sobald du fertig bist, kannst du den Brief zerreißen oder verbrennen, als symbolischen Akt des Loslassens. Dabei gibst du die damit verbundenen Gefühle frei.

Das Loslassen durch das Schreiben eines Briefs gibt dir die Möglichkeit, ungesagte Worte zu äußern und dich von dem emotionalen Gewicht dieser Erfahrung zu befreien.

Übungen zum Loslassen

Neben den Ritualen kannst du auch tägliche Übungen in dein Leben integrieren, um das Loslassen zu unterstützen. Diese Übungen helfen dir, emotionales Gepäck schrittweise loszuwerden und wieder Raum für Leichtigkeit und Freude zu schaffen.

1. Achtsamkeitspraxis für das Loslassen

Achtsamkeit ist eine wunderbare Möglichkeit, negative Gedanken oder Gefühle wahrzunehmen, ohne an ihnen festzuhalten. Diese Praxis hilft dir, dich nicht mit dem Schmerz oder der Angst zu identifizieren, sondern sie als vorübergehende Erfahrungen zu betrachten.

So funktioniert die Achtsamkeitspraxis:

- **Setze dich in Ruhe hin und schließe die Augen:** Atme tief ein und aus und bringe deine Aufmerksamkeit in den gegenwärtigen Moment.

- **Beobachte deine Gedanken und Gefühle:** Wenn negative Gedanken oder Emotionen auftauchen, nimm sie wahr, ohne sie zu bewerten oder zu unterdrücken. Stelle dir vor, wie sie wie Wolken am Himmel vorbeiziehen.

- **Lasse sie bewusst los:** Sage innerlich „Ich lasse los" und stelle dir vor, wie diese Gedanken und Gefühle sanft an dir vorbeiziehen. Du kannst dir dabei vorstellen, dass du diese Lasten bewusst abgibst.

Diese Achtsamkeitspraxis hilft dir, dich nicht von deinen negativen Gedanken und Gefühlen überwältigen zu lassen, sondern sie mit Akzeptanz und Gelassenheit loszulassen.

2. Körperliche Übungen für das Loslassen

Manchmal hält unser Körper emotionalen Stress und alte Spannungen fest. Durch gezielte Bewegungen kannst du diese Spannungen lösen und emotionale Altlasten auf körperlicher Ebene loslassen.

Beispiele für körperliche Übungen:

- **Yoga:** Bestimmte Yoga-Übungen, wie Vorbeugen und Hüftöffner, sind besonders hilfreich, um emotionale Spannungen zu lösen. In Kapitel 1 haben wir über die Bedeutung von Yoga im Loslassen gesprochen – du kannst diese Übungen vertiefen, um emotionale Blockaden im Körper zu lösen.

- **Tanzen:** Tanzen ist eine wunderbare Möglichkeit, Stress abzubauen und alte emotionale Lasten loszuwerden. Lass deinen Körper frei bewegen und spüre, wie du mit jeder Bewegung loslässt, was dich emotional belastet.

Loslassen ist ein Prozess der Zeit braucht. Es ist kein einmaliger Akt, sondern eine Praxis, die du regelmäßig in dein Leben integrieren kannst. Je mehr du dich darauf einlässt, desto leichter wird es, dich von emotionalen Altlasten zu befreien und emotionalen Raum für Heilung und Wachstum zu schaffen.

Loslassen erfordert Mut, aber es ist ein Schritt in Richtung Freiheit. Es erlaubt dir, die Vergangenheit hinter dir zu lassen und offen für die Zukunft zu sein – frei von den Fesseln alter Wunden und negativen Gedanken.

Die Rituale und Übungen zum Loslassen sind kraftvolle Werkzeuge, um dich von emotionalen Altlasten zu befreien. Indem du diese symbolischen und praktischen Handlungen in dein Leben integrierst, kannst du bewusst den Schmerz und die Last der Vergangenheit loslassen und mehr Leichtigkeit, Heilung und Freiheit in deinem Leben willkommen heißen.

Wie Vergebung zu emotionaler Heilung führt

Vergebung ist ein Schlüssel zur emotionalen Heilung. Es ist eine bewusste Entscheidung, die es dir ermöglicht, alten Schmerz loszulassen und dich von den negativen Gefühlen zu befreien, die dich binden. Vergebung bedeutet nicht, das Verhalten anderer zu entschuldigen oder zu vergessen, was geschehen ist. Vielmehr geht es darum, dir selbst zu erlauben, den emotionalen Ballast abzuwerfen, der dich belastet. Sie ist ein Geschenk, das du dir selbst machst, um inneren Frieden zu finden und dein Herz für Heilung zu öffnen.

Warum Vergebung so herausfordernd ist

Vergebung ist ein tief persönlicher und emotionaler Prozess, der oft mit Widerstand verbunden ist. Vielleicht hast du das Gefühl, dass Vergebung bedeutet, Schwäche zu zeigen, oder dass sie ein Freifahrtschein für die Person ist, die dich verletzt hat. Doch Vergebung ist das Gegenteil von Schwäche – sie erfordert enormen Mut und Stärke. Sie ist eine bewusste Entscheidung, dich nicht länger von negativen Emotionen beherrschen zu lassen, und eröffnet dir die Möglichkeit, in Frieden mit dir selbst zu sein.

Oft fällt es schwer, zu vergeben, weil der Schmerz tief sitzt und die Wunde noch frisch ist. Du hast vielleicht das Gefühl, dass du „Recht" hast, verletzt zu sein, und das Loslassen der Wut oder des Grolls würde bedeuten, diesen Schmerz zu verleugnen. Doch indem du den Groll festhältst, verletzt du letztlich nur dich selbst. Die negativen Gefühle blockieren dich, sie beeinflussen deine Beziehungen und deine Fähigkeit, Freude und Leichtigkeit im Leben zu empfinden.

Vergebung als Prozess der emotionalen Befreiung

Vergebung ist kein einmaliger Akt, sondern ein Prozess. Es erfordert Zeit, Geduld und Mitgefühl für dich selbst. Während du durch den Prozess gehst, spürst du, wie sich die Last des Grolls oder der Wut allmählich von dir löst und du emotionale Freiheit gewinnst. Vergebung ermöglicht es dir, Frieden mit der Vergangenheit zu schließen und nicht mehr von ihr bestimmt zu werden.

Die Phasen der Vergebung:

- **Das Anerkennen des Schmerzes:** Der erste Schritt zur Vergebung ist die Anerkennung des Schmerzes, den du erlitten hast. Es ist wichtig, dass du dir erlaubst, den Schmerz zu fühlen, anstatt ihn zu verdrängen. Indem du ihn wahrnimmst, kannst du beginnen, ihn zu verarbeiten und loszulassen.

- **Verantwortung für deine Emotionen übernehmen:** Es kann leicht sein, anderen die Schuld für deine emotionalen Schmerzen zu geben. Doch Vergebung bedeutet, Verantwortung für deine eigenen Gefühle zu übernehmen. Du hast die Wahl, wie du auf die Verletzung reagierst, und du kannst dich entscheiden, die negativen Emotionen loszulassen.

- **Mitgefühl entwickeln:** Eine der kraftvollsten Möglichkeiten, Vergebung zu fördern, besteht darin, Mitgefühl – sowohl für dich selbst als auch für die Person, die dich verletzt hat – zu entwickeln. Indem du erkennst, dass jeder Mensch seine eigenen Kämpfe und Schwächen hat, kannst du die menschliche Seite der Verletzung verstehen.

- **Loslassen und vorwärtsgehen:** Der letzte Schritt besteht darin, den Groll und die negativen Emotionen bewusst loszulassen. Du schließt den emotionalen Kreis, indem du entscheidest, dich nicht länger an der Vergangenheit festzuhalten, sondern den Weg der Heilung zu gehen.

Selbstvergebung als Teil der Heilung

Vergebung ist nicht nur auf andere Menschen beschränkt. Ein wesentlicher Teil der emotionalen Heilung besteht darin, sich selbst zu vergeben. Oft halten wir uns an alten Fehlern oder falschen Entscheidungen fest und tragen das Gewicht von Schuldgefühlen und Selbstverurteilung. Doch Selbstvergebung ist genauso wichtig wie die Vergebung gegenüber anderen. Indem du dir selbst verzeihst, gibst du dir die Erlaubnis, aus der Vergangenheit zu lernen, ohne in ihr gefangen zu bleiben.

Selbstvergebung bedeutet, dich selbst mit Mitgefühl und Nachsicht zu behandeln. Du darfst Fehler machen, du darfst menschlich sein. Du verdienst es, ohne die Last der Selbstvorwürfe und des Selbsthasses weiterzuleben. Wenn du dir selbst vergibst, öffnest du die Tür zur Selbstheilung und zur Annahme deiner eigenen Unvollkommenheit.

Schritte zur Selbstvergebung:

- **Erkenne deine Schuldgefühle an:** Es ist wichtig, dass du dir deiner eigenen Selbstvorwürfe bewusst wirst und sie als Teil deiner emotionalen Realität anerkennst.

- **Reflektiere über das, was du daraus gelernt hast:** Fehler sind unvermeidlich, aber sie bieten immer die Möglichkeit des Wachstums. Indem du darüber nachdenkst, was du aus deinen Fehlern gelernt hast, kannst du den Prozess der Selbstvergebung einleiten.

- **Sei sanft mit dir selbst:** Übe Selbstmitgefühl, indem du dich selbst nicht verurteilst, sondern anerkennst, dass du dein Bestes gegeben hast. Du darfst dich weiterentwickeln und wachsen, ohne dich selbst dafür zu bestrafen.

Die heilende Kraft der Vergebung

Vergebung hat nicht nur eine transformative Wirkung auf deine emotionale Gesundheit, sondern auch auf deine körperliche Gesundheit. Studien zeigen, dass

Menschen, die regelmäßig Vergebung praktizieren, weniger unter Stress, Depressionen und Angstzuständen leiden. Vergebung senkt den Blutdruck, reduziert die Produktion von Stresshormonen und fördert das allgemeine Wohlbefinden.

Indem du die emotionale Last des Grolls loslässt, schaffst du Raum für positive Emotionen wie Freude, Frieden und Liebe. Du gibst dir die Erlaubnis, wieder zu fühlen – nicht den Schmerz der Vergangenheit, sondern die Leichtigkeit der Gegenwart. Vergebung hilft dir, dich von alten Wunden zu befreien und innerlich zu heilen.

Vorteile der Vergebung:

- **Innere Freiheit:** Wenn du vergibst, befreist du dich von der Kontrolle, die der Schmerz über dein Leben hatte.

- **Emotionales Wachstum:** Vergebung fördert dein emotionales Wachstum, indem du lernst, mit Mitgefühl und Weitsicht auf schwierige Situationen zu blicken.

- **Tiefe Heilung:** Indem du vergibst, schließt du die emotionalen Kreisläufe, die dich bisher gefangen gehalten haben, und beginnst, emotional zu heilen.

Vergebung als langfristiger Heilungsprozess

Vergebung ist keine einmalige Entscheidung, sondern ein fortlaufender Prozess. Es gibt Tage, an denen du dich frei und geheilt fühlst, und andere, an denen alte Wunden wieder auftauchen. Doch jedes Mal, wenn du dich entscheidest, zu vergeben – dir selbst oder anderen – öffnest du die Tür zu tiefer emotionaler Heilung. Mit der Zeit wirst du feststellen, dass die Wunden verblassen und du dich immer leichter und freier fühlst.

Der Weg der Vergebung erfordert Mut, aber er führt dich zu einem Ort des Friedens, der Freiheit und des Mitgefühls. Du lässt los, was dich gefangen gehalten hat, und öffnest dich für eine Zukunft, die nicht von den Schatten der Vergangenheit überschattet ist.

Vergebung ist ein kraftvoller Schlüssel zur emotionalen Heilung. Indem du dir selbst und anderen vergibst, schaffst du Raum für inneren Frieden und die Möglichkeit, tiefe emotionale Wunden zu heilen. Es ist ein Prozess, der Zeit und Geduld erfordert, aber er führt dich zu mehr Freiheit, Leichtigkeit und innerem Wachstum.

KAPITEL 8: DIE VERBINDUNG VON KÖRPER UND GEIST

Wie körperliche Gesundheit die emotionale Gesundheit beeinflusst

Die Verbindung zwischen Körper und Geist ist tief und untrennbar. Wenn dein Körper gesund ist, fühlt sich auch dein Geist oft leichter, klarer und widerstandsfähiger an. Umgekehrt kann körperliches Unwohlsein oder Krankheit deine Stimmung, Gedanken und dein emotionales Wohlbefinden stark beeinflussen. Es ist leicht, diese Verbindung im hektischen Alltag zu übersehen, aber wenn du anfängst, bewusst auf deinen Körper zu achten, wirst du feststellen, wie stark er deine emotionale Gesundheit formt.

Die körperliche Grundlage für emotionale Stabilität

Dein Körper ist nicht nur ein Gefäß, das dich durch den Tag trägt; er ist auch der Ort, an dem Emotionen gespeichert und verarbeitet werden. Emotionen wie Angst, Stress, Trauer oder Freude manifestieren sich oft körperlich. Wenn du nervös bist, bekommst du vielleicht schwitzige Hände oder ein flaues Gefühl im Magen. Wenn du dich gestresst fühlst, sind deine Schultern verspannt oder dein Atem wird flach. Dies zeigt, dass der Körper unmittelbar auf emotionale Zustände reagiert.

Warum körperliche Gesundheit so wichtig für dein emotionales Wohlbefinden ist:

- **Stress und seine körperlichen Auswirkungen:** Chronischer Stress kann zu körperlichen Symptomen wie Kopfschmerzen, Verspannungen oder Verdauungsproblemen führen. Diese körperlichen Beschwerden verstärken wiederum den Stress und schaffen einen Teufelskreis, der emotional belastend ist. Wenn du jedoch auf deinen Körper achtest und ihm das gibst, was er braucht – sei es durch Bewegung, Ernährung oder Entspannung – kannst du Stress und seine Auswirkungen reduzieren.

- **Hormonelles Gleichgewicht:** Dein körperliches Wohlbefinden beeinflusst auch dein hormonelles Gleichgewicht. Bewegung, Schlaf und Ernährung wirken sich direkt auf die Produktion von Hormonen wie Serotonin, Dopamin und Cortisol aus, die alle eine Schlüsselrolle für deine Stimmung und dein emotionales Gleichgewicht spielen. Ein gesunder Körper hilft, ein stabiles hormonelles Gleichgewicht aufrechtzuerhalten, das deine emotionale Widerstandskraft stärkt.

- **Schlaf als Regeneration:** Wie wir bereits in Kapitel 6 angesprochen haben, ist Schlaf für die Regeneration von Körper und Geist unerlässlich. Wenn du ausreichend und erholsam schläfst, verarbeitest du emotionale Eindrücke und Erlebnisse besser, während dein Körper sich körperlich erholt. Schlafmangel hingegen beeinträchtigt nicht nur deine körperliche Gesundheit, sondern schwächt auch deine Fähigkeit, mit emotionalem Stress umzugehen.

Bewegung als emotionale Befreiung

Bewegung ist eine der wirkungsvollsten Methoden, um nicht nur deine körperliche, sondern auch deine emotionale Gesundheit zu stärken. Es gibt einen direkten Zusammenhang zwischen körperlicher Aktivität und emotionalem Wohlbefinden. Wenn du dich bewegst, baut dein Körper nicht nur Stress ab, sondern schüttet auch Endorphine aus – die sogenannten „Glückshormone". Diese sorgen dafür, dass du dich besser fühlst, deine Stimmung hebt und du emotional stabiler wirst.

Die emotionale Wirkung von Bewegung:

- **Abbau von Stresshormonen:** Körperliche Aktivität hilft, das Stresshormon Cortisol abzubauen, das sich bei chronischem Stress ansammelt und zu emotionalen Problemen wie Angst und Reizbarkeit führen kann.

- **Erhöhung des Wohlbefindens:** Regelmäßige Bewegung fördert die Produktion von Serotonin und Dopamin, die dir helfen, dich ausgeglichener und glücklicher zu fühlen. Schon kleine Bewegungen, wie ein Spaziergang oder leichtes Stretching, können diese positiven Effekte haben.

- **Emotionale Spannungen lösen:** Emotionen werden oft im Körper gespeichert, besonders wenn wir sie nicht vollständig verarbeiten. Bewegung kann helfen, diese Spannungen abzubauen und loszulassen. Yoga, Tanzen oder achtsame Bewegungsformen sind besonders wirksam, um Körper und Geist in Einklang zu bringen.

In Kapitel 5 haben wir bereits über die Bedeutung von Bewegung für die Stressbewältigung gesprochen. Falls du diese Ansätze vertiefen möchtest, findest du dort weitere hilfreiche Übungen.

Ernährung: Nährstoffquelle für Körper und Geist

Was du isst, beeinflusst nicht nur deinen Körper, sondern auch deine emotionale Gesundheit. Eine ausgewogene Ernährung, die reich an Vitaminen, Mineralien und gesunden Fetten ist, unterstützt dein Gehirn und deinen gesamten Organismus. Bestimmte Lebensmittel können dabei helfen, deine Stimmung zu stabilisieren und dich emotional ausgeglichener zu fühlen.

Die emotionale Wirkung der Ernährung:

- **Stabile Energie:** Schwankungen des Blutzuckerspiegels, die durch zuckerreiche oder nährstoffarme Lebensmittel verursacht werden, können sich negativ auf deine Stimmung auswirken. Durch eine ausgewogene Ernährung mit komplexen Kohlenhydraten, gesunden Fetten und Proteinen hältst du deine Energielevel konstant und vermeidest Stimmungsschwankungen.

- **Nährstoffe für das Gehirn:** Lebensmittel wie Omega-3-Fettsäuren, die in fettem Fisch, Nüssen und Samen enthalten sind, unterstützen die Gehirnfunktion und wirken sich positiv auf deine Stimmung aus. Studien zeigen, dass Menschen, die reichlich Omega-3-Fettsäuren zu sich nehmen, ein geringeres Risiko für Depressionen haben.

- **Mikrobiom und Emotionen:** Dein Darm spielt eine wichtige Rolle für deine emotionale Gesundheit. Ein gesundes Darmmikrobiom fördert nicht nur deine körperliche Gesundheit, sondern auch deine Stimmung. Probiotische Lebensmittel wie Joghurt oder fermentierte Lebensmittel können helfen, das Gleichgewicht im Darm zu unterstützen und somit auch deine emotionale Gesundheit positiv zu beeinflussen.

Körperliche Erkrankungen und ihre emotionalen Auswirkungen

Körperliche Erkrankungen und chronische Schmerzen haben oft tiefe emotionale Auswirkungen. Es ist völlig normal, dass sich emotionale Zustände wie Trauer,

Frustration, Angst oder Hilflosigkeit einstellen, wenn der Körper leidet. Wenn du chronische Schmerzen oder gesundheitliche Probleme hast, kann dies deine Stimmung und dein emotionales Wohlbefinden stark beeinträchtigen.

Die psychologische Belastung durch körperliche Erkrankungen kann zu Stress, Angst und sogar Depressionen führen. Es ist wichtig, anzuerkennen, dass diese emotionalen Reaktionen normal sind und Teil des Prozesses, mit Krankheit oder körperlichen Herausforderungen umzugehen. Gleichzeitig ist es entscheidend, Wege zu finden, um sowohl körperlich als auch emotional gut für dich zu sorgen.

Wege zur Unterstützung von emotionalem Wohlbefinden bei körperlichen Erkrankungen:

- **Achtsamkeit und Akzeptanz:** Lerne, achtsam mit deinem Körper umzugehen und ihn in dem Zustand zu akzeptieren, in dem er gerade ist. In Kapitel 1 haben wir verschiedene Achtsamkeitspraktiken besprochen, die dir helfen können, auch in schwierigen gesundheitlichen Phasen emotional stabil zu bleiben.

- **Bewegung trotz Einschränkungen:** Auch bei körperlichen Erkrankungen ist es oft möglich, sanfte Bewegungsformen zu finden, die dir helfen, emotionalen Stress abzubauen. Yoga oder Dehnübungen können dir helfen, in Bewegung zu bleiben und gleichzeitig auf deinen Körper zu achten.

Die Synergie von Körper und Geist

Dein emotionales und körperliches Wohlbefinden sind untrennbar miteinander verbunden. Wenn du auf deinen Körper achtest, unterstützt du auch deinen Geist – und umgekehrt. Je mehr du dich um deine körperliche Gesundheit kümmerst, desto widerstandsfähiger und stabiler wirst du emotional. Das bewusste Zusammenspiel dieser beiden Aspekte stärkt deine ganzheitliche Gesundheit und fördert dein Wohlbefinden auf allen Ebenen.

Dein Körper ist ein Spiegel deiner emotionalen Gesundheit. Indem du auf deine körperlichen Bedürfnisse achtest, kannst du auch dein emotionales Wohlbefinden stärken. Bewegung, Ernährung und Schlaf sind nicht nur Schlüssel für deinen körperlichen Zustand, sondern auch für deine emotionale Stabilität. Wenn du diese Bereiche bewusst pflegst, wirst du nicht nur körperlich, sondern auch emotional in deiner Kraft stehen.

Körperliche Symptome als Spiegel emotionaler Belastung

Der Körper und der Geist sind untrennbar miteinander verbunden. Oft zeigt uns unser Körper auf sehr direkte Weise, wenn etwas emotional aus dem Gleichgewicht geraten ist. Vielleicht kennst du das Gefühl, dass dir „der Magen umdreht" vor Aufregung oder dass sich deine Schultern anfühlen, als würden sie das Gewicht der Welt tragen, wenn du gestresst bist. Diese körperlichen Symptome sind oft Signale für innere, emotionale Belastungen. Sie sind Botschaften deines Körpers, die dir helfen wollen, bewusster mit deinem emotionalen Zustand umzugehen.

Körperliche Symptome können also ein wichtiger Hinweis darauf sein, dass du nicht nur körperlich, sondern auch emotional und mental Aufmerksamkeit und Pflege brauchst. Indem du lernst, auf die Signale deines Körpers zu hören, kannst du tiefere Einsichten in deine emotionalen Bedürfnisse gewinnen und rechtzeitig für dich sorgen.

Der Körper spricht, wenn Emotionen unterdrückt werden

Es ist nicht ungewöhnlich, dass wir im Alltag unsere Emotionen unterdrücken oder ignorieren. Vielleicht lenkst du dich mit Arbeit oder anderen Verpflichtungen ab, um dich nicht mit unangenehmen Gefühlen auseinandersetzen zu müssen. Doch wenn Emotionen nicht beachtet oder verarbeitet werden, finden sie oft ihren Weg in den Körper – in Form von Schmerzen, Verspannungen oder anderen physischen Symptomen. Dein Körper übernimmt sozusagen die Rolle eines Lautsprechers für deine Seele.

Beispiele für körperliche Symptome bei emotionaler Belastung:

- **Verspannte Schultern und Nacken:** Wenn du das Gefühl hast, dass die Last der Welt auf deinen Schultern liegt, könnte dies ein Hinweis darauf sein, dass du unter zu viel Stress stehst oder zu viele Verpflichtungen auf dich genommen hast.

- **Kopfschmerzen:** Emotionale Überlastung, ständiges Grübeln oder das Unterdrücken von Ärger können zu Spannungskopfschmerzen führen. Kopfschmerzen sind oft das Ergebnis mentaler und emotionaler Überforderung.

- **Magenprobleme:** Der Magen-Darm-Trakt wird stark von Emotionen beeinflusst. Angst, Stress oder ungelöste Konflikte können sich in Magenbeschwerden, Blähungen oder Verdauungsproblemen äußern.

- **Rückenschmerzen:** Rückenschmerzen, besonders im unteren Rücken, können mit emotionaler Belastung in Verbindung stehen, vor allem wenn du das Gefühl hast, dass du mit finanziellen oder existenziellen Sorgen kämpfst.

Diese Symptome sind ein Weckruf deines Körpers. Sie sagen dir, dass etwas in deinem emotionalen Gleichgewicht nicht stimmt und dass du genauer hinschauen solltest.

Der emotionale Ursprung körperlicher Symptome

Jedes körperliche Symptom kann mit einer bestimmten emotionalen Belastung oder einem unausgesprochenen Konflikt in Verbindung stehen. Dein Körper signalisiert, dass es Zeit ist, innezuhalten und dich mit den zugrunde liegenden Emotionen auseinanderzusetzen. Indem du diese Zusammenhänge verstehst, kannst du lernen, deine körperlichen Beschwerden als wichtige Hinweise auf ungelöste emotionale Themen zu betrachten.

Einige typische emotionale Ursachen körperlicher Symptome:

- **Angst und Magenprobleme:** Angstzustände können zu einer Überaktivität des autonomen Nervensystems führen, was Verdauungsprobleme, Übelkeit oder sogar das Reizdarmsyndrom auslösen kann. Der Darm wird oft als das „zweite Gehirn" bezeichnet, da er stark auf emotionale Zustände reagiert.

- **Stress und Kopfschmerzen:** Chronischer Stress führt zu einer Anspannung der Muskeln, vor allem im Kopf- und Nackenbereich, was

Spannungskopfschmerzen oder Migräne begünstigen kann.

- **Trauer und Brustschmerzen:** Emotionale Schmerzen wie Trauer oder Verlust können sich manchmal als körperliche Schmerzen in der Brust äußern. Dieser „Herzschmerz" zeigt, wie tief emotionaler Schmerz im Körper verwurzelt ist.

- **Unterdrückter Ärger und Kieferverspannungen:** Wenn du oft die Zähne zusammenbeißt oder den Kiefer verspannt hältst, könnte dies ein Zeichen von unterdrücktem Ärger oder Frustration sein.

Indem du die emotionale Ursache hinter deinen körperlichen Symptomen erkennst, kannst du beginnen, die richtigen Schritte zu unternehmen, um nicht nur deinen Körper, sondern auch deine emotionale Gesundheit zu heilen.

Achtsamkeit gegenüber körperlichen Signalen

Eines der wichtigsten Werkzeuge, um diese Verbindung zwischen Körper und Emotionen zu verstehen, ist Achtsamkeit. Wenn du anfängst, die Signale deines Körpers bewusst wahrzunehmen und ihnen Raum zu geben, kannst du tiefer in deine emotionale Welt eintauchen und herausfinden, was dein Körper dir sagen möchte. Stelle dir die Warnleuchten im Auto vor. Kaum jemand würde diese übergehen, sondern im besten Fall zeitnahe einen Fachmann fragen.

So kannst du deine körperlichen Symptome achtsam erkunden:

- **Beobachte, wann die Symptome auftreten:** Gibt es bestimmte Situationen oder Emotionen, die deine Symptome verstärken? Vielleicht tritt deine Migräne immer dann auf, wenn du in einem ungelösten Konflikt bist, oder deine Magenprobleme verschlimmern sich, wenn du dich unsicher oder gestresst fühlst.

- **Nimm dir Zeit für dich:** Setze dich hin, atme tief ein und aus und richte deine Aufmerksamkeit auf das körperliche Symptom. Spüre in den Bereich hinein, der schmerzt oder unangenehm ist, und frage dich: „Was will mir mein Körper damit sagen?"

- **Akzeptiere das Gefühl, ohne es zu bewerten:** Oft versuchen wir, körperliche Symptome zu ignorieren oder zu bekämpfen. Doch indem du das Gefühl einfach nur wahrnimmst und akzeptierst, ohne es zu bewerten, gibst du deinem Körper die Möglichkeit, sich auszudrücken und möglicherweise auch loszulassen.

Die Rolle von Selbstfürsorge bei körperlichen Symptomen

Wenn du körperliche Symptome als Spiegel emotionaler Belastung erkennst, ist es wichtig, dich bewusst um deinen Körper und deine Emotionen zu kümmern. Selbstfürsorge spielt eine zentrale Rolle in diesem Prozess, da sie dir hilft, achtsam und liebevoll mit dir selbst umzugehen.

Möglichkeiten der Selbstfürsorge bei körperlichen Symptomen:

- **Regelmäßige Bewegung:** Bewegung hilft, emotionale Spannungen abzubauen und den Körper zu entlasten. Achte darauf, sanfte Bewegungsformen wie Yoga, Stretching oder achtsames Gehen in deinen Alltag zu integrieren, um Verspannungen zu lösen.

- **Achtsame Ernährung:** Eine bewusste und gesunde Ernährung kann nicht nur deinem Körper, sondern auch deinem emotionalen Wohlbefinden helfen. In Kapitel 6 haben wir bereits über die Bedeutung von Ernährung für die emotionale Gesundheit gesprochen. Dort findest du hilfreiche Tipps, wie du deine Ernährung achtsam gestalten kannst.

- **Entspannungsrituale:** Körperliche Symptome, die durch emotionale Belastung entstehen, können oft durch Entspannungstechniken wie Meditation, Atemübungen oder Massage gelindert werden. Diese Rituale helfen, Körper und Geist wieder in Balance zu bringen.

Den Weg zur Heilung finden

Körperliche Symptome, die durch emotionale Belastung entstehen, sind nicht etwas, das du ignorieren solltest. Sie sind wertvolle Signale, die dich darauf hinweisen, dass es an der Zeit ist, dich um dich selbst zu kümmern – sowohl körperlich als auch emotional. Indem du lernst, auf diese Signale zu hören und ihnen mit Mitgefühl zu begegnen, kannst du den Weg zur Heilung einschlagen.

Es geht nicht darum, die Symptome einfach verschwinden zu lassen, sondern darum, den Dialog zwischen Körper und Geist zu verstehen. Wenn du bereit bist, auf deinen Körper zu hören, wirst du wertvolle Einsichten darüber gewinnen, was du emotional loslassen musst, um wieder in deine Kraft zu kommen.

Körperliche Symptome sind oft ein Spiegel emotionaler Belastung. Indem du lernst, auf diese Signale zu achten und sie als Botschaften deines Körpers zu verstehen, kannst du tiefere emotionale Heilung finden. Mit Achtsamkeit und Selbstfürsorge kannst du nicht nur die Symptome lindern, sondern auch die zugrunde liegenden emotionalen Ursachen ansprechen und heilen.

KAPITEL 9: EMOTIONALE INTELLIGENZ ENT-WICKELN

Was ist emotionale Intelligenz und warum ist sie wichtig?

Emotionale Intelligenz (EQ) ist die Fähigkeit, deine eigenen Emotionen und die Emotionen anderer bewusst wahrzunehmen, zu verstehen und zu steuern. Sie geht weit über die klassischen kognitiven Fähigkeiten hinaus und berührt den Kern dessen, was es bedeutet, als emotionaler Mensch in Verbindung mit sich selbst und anderen zu leben. Emotionale Intelligenz beeinflusst, wie du auf Herausforderungen reagierst, wie du Beziehungen gestaltest und wie du dein eigenes emotionales Wohlbefinden stärkst. Sie ist entscheidend für ein gesundes, authentisches und erfülltes Leben.

Wenn du emotional intelligent handelst, bist du in der Lage, deine eigenen Gefühle zu erkennen, sie zu benennen und zu verstehen, wie sie dein Denken und Handeln beeinflussen. Gleichzeitig kannst du dich in andere hineinversetzen, ihre Emotionen erkennen und angemessen darauf reagieren. Diese Fähigkeit hilft dir, in schwierigen Situationen emotional ausgeglichen zu bleiben, Konflikte zu bewältigen und tiefere, authentischere Beziehungen zu führen.

Die vier Schlüsselkomponenten der emotionalen Intelligenz

Emotionale Intelligenz kann in vier grundlegende Komponenten unterteilt werden, die dir helfen, deine Emotionen und die Emotionen anderer auf gesunde und effektive Weise zu verstehen und zu managen:

- **Selbstwahrnehmung**

  Selbstwahrnehmung ist die Fähigkeit, deine eigenen Emotionen zu erkennen und zu verstehen. Du bist dir deiner emotionalen Zustände und ihrer Auswirkungen auf dein Verhalten bewusst. Du weißt, was du fühlst, warum du es fühlst und wie diese Emotionen deine Entscheidungen beeinflussen. Selbstwahrnehmung ist der erste Schritt, um dich selbst besser zu verstehen und bewusstere Entscheidungen zu treffen.

- **Selbstregulation**

Selbstregulation bedeutet, dass du in der Lage bist, deine Emotionen in schwierigen Situationen zu steuern und zu lenken, anstatt von ihnen überwältigt zu werden. Das heißt nicht, dass du deine Emotionen unterdrückst, sondern dass du einen gesunden Umgang mit ihnen findest. Du lernst, emotionale Impulse zu kontrollieren, anstatt impulsiv zu reagieren. Selbstregulation hilft dir, auch unter Druck oder in Konfliktsituationen ruhig und besonnen zu bleiben.

- **Empathie**

Empathie ist die Fähigkeit, die Gefühle und Perspektiven anderer Menschen zu erkennen und nachzuvollziehen. Sie bedeutet, dich in die Lage einer anderen Person zu versetzen und zu verstehen, was sie gerade emotional durchmacht. Empathie ermöglicht es dir, mitfühlender auf andere zu reagieren und Beziehungen auf einer tieferen Ebene aufzubauen. Sie ist eine der zentralen Komponenten für emotionale Verbundenheit und gesunde Beziehungen.

- **Soziale Fähigkeiten**

Soziale Fähigkeiten umfassen die Fähigkeit, gesunde und authentische Beziehungen aufzubauen und aufrechtzuerhalten. Menschen mit einer hohen emotionalen Intelligenz können effektiv kommunizieren, Konflikte lösen und Teams motivieren. Sie sind in der Lage, emotionale Dynamiken in sozialen Interaktionen zu verstehen und entsprechend zu handeln. Diese Fähigkeiten helfen dir, sowohl im persönlichen als auch im beruflichen Umfeld erfolgreich und einfühlsam zu agieren.

Warum emotionale Intelligenz so wichtig ist

Emotionale Intelligenz ist der Schlüssel zu einem erfüllten Leben – sowohl auf persönlicher als auch auf sozialer Ebene. Sie ist nicht nur wichtig für deine Beziehungen zu anderen, sondern auch für dein eigenes emotionales Wohlbefinden. Menschen mit hoher emotionaler Intelligenz sind in der Lage, besser mit Stress, Herausforderungen und Rückschlägen umzugehen. Sie wissen, wie sie ihre Emotionen in schwierigen Situationen regulieren können, anstatt von ihnen überwältigt zu werden.

Hier sind einige Gründe, warum emotionale Intelligenz so bedeutend ist:

- **Stärkere Beziehungen** Menschen mit einer hohen emotionalen Intelligenz sind in der Lage, tiefere und authentischere Verbindungen zu anderen aufzubauen. Sie verstehen die Bedürfnisse und Gefühle der Menschen um sie herum und sind in der Lage, mit Empathie und Mitgefühl zu reagieren. Diese Fähigkeit fördert Vertrauen, Intimität und Nähe in Beziehungen – sei es im Freundeskreis, in der Familie oder in romantischen Beziehungen.

- **Besseres Konfliktmanagement** Emotionale Intelligenz hilft dir, Konflikte besser zu bewältigen. Du erkennst, wie deine eigenen Emotionen und die Emotionen anderer die Dynamik eines Konflikts beeinflussen. Statt impulsiv oder defensiv zu reagieren, bist du in der Lage, auf ruhige und konstruktive Weise zu kommunizieren. Das fördert Lösungen, die für alle Beteiligten hilfreich sind, und reduziert die Wahrscheinlichkeit, dass Konflikte eskalieren.

- **Selbstbewusstsein und Selbstfürsorge** Wenn du emotional intelligent bist, hast du ein besseres Verständnis für deine eigenen Bedürfnisse und Grenzen. Du kannst klar erkennen, wann du dich überfordert oder gestresst fühlst, und weißt, wie du rechtzeitig auf dich achten kannst. Emotionale Intelligenz stärkt deine Fähigkeit, achtsam zu sein und Selbstfürsorge als wichtigen Bestandteil deines Lebens zu integrieren.

- **Bessere mentale Gesundheit** Emotionale Intelligenz trägt dazu bei, dass du resilienter gegenüber emotionalen Herausforderungen bist. Du lernst, schwierige Emotionen zu erkennen und konstruktiv zu verarbeiten, was dir hilft, dich emotional stabiler zu fühlen. Menschen mit hoher emotionaler Intelligenz sind oft weniger anfällig für stressbedingte psychische Probleme wie Angst oder Depression, da sie effektive Werkzeuge haben, um mit ihren Emotionen umzugehen.

- **Erfolgreicher im Beruf** Emotionale Intelligenz ist auch ein wichtiger Faktor für den beruflichen Erfolg. Führungskräfte mit hoher emotionaler Intelligenz sind besser in der Lage, Teams zu motivieren, mit Konflikten umzugehen und in herausfordernden Situationen ruhig und klar zu bleiben. Sie schaffen ein positives Arbeitsumfeld und fördern die Zusammenarbeit und das Vertrauen innerhalb eines Teams. Emotionale Intelligenz ermöglicht es dir, sowohl mit Kollegen als auch mit Vorgesetzten empathisch und zielgerichtet zu kommunizieren.

Emotionale Intelligenz ist nicht etwas, mit dem du geboren wirst – sie kann gelernt und trainiert werden. Der erste Schritt besteht darin, sich selbst besser kennenzulernen und achtsam auf die eigenen emotionalen Reaktionen zu achten. Wenn du dir deiner Emotionen bewusst wirst, kannst du anfangen, auf sie zu reagieren, anstatt von ihnen überwältigt zu werden.

Einige Schritte zur Entwicklung emotionaler Intelligenz:

- **Achtsamkeit üben:** Achtsamkeit ist ein kraftvolles Werkzeug, um deine Emotionen besser zu erkennen und zu verstehen. Nimm dir regelmäßig Zeit, um innezuhalten, zu atmen und in dich hineinzufühlen. Frage dich: „Wie fühle ich mich gerade, und warum?" In Kapitel 1 haben wir Achtsamkeitstechniken besprochen, die dir dabei helfen können, deine Emotionen bewusster wahrzunehmen.

- **Reflektiere über deine Emotionen:** Halte inne und reflektiere über deine emotionalen Reaktionen, besonders in schwierigen Situationen. Was hat die Emotion ausgelöst, und wie hast du darauf reagiert? Diese Reflexion hilft dir, deine emotionale Intelligenz zu stärken.

- **Empathie kultivieren:** Übe, dich in die Lage anderer zu versetzen. Wenn du mit jemandem sprichst, frage dich: „Wie fühlt sich diese Person gerade, und wie kann ich sie unterstützen?" Empathie ist ein zentrales Element emotionaler Intelligenz und hilft dir, tiefere Verbindungen aufzubauen.

Emotionale Intelligenz ist die Fähigkeit, mit deinen eigenen Emotionen und denen anderer auf bewusste und konstruktive Weise umzugehen. Sie ist der Schlüssel zu starken Beziehungen, einem stabilen emotionalen Wohlbefinden und einem erfolgreichen Leben. Indem du deine emotionale Intelligenz entwickelst, gewinnst du nicht nur mehr Klarheit über deine eigenen Gefühle, sondern lernst auch, andere auf einer tieferen und authentischeren Ebene zu verstehen und zu unterstützen.

Wie man Emotionen besser versteht und reguliert

Emotionen sind mächtige Kräfte, die unser Leben prägen – oft in subtilen, aber tiefgreifenden Wegen. Sie beeinflussen, wie wir auf Herausforderungen reagieren, wie wir mit anderen interagieren und wie wir über uns selbst denken. Doch so stark Emotionen auch sind, sie können manchmal überwältigend oder verwirrend wirken. Vielleicht kennst du das Gefühl, plötzlich von Wut oder Angst überrollt zu werden, ohne genau zu wissen, woher diese Emotionen kommen oder wie du sie in den Griff bekommen sollst. Der Schlüssel zu emotionaler Gesundheit liegt darin, deine Emotionen bewusst wahrzunehmen, sie zu verstehen und sie auf eine Weise zu regulieren, die dich stärkt.

Emotionen zu verstehen und zu regulieren bedeutet nicht, sie zu unterdrücken oder zu ignorieren. Es geht darum, ihnen den Raum zu geben, den sie brauchen, und zu lernen, wie du auf sie reagieren kannst, ohne dass sie dich überwältigen. Emotionale Intelligenz beginnt genau hier: bei der Fähigkeit, deine eigenen Gefühle zu erkennen, sie zu akzeptieren und einen gesunden Umgang mit ihnen zu finden.

Der erste Schritt: Emotionen bewusst wahrnehmen

Bevor du deine Emotionen regulieren kannst, musst du sie bewusst wahrnehmen. Oft agieren wir automatisch – wir spüren eine Emotion und reagieren darauf, ohne wirklich innezuhalten und zu reflektieren. Der erste Schritt, um deine Emotionen besser zu verstehen, ist also, dir deiner Gefühle überhaupt erst einmal bewusst zu werden. Es mag einfach klingen, aber es erfordert Achtsamkeit und Übung, diesen inneren Dialog zu kultivieren.

Wie du deine Emotionen bewusster wahrnehmen kannst:

- **Nimm dir Zeit zum Innehalten:** Wenn du merkst, dass eine starke Emotion aufkommt – sei es Wut, Traurigkeit, Angst oder Freude – halte kurz inne, bevor du reagierst. Atme tief ein und spüre in dich hinein. Frage dich: „Was fühle ich gerade? Welche körperlichen Empfindungen begleiten dieses Gefühl?"

- **Benenne deine Emotion:** Emotionen bewusst zu benennen, hilft dir, sie klarer zu erkennen. Anstatt zu sagen „Ich fühle mich schlecht", kannst du präziser werden: „Ich bin wütend", „Ich bin enttäuscht" oder „Ich bin frustriert." Diese Differenzierung gibt dir mehr Kontrolle über das, was du erlebst.

- **Beobachte die körperlichen Reaktionen:** Emotionen manifestieren sich oft körperlich – durch eine erhöhte Herzfrequenz, einen Knoten im Magen oder einen angespannten Kiefer. Achte darauf, wo in deinem Körper du deine Emotionen spürst. Dies hilft dir, sie besser zu verstehen und sie auf körperlicher Ebene zu verarbeiten.

Der zweite Schritt: Die Ursache der Emotionen erkennen

Emotionen entstehen nicht einfach aus dem Nichts. Sie sind Reaktionen auf innere oder äußere Auslöser. Um deine Emotionen besser zu verstehen, ist es wichtig, die Ursachen zu erkennen. Frag dich: „Warum fühle ich mich so?" Oft stecken tiefere emotionale Muster oder ungelöste Konflikte hinter den Gefühlen, die du erlebst.

Wie du die Ursachen deiner Emotionen erforschen kannst:

- **Reflektiere über den Kontext:** Denke über die Situation nach, in der die Emotion aufgetreten ist. Welche Umstände haben dazu geführt, dass du so reagiert hast? Vielleicht hat dich eine Bemerkung verletzt, weil sie alte Unsicherheiten oder Ängste in dir geweckt hat.

- **Achte auf emotionale Muster:** Manche Emotionen treten immer wieder in ähnlichen Situationen auf. Wenn du zum Beispiel in Konflikten oft wütend wirst, könnte es nützlich sein, zu reflektieren, warum dich bestimmte Themen oder Verhaltensweisen so stark triggern.

- **Hinterfrage deine Glaubenssätze:** Emotionen sind oft eng mit unseren Glaubenssätzen verknüpft. Überlege, welche Überzeugungen du über dich selbst, andere oder die Welt hast, die bestimmte Emotionen auslösen könnten. In Kapitel 4 haben wir uns bereits intensiv mit Glaubenssätzen beschäftigt – wenn du das vertiefen möchtest, kannst du dort nachlesen, wie destruktive Überzeugungen deine emotionalen Reaktionen prägen können.

Sobald du deine Emotionen bewusst wahrgenommen und ihre Ursachen verstanden hast, kannst du beginnen, sie aktiv zu regulieren. Es geht nicht darum, deine Emotionen zu kontrollieren oder zu unterdrücken, sondern darum, ihnen auf gesunde Weise Raum zu geben, ohne von ihnen überwältigt zu werden. Emotionale Regulierung bedeutet, dass du lernst, deine Gefühle zu akzeptieren, ohne impulsiv oder unüberlegt zu handeln.

Strategien zur Regulierung von Emotionen:

- **Atme bewusst:** Wenn du merkst, dass eine starke Emotion aufkommt, konzentriere dich auf deinen Atem. Tiefe, langsame Atemzüge signalisieren deinem Körper, dass du sicher bist, und helfen, das Nervensystem zu beruhigen. Atemtechniken sind besonders hilfreich, um Stress und Angst zu regulieren. Eine der einfachsten Methoden ist die 4-7-8-Technik: Atme für 4 Sekunden ein, halte den Atem 7 Sekunden lang an und atme dann für 8 Sekunden aus.

- **Lenke deine Aufmerksamkeit bewusst um:** Manchmal können wir Emotionen verstärken, indem wir uns zu sehr auf sie fokussieren. Wenn du dich überfordert fühlst, kann es hilfreich sein, deine Aufmerksamkeit bewusst auf etwas anderes zu lenken – zum Beispiel eine kurze Pause einzulegen, spazieren zu gehen oder Musik zu hören.

- **Übe Selbstmitgefühl:** Wenn du mit schwierigen Emotionen kämpfst, erinnere dich daran, dass es in Ordnung ist, diese Gefühle zu haben. Sprich sanft zu dir selbst und erinnere dich daran, dass es menschlich ist, Emotionen zu erleben. Selbstmitgefühl hilft dir, dich nicht für deine Gefühle zu verurteilen, sondern sie mit Geduld und Liebe zu akzeptieren.

Emotionen als Lehrer sehen

Eine wichtige Erkenntnis, wenn es um emotionale Intelligenz geht, ist, dass Emotionen nicht unsere Feinde sind – sie sind unsere Lehrer. Jede Emotion, die wir erleben, gibt uns wertvolle Informationen darüber, was in unserem Inneren vor sich geht. Wut kann uns zeigen, wo unsere Grenzen überschritten wurden. Angst kann uns auf mögliche Gefahren hinweisen. Traurigkeit kann uns helfen, Verluste zu verarbeiten. Wenn du lernst, deine Emotionen als Wegweiser zu betrachten, wirst du in der Lage sein, sie besser zu verstehen und zu nutzen, anstatt dich von ihnen beherrschen zu lassen.

Wie du deine Emotionen als Lehrer nutzen kannst:

- **Frage dich, was dir deine Emotion sagen möchte:** Jede Emotion hat eine Botschaft. Frage dich: „Was möchte mir dieses Gefühl zeigen? Wovor warnt mich diese Emotion? Was brauche ich in diesem Moment?" Diese Fragen helfen dir, Klarheit darüber zu gewinnen, wie du auf gesunde Weise mit deinen Emotionen umgehen kannst.

- **Achtsamkeit für die emotionalen Lektionen:** Manchmal sind Emotionen ein Hinweis darauf, dass wir uns um uns selbst kümmern müssen. Sie fordern uns auf, innezuhalten, zu reflektieren und uns Zeit zu nehmen, um unsere Bedürfnisse zu erkennen. Emotionen als Lehrer zu sehen, fördert deine Selbstreflexion und hilft dir, achtsamer mit dir selbst umzugehen.

Geduld und Übung in der emotionalen Regulierung

Emotionen zu verstehen und zu regulieren ist ein fortlaufender Prozess. Es erfordert Geduld und Übung, aber mit der Zeit wirst du feststellen, dass du emotional ausgeglichener und bewusster reagierst. Es ist in Ordnung, wenn du nicht immer sofort die richtige Antwort auf eine Emotion findest. Der wichtigste Schritt ist, dass du beginnst, dir dieser Emotionen bewusst zu werden und sie als Chance zu sehen, zu wachsen und zu lernen.

Emotionen zu verstehen und zu regulieren ist ein wesentlicher Bestandteil emotionaler Intelligenz. Es hilft dir, in schwierigen Momenten gelassener zu reagieren, deine Beziehungen zu stärken und dein eigenes Wohlbefinden zu fördern. Indem du deine Emotionen bewusst wahrnimmst, ihre Ursachen erforschst und gesunde Strategien zur Regulierung entwickelst, wirst du nicht nur emotional widerstandsfähiger, sondern auch offener für tiefere, erfüllendere Erfahrungen im Leben.

Die Rolle von Empathie in Beziehungen

Empathie ist der Schlüssel zu tiefen, authentischen und gesunden Beziehungen. Sie bedeutet, dass du dich in die Gefühlswelt eines anderen Menschen hineinversetzen kannst – dass du seine Emotionen nicht nur verstehst, sondern auch wirklich spürst. Empathie ist das Herzstück einer jeden Beziehung, sei es in Freundschaften, Partnerschaften, in der Familie oder im beruflichen Kontext. Sie ermöglicht es uns, uns emotional zu verbinden und auf einer tieferen Ebene zu kommunizieren, die weit über Worte hinausgeht.

Ohne Empathie bleiben Beziehungen oft oberflächlich oder geraten ins Stocken. Denn was wirklich Nähe und Verbundenheit schafft, ist die Fähigkeit, sich verletzlich zu zeigen, gesehen zu werden und sich im anderen wiederzufinden. Wenn du empathisch handelst, bietest du einem anderen Menschen Raum, in dem er sich sicher, verstanden und wertgeschätzt fühlt.

Was Empathie wirklich bedeutet

Empathie geht über das einfache „Verstehen" der Gefühle eines anderen hinaus. Es bedeutet, in die Schuhe des anderen zu schlüpfen und zu spüren, was er durchmacht – nicht, um das Problem zu lösen, sondern um präsent und mitfühlend bei ihm zu sein. Empathie ist eine Einladung, sich mit den Emotionen des anderen auseinanderzusetzen, ohne zu urteilen oder vorschnelle Ratschläge zu geben.

Drei Aspekte der Empathie:

- **Kognitive Empathie**: Dies ist die Fähigkeit, die Perspektive eines anderen zu verstehen und nachzuvollziehen, wie er die Welt sieht. Du verstehst den Kontext, in dem sich der andere befindet, und kannst seine Sichtweise einnehmen.

- **Emotionale Empathie**: Hier geht es darum, die Gefühle eines anderen nachzuempfinden. Wenn jemand traurig ist, fühlst du seine Trauer mit. Du bist in der Lage, dich emotional auf die Ebene der anderen Person zu begeben und ihre Gefühle zu teilen.

- **Mitfühlende Empathie**: Dies ist die Empathie, die dich dazu bewegt, etwas zu tun. Es ist nicht nur das Mitfühlen, sondern auch der Wunsch, dem anderen zu helfen oder ihm Trost zu spenden, ohne jedoch die Kontrolle oder Verantwortung über sein emotionales Erlebnis zu übernehmen.

Warum Empathie für Beziehungen so wichtig ist

Empathie ist das Fundament, auf dem Vertrauen, Verständnis und emotionale Nähe aufgebaut werden. Sie ist das unsichtbare Band, das Menschen verbindet, weil sie uns ermöglicht, die Welt durch die Augen des anderen zu sehen. In jeder Beziehung – ob in Partnerschaften, Freundschaften oder Familie – hilft Empathie, Missverständnisse zu vermeiden, Konflikte zu entschärfen und tiefere emotionale Verbindungen zu schaffen.

Hier sind einige der wichtigsten Gründe, warum Empathie für Beziehungen unerlässlich ist:

- **Vertrauen aufbauen** Empathie schafft Vertrauen, weil sie das Gefühl vermittelt, dass du in deiner Beziehung emotional sicher bist. Wenn du weißt, dass dein Gegenüber in der Lage ist, deine Gefühle zu verstehen und mitfühlend auf sie zu reagieren, fühlst du dich gesehen und akzeptiert. Dieses Gefühl der emotionalen Sicherheit ist die Grundlage für tiefere Verbindungen und das Vertrauen, das nötig ist, um in schwierigen Momenten füreinander da zu sein.

- **Konflikte besser bewältigen** In jeder Beziehung gibt es Momente von Meinungsverschiedenheiten oder Spannungen. Empathie hilft dir, in solchen Situationen nicht nur deinen eigenen Standpunkt zu vertreten, sondern auch die Perspektive des anderen zu verstehen. Wenn du empathisch handelst, erkennst du, dass der andere vielleicht andere emotionale Bedürfnisse oder Ängste hat, die hinter dem Konflikt liegen. Dies ermöglicht es dir, Konflikte auf eine respektvolle und verständnisvolle Weise zu lösen.

- **Emotionale Intimität fördern** Intimität entsteht, wenn Menschen sich auf emotionaler Ebene wirklich verstehen. Wenn du in einer Beziehung Empathie praktizierst, baust du eine tiefere emotionale Verbindung auf, weil du nicht nur das hörst, was der andere sagt, sondern auch spürst, was er fühlt. Diese Art von Intimität ist die Basis für tiefe Freundschaften, Liebesbeziehungen und familiäre

Bindungen. Sie sorgt dafür, dass Menschen sich in ihrer Verletzlichkeit sicher fühlen und die Nähe zu dir suchen.

• **Missverständnisse vermeiden** Empathie hilft dir, Missverständnisse frühzeitig zu erkennen und zu vermeiden. Oft entstehen Konflikte oder Verletzungen, weil wir die Emotionen und Bedürfnisse des anderen nicht wirklich verstanden haben. Wenn du empathisch auf eine Situation zugehst, bemühst du dich bewusst, die Emotionen hinter den Worten zu verstehen, und bist dadurch in der Lage, Missverständnisse zu klären, bevor sie zu großen Problemen werden.

Wie du Empathie in deinen Beziehungen fördern kannst

Empathie ist eine Fähigkeit, die du entwickeln und stärken kannst. Es beginnt damit, dass du bewusster auf die Emotionen deiner Mitmenschen achtest und dich bemühst, ihre Gefühle zu verstehen. Empathie erfordert auch Selbstreflexion, denn nur wenn du in der Lage bist, mit deinen eigenen Emotionen umzugehen, kannst du die Emotionen anderer wirklich wahrnehmen.

Hier sind einige praktische Ansätze, um Empathie in deinen Beziehungen zu fördern:

• **Aktives Zuhören** Empathie beginnt mit Zuhören – nicht nur mit den Ohren, sondern auch mit dem Herzen. Beim aktiven Zuhören geht es darum, deinem Gegenüber deine volle Aufmerksamkeit zu schenken, ohne ihn zu unterbrechen oder bereits während des Gesprächs Antworten vorzubereiten. Es bedeutet, wirklich präsent zu sein und sich auf das Gesagte und das Gefühl dahinter zu konzentrieren.

Wie du aktives Zuhören üben kannst:

• Schaue deinem Gegenüber in die Augen und zeige durch deine Körpersprache, dass du präsent bist.
• Versuche, nicht sofort zu reagieren, sondern lasse die Worte des anderen auf dich wirken.
• Stelle klärende Fragen, um sicherzustellen, dass du richtig verstanden hast, was die andere Person fühlt oder braucht.

- **Urteilsfrei bleiben** Empathie erfordert, dass du andere Menschen ohne Vorurteile oder sofortige Beurteilung annimmst. Wenn du den Raum schaffst, in dem jemand seine Emotionen ausdrücken kann, ohne verurteilt zu werden, ermöglichst du echte Verbindung und Verständnis. Vermeide es, vorschnelle Ratschläge zu geben oder die Gefühle des anderen zu bewerten – sei einfach da, um zuzuhören und mitzufühlen.

- **Gefühle widerspiegeln** Eine Möglichkeit, deine Empathie zu zeigen, ist es, die Gefühle deines Gegenübers zu spiegeln. Du kannst wiederholen, was du glaubst, gehört zu haben, um sicherzustellen, dass du die Emotionen richtig wahrgenommen hast. Diese Technik zeigt, dass du aktiv zugehört und die Gefühle verstanden hast.

  Beispiel: „Es klingt so, als ob du gerade ziemlich frustriert bist, weil du dich nicht gehört fühlst. Stimmt das?" Diese einfache Spiegelung zeigt, dass du die Emotion wahrgenommen hast und bereit bist, darüber zu sprechen.

- **Sei emotional verfügbar** Empathie bedeutet auch, dich selbst emotional zu öffnen und zu zeigen. Verletzlichkeit auf beiden Seiten einer Beziehung schafft Raum für gegenseitiges Verständnis und Mitgefühl. Zeige deine eigenen Emotionen und teile, wie du dich fühlst, um eine tiefere Verbindung zu ermöglichen.

Empathie und Selbstfürsorge: Die Balance finden

Empathie bedeutet, sich mit den Gefühlen anderer zu verbinden, aber es ist wichtig, dass du dabei auch auf deine eigenen Grenzen achtest. Es kann herausfordernd sein, ständig in die Emotionen anderer einzutauchen, besonders wenn du selbst emotional belastet bist. Selbstfürsorge ist deshalb unerlässlich, um Empathie auf gesunde Weise praktizieren zu können.

Wie du die Balance findest:

- Achte darauf, deine eigenen emotionalen Grenzen zu wahren. Du kannst anderen gegenüber mitfühlend sein, ohne ihre Lasten vollständig auf dich zu nehmen.

- Erkenne, wann du Zeit für dich selbst brauchst, um deine eigenen Emotionen zu verarbeiten. Empathie bedeutet nicht, dass du dich selbst überforderst, sondern dass du präsent und ausgeglichen bleibst.

Empathie ist die Brücke, die emotionale Distanz überwindet und echte Nähe schafft. In jeder Beziehung ist sie der Schlüssel zu Vertrauen, Intimität und tieferem Verständnis. Indem du lernst, empathisch zuzuhören, dich in andere hineinzuversetzen und ihre Gefühle zu spiegeln, stärkst du nicht nur die Beziehung, sondern auch dein eigenes emotionales Wachstum. Empathie ist der Katalysator für Verbindungen, die auf Mitgefühl, Respekt und Liebe basieren.

KAPITEL 10: ACHTSAMKEIT UND PRÄSENZ IM ALLTAG

Achtsamkeit als Schlüssel zur emotionalen Balance

Achtsamkeit ist die bewusste und nicht bewertende Wahrnehmung des gegenwärtigen Moments. Sie ist eine Praxis, die es dir ermöglicht, innezuhalten, dich zu zentrieren und mit dir selbst in Verbindung zu treten – sowohl körperlich als auch emotional. In einer Welt, die uns oft mit Reizen und Informationen überflutet, kann Achtsamkeit dir helfen, die Kontrolle über deine Gedanken und Emotionen zurückzugewinnen. Sie ist der Schlüssel zu emotionaler Balance, weil sie dir erlaubt, deine Gefühle bewusst wahrzunehmen, anstatt von ihnen überwältigt zu werden.

Emotionale Balance bedeutet nicht, dass du deine Gefühle ignorierst oder kontrollierst. Es bedeutet, dass du in der Lage bist, deine Emotionen zu spüren, ohne dich von ihnen beherrschen zu lassen. Achtsamkeit ist der Weg, wie du das erreichst. Sie gibt dir den Raum, um innezuhalten, deine Emotionen zu erkennen und zu entscheiden, wie du auf sie reagieren möchtest – anstatt automatisch und impulsiv zu handeln.

Was ist Achtsamkeit?

Achtsamkeit ist die Praxis, mit voller Aufmerksamkeit im Moment zu sein. Es geht darum, die Gegenwart so zu erleben, wie sie ist – ohne Ablenkungen, ohne Urteile und ohne den Drang, etwas zu verändern. In der Achtsamkeit bist du dir deiner Gedanken, Gefühle und körperlichen Empfindungen bewusst, ohne dich von ihnen mitreißen zu lassen.

Die drei Kernprinzipien der Achtsamkeit:

- **Präsenz**: Achtsamkeit bedeutet, voll und ganz im gegenwärtigen Moment präsent zu sein. Es geht darum, sich auf das Hier und Jetzt zu konzentrieren, anstatt sich in Gedanken über die Vergangenheit oder Zukunft zu verlieren.

- **Nicht-Urteilen**: In der Achtsamkeit nimmst du wahr, was ist, ohne es zu bewerten. Du betrachtest deine Gedanken und Gefühle, ohne sie als „gut" oder

„schlecht" zu bezeichnen. Du lässt sie einfach da sein.

- **Akzeptanz**: Achtsamkeit ist die Praxis der Akzeptanz. Das bedeutet, dass du den gegenwärtigen Moment so annimmst, wie er ist – mit allen Höhen und Tiefen. Du kämpfst nicht gegen unangenehme Gefühle an, sondern akzeptierst, dass sie Teil des menschlichen Erlebens sind.

Warum Achtsamkeit wichtig für emotionale Balance ist

Emotionale Balance bedeutet, dass du deine Emotionen auf gesunde Weise verarbeitest, ohne von ihnen überwältigt oder blockiert zu werden. Achtsamkeit spielt dabei eine zentrale Rolle, weil sie dir hilft, einen Schritt zurückzutreten und deine Gefühle bewusst wahrzunehmen. Anstatt automatisch zu reagieren, schaffst du Raum, um über deine Emotionen nachzudenken und bewusst zu entscheiden, wie du handeln möchtest.

Wie Achtsamkeit deine emotionale Balance fördert:

- **Emotionale Reaktionen beobachten:** Achtsamkeit gibt dir die Möglichkeit, deine Emotionen zu beobachten, bevor sie die Kontrolle übernehmen. Du lernst, den Moment zwischen dem Auslöser und deiner Reaktion zu nutzen, um bewusster zu handeln. Dadurch verhinderst du, dass du impulsiv auf Stress oder Konflikte reagierst.

- **Gefühle zulassen, ohne sie zu unterdrücken:** Anstatt unangenehme Emotionen zu vermeiden oder zu verdrängen, hilft dir Achtsamkeit, sie zu akzeptieren und zu verarbeiten. Du erkennst, dass es in Ordnung ist, negative Gefühle zu haben, und dass sie vorübergehend sind. Dies fördert emotionale Resilienz.

- **Gelassenheit entwickeln:** Regelmäßige Achtsamkeitspraxis stärkt deine Fähigkeit, gelassen zu bleiben – selbst in stressigen oder emotional aufwühlenden Situationen. Du lernst, deine Gefühle zu akzeptieren, ohne von ihnen überwältigt zu werden, und gewinnst so mehr Kontrolle über deine emotionalen Reaktionen.

Achtsamkeit ist nicht nur eine Technik, die du in stressigen Momenten anwendest – sie ist eine Lebensweise, die du in deinen Alltag integrieren kannst. Indem du regelmäßig achtsam bist, schaffst du eine tiefere Verbindung zu dir selbst und zu deinen Gefühlen. Du lernst, dich selbst besser zu verstehen und wirst in der Lage, mit den Höhen und Tiefen des Lebens gelassener umzugehen.

Einfache Wege, Achtsamkeit in deinen Alltag zu integrieren:

- **Achtsames Atmen** Deine Atmung ist ein ständiger Begleiter, der dir dabei helfen kann, wieder in den Moment zurückzukehren. Achtsames Atmen bedeutet, bewusst auf deinen Atem zu achten und ihn als Anker im gegenwärtigen Moment zu nutzen. Wenn du dich gestresst oder emotional aufgewühlt fühlst, nimm dir ein paar Sekunden Zeit, um tief und langsam ein- und auszuatmen. Fokussiere dich dabei auf das Gefühl des Atems, wie er durch deinen Körper fließt, und lasse alle anderen Gedanken los. Schon ein paar tiefe Atemzüge können deine Emotionen beruhigen und dir helfen, dich zu zentrieren.

- **Achtsames Gehen** Nutze deine täglichen Bewegungen, um Achtsamkeit zu üben. Ob du zum Bus gehst oder einen Spaziergang machst – richte deine volle Aufmerksamkeit auf die Bewegungen deines Körpers. Spüre, wie deine Füße den Boden berühren, wie sich deine Muskeln bewegen und wie sich dein Atem anpasst. Indem du deinen Fokus auf die körperlichen Empfindungen beim Gehen lenkst, bringst du dich zurück in den Moment und erlebst deine Umwelt bewusster.

- **Achtsames Essen** Oft neigen wir dazu, zu essen, ohne wirklich darauf zu achten, was wir konsumieren. Achtsames Essen bedeutet, bewusst auf die Farbe, den Geschmack, die Textur und den Geruch deiner Nahrung zu achten. Nimm dir Zeit, jeden Bissen zu genießen und langsam zu essen. Dadurch wirst du nicht nur dein Essen mehr schätzen, sondern auch eine tiefere Verbindung zu deinen körperlichen Bedürfnissen entwickeln.

- **Achtsames Zuhören** Wenn du mit anderen sprichst, versuche, ganz präsent zu sein und ihnen aufmerksam zuzuhören. Achtsames Zuhören bedeutet, den anderen nicht nur mit den Ohren zu hören, sondern auch mit dem Herzen. Vermeide es, während des Gesprächs abzuschweifen oder innerlich schon Antworten zu formulieren. Stattdessen fokussiere dich darauf, die Emotionen und Bedürfnisse deines Gesprächspartners wirklich wahrzunehmen.

Emotionale Balance zu finden, ist besonders wichtig, wenn du dich in stressigen oder herausfordernden Situationen befindest. In diesen Momenten kann Achtsamkeit dir helfen, mit deinen Emotionen umzugehen, ohne von ihnen überrollt zu werden. Die Fähigkeit, in emotional intensiven Situationen achtsam zu bleiben, erfordert Übung, aber es ist eine kraftvolle Methode, um ruhig und gelassen zu bleiben.

Wie du Achtsamkeit in schwierigen emotionalen Momenten praktizieren kannst:

- **Erkenne deine Emotionen an:** Wenn du bemerkst, dass eine starke Emotion aufkommt – wie Wut, Angst oder Traurigkeit – halte inne und erkenne sie bewusst an. Sage dir innerlich: „Ich fühle gerade Wut" oder „Ich spüre Angst." Indem du die Emotion benennst, machst du dir selbst bewusst, was du erlebst, und kannst den ersten Schritt tun, um sie zu regulieren.

- **Akzeptiere, was du fühlst:** Widerstand gegen deine Emotionen verstärkt sie oft nur. Akzeptiere, dass es in Ordnung ist, diese Gefühle zu haben. Du musst sie nicht sofort ändern oder loswerden. Achtsamkeit hilft dir, in dem Gefühl zu verweilen, ohne es zu unterdrücken oder wegzudrängen.

- **Atme und beobachte:** Richte deine Aufmerksamkeit auf deinen Atem und beobachte, wie sich die Emotion in deinem Körper manifestiert. Wo spürst du sie? In deinem Bauch, in deinen Schultern oder deinem Kopf? Indem du die körperlichen Reaktionen deiner Emotionen beobachtest, kannst du den emotionalen Sturm auf eine sanftere Weise durchleben.

Die langfristigen Vorteile von Achtsamkeit für deine emotionale Balance

Regelmäßige Achtsamkeitspraxis wirkt sich nachhaltig positiv auf deine emotionale Balance aus. Studien zeigen, dass Menschen, die Achtsamkeit praktizieren, eine größere emotionale Resilienz entwickeln und besser mit Stress umgehen können. Langfristig hilft dir Achtsamkeit, dich von negativen Emotionen nicht überwältigen zu lassen und ein inneres Gleichgewicht zu bewahren – selbst in schwierigen Zeiten.

Vorteile einer regelmäßigen Achtsamkeitspraxis:

- **Stressreduktion**: Achtsamkeit hilft, den Stresspegel zu senken, indem du lernst, deine Reaktionen auf stressige Situationen zu regulieren und gelassener zu bleiben.

- **Verbesserte emotionale Gesundheit**: Regelmäßige Achtsamkeitspraxis fördert eine positive Einstellung zu deinen Emotionen und stärkt deine Fähigkeit, mit negativen Gefühlen umzugehen.

- **Mehr Klarheit und Fokus**: Achtsamkeit verbessert deine Konzentration und hilft dir, dich weniger von Ablenkungen oder negativen Gedanken aus der Ruhe bringen zu lassen.

Achtsamkeit ist ein kraftvoller Schlüssel zur emotionalen Balance. Sie gibt dir die Möglichkeit, deine Emotionen bewusst wahrzunehmen, sie zu akzeptieren und gesunde Wege zu finden, um mit ihnen umzugehen. Indem du Achtsamkeit in deinen Alltag integrierst, stärkst du deine emotionale Resilienz und lernst, auch in herausfordernden Momenten ruhig und zentriert zu bleiben.

Techniken, um im gegenwärtigen Moment zu leben

In der heutigen Welt ist es allzu leicht, sich in Gedanken über die Zukunft oder die Vergangenheit zu verlieren. Wir machen uns Sorgen darüber, was noch kommen mag, oder grübeln über Entscheidungen, die wir längst getroffen haben. Doch das Leben findet im Hier und Jetzt statt – im gegenwärtigen Moment. Wenn du lernst, im Moment zu leben, gewinnst du nicht nur mehr Klarheit und Ruhe, sondern stärkst auch deine emotionale Gesundheit und Resilienz. Der gegenwärtige Moment ist der Ort, an dem du dich mit dir selbst verbindest, dich erdest und bewusst lebst.

Doch wie oft verpasst du den gegenwärtigen Moment, weil deine Gedanken woanders sind? Vielleicht bist du bei der Arbeit, aber dein Kopf ist schon bei der To-do-Liste für morgen. Oder du sitzt mit Freunden zusammen, denkst aber über ein vergangenes Gespräch nach, das dich noch beschäftigt. Das Ergebnis ist, dass du dich von dem, was gerade passiert, abgeschnitten fühlst – von deinen eigenen Gefühlen und von den Menschen um dich herum. Um emotional stabil und verbunden zu bleiben, ist es wichtig, Techniken zu entwickeln, die dir helfen, im Hier und Jetzt zu leben.

Wir sind von Natur aus darauf programmiert, über die Zukunft nachzudenken oder uns mit der Vergangenheit auseinanderzusetzen. Diese Fähigkeit hat uns evolutionär geholfen, zu planen, zu lernen und aus Erfahrungen zu wachsen. Doch in unserer modernen Welt kann diese Tendenz dazu führen, dass wir uns zu sehr von der Gegenwart entfernen. Das ständige Springen zwischen Gedanken an gestern und Sorgen über morgen erzeugt inneren Stress und verhindert, dass wir die Momente des Lebens wirklich genießen. Tiere sind uns da einen großen Schritt voraus. Sie sind die perfekten „In-Timer". Es zählt ausschließlich das Hier und Jetzt.

Häufige Gründe, warum es schwerfällt, im Moment zu leben:

- **Ablenkungen:** Wir sind ständig von Dingen umgeben, die unsere Aufmerksamkeit fordern – sei es durch soziale Medien, Arbeit oder persönliche Verpflichtungen. Diese ständigen Ablenkungen ziehen uns aus dem gegenwärtigen Moment.

- **Stress und Sorgen:** Sorgen über die Zukunft oder das Grübeln über vergangene Fehler halten uns davon ab, uns auf das Hier und Jetzt zu konzentrieren. Diese Gedanken fesseln unsere Aufmerksamkeit und verhindern, dass wir den gegenwärtigen Moment wirklich erleben.

- **Emotionale Unruhe:** Unverarbeitete Emotionen oder ungelöste Konflikte können uns innerlich beschäftigen und es schwer machen, im Moment zu verweilen. Oft suchen wir in Gedanken nach Lösungen oder lassen uns von unseren Emotionen hin und her treiben.

Techniken, um im gegenwärtigen Moment zu leben

Es gibt viele verschiedene Techniken, die dir helfen können, dich in den gegenwärtigen Moment zu verankern und bewusster zu leben. Diese Techniken sind einfache, aber wirkungsvolle Werkzeuge, die du jederzeit in deinen Alltag integrieren kannst. Sie helfen dir nicht nur dabei, die Gegenwart bewusster wahrzunehmen, sondern auch, dich emotional zu stabilisieren und deinen Geist zu beruhigen.

1. Atemmeditation

Eine der einfachsten und effektivsten Techniken, um in den Moment zurückzukehren, ist die Atemmeditation. Dein Atem ist immer bei dir und bietet dir einen Anker, an dem du dich festhalten kannst, wenn deine Gedanken abschweifen. Atemmeditation bedeutet, dass du dich für eine bestimmte Zeit nur auf deinen Atem konzentrierst – auf das Ein- und Ausströmen der Luft in deinem Körper.

So funktioniert die Atemmeditation:

- Setze dich an einen ruhigen Ort und schließe die Augen.

- Richte deine Aufmerksamkeit auf deinen Atem. Spüre, wie die Luft durch deine Nase einströmt und wie sich dein Bauch beim Einatmen hebt.

- Wenn deine Gedanken abschweifen, nimm dies einfach wahr, ohne dich zu verurteilen. Bringe dann sanft deine Aufmerksamkeit zurück auf den Atem.

- Übe dies für 5 bis 10 Minuten. Du wirst feststellen, dass du nach dieser kurzen Zeit mehr im Moment verankert bist.

Die Atemmeditation ist ein wirkungsvolles Werkzeug, das du überall und jederzeit anwenden kannst – sei es während eines hektischen Arbeitstages oder abends, um dich vor dem Schlafengehen zu beruhigen.

2. Achtsames Beobachten

Eine weitere Technik, die dich in den gegenwärtigen Moment zurückholt, ist das achtsame Beobachten deiner Umgebung. Diese Technik hilft dir, deine Aufmerksamkeit von inneren Gedanken und Sorgen wegzulenken und stattdessen voll und ganz im Hier und Jetzt anzukommen.

So funktioniert das achtsame Beobachten:

- Schau dich um und wähle einen Gegenstand in deiner Umgebung aus, den du für ein paar Minuten aufmerksam betrachten möchtest. Dies kann etwas

Einfaches sein – wie ein Baum, eine Kerze oder eine Tasse.

- Konzentriere dich darauf, wie der Gegenstand aussieht, welche Farben und Formen er hat. Nimm jedes kleine Detail wahr, als ob du ihn zum ersten Mal siehst.

- Während du dies tust, bringst du deine gesamte Aufmerksamkeit in diesen Moment. Du kannst dabei auch auf die Geräusche und Gerüche in deiner Umgebung achten, um dich noch tiefer in das Jetzt zu bringen.

Achtsames Beobachten schult deine Fähigkeit, im Moment präsent zu sein, und kann dir helfen, deinen Geist zu beruhigen, wenn du dich gestresst oder abgelenkt fühlst.

3. Achtsames Gehen

Achtsames Gehen ist eine wunderbare Methode, um Bewegung mit Achtsamkeit zu verbinden. Statt einfach nur von A nach B zu gehen, konzentrierst du dich bewusst auf jeden Schritt, den du machst. Dadurch wirst du dir deiner Bewegungen und deiner Umgebung bewusster und schaffst eine tiefe Verbindung zum Moment.

So übst du achtsames Gehen:

- Beginne damit, in einem gleichmäßigen Tempo zu gehen. Achte darauf, wie sich deine Füße beim Gehen bewegen, wie sie den Boden berühren und wieder abheben.

- Richte deine Aufmerksamkeit auf die Empfindungen in deinen Beinen und Füßen. Spüre das Gewicht deines Körpers bei jedem Schritt.

- Wenn du merkst, dass deine Gedanken abschweifen, lenke deine Aufmerksamkeit sanft zurück auf das Gehen. Achte auf die Geräusche deiner Schritte oder auf die Luft, die dich umgibt.

Achtsames Gehen kann eine beruhigende Übung sein, die du in deinen Alltag integrieren kannst – sei es bei einem Spaziergang in der Natur oder einfach beim Gang durch den Flur.

4. Die 5-4-3-2-1-Technik

Die 5-4-3-2-1-Technik ist eine einfache, aber effektive Methode, um dich schnell in den Moment zurückzuholen, wenn du dich gestresst oder überwältigt fühlst. Sie basiert darauf, deine Sinne zu nutzen, um dich im Hier und Jetzt zu verankern.

So funktioniert die 5-4-3-2-1-Technik:

- **5:** Nenne fünf Dinge, die du sehen kannst. Schau dich um und nimm bewusst wahr, was sich in deiner Umgebung befindet.

- **4:** Nenne vier Dinge, die du hören kannst. Konzentriere dich auf die Geräusche um dich herum – sei es das Zwitschern der Vögel, das Brummen eines Geräts oder das Rascheln von Blättern.

- **3:** Nenne drei Dinge, die du berühren kannst. Spüre, wie sich der Boden unter deinen Füßen anfühlt oder wie deine Hände auf deinen Knien ruhen.

- **2:** Nenne zwei Dinge, die du riechen kannst. Atme tief ein und nimm die Düfte in deiner Umgebung wahr.

- **1:** Nenne eine Sache, die du schmecken kannst. Vielleicht hast du gerade einen Geschmack im Mund oder kannst dir vorstellen, wie etwas schmeckt.

Diese Technik hilft dir, deinen Geist zu beruhigen und dich schnell in den Moment zurückzubringen, besonders in stressigen Situationen.

Regelmäßige Achtsamkeitspraxis für ein bewusstes Leben

Der Schlüssel zu einem achtsamen und bewussten Leben liegt darin, regelmäßig Achtsamkeit zu praktizieren. Es geht nicht darum, perfekt zu sein oder ständig im Moment zu leben – sondern darum, immer wieder in den Moment zurückzukehren, wenn du merkst, dass deine Gedanken abschweifen. Mit der Zeit wirst du feststellen, dass Achtsamkeit dir hilft, emotional ausgeglichener und widerstandsfähiger zu sein.

Im gegenwärtigen Moment zu leben, bedeutet, bewusster und achtsamer mit dir selbst und deiner Umgebung umzugehen. Mit einfachen Techniken wie der Atemmeditation, dem achtsamen Beobachten oder der 5-4-3-2-1-Methode kannst du dich im Hier und Jetzt verankern und inneren Frieden finden – selbst in hektischen oder stressigen Zeiten.

Achtsamkeitspraktiken für den Alltag

Achtsamkeit ist nicht nur etwas, das du in ruhigen Momenten oder während der Meditation praktizieren kannst. Sie ist eine Lebensweise, die in jede Alltagssituation integriert werden kann – sei es beim Essen, Gehen, Arbeiten oder Zuhören. Achtsamkeit bedeutet, den Moment bewusst zu erleben, anstatt im Autopilot-Modus zu funktionieren. Dadurch stärkst du nicht nur deine emotionale Gesundheit, sondern findest auch mehr Ruhe und Klarheit in deinem täglichen Leben.

Im Alltag gibt es viele Ablenkungen, die uns von der Gegenwart abziehen. Achtsamkeit hilft dir, bewusste Pausen einzulegen und dich wieder mit dem gegenwärtigen Moment zu verbinden. Wie du bereits in zu Beginn dieses Kapitels gelesen hast, gibt es viele einfache, aber wirkungsvolle Möglichkeiten, Achtsamkeit in deinen Tag zu integrieren.

Warum Achtsamkeit im Alltag wichtig ist

Die Fähigkeit, achtsam durch den Tag zu gehen, reduziert Stress und ermöglicht es dir, auch in hektischen Phasen bewusster zu reagieren, anstatt von Gedanken oder Emotionen überwältigt zu werden. Zu Beginn dieses Kapitels habe ich bereits darüber geschrieben, wie Achtsamkeit dir helfen kann, aus dem Stresskreislauf auszubrechen und emotional stabil zu bleiben. Hier erweitern wir die Achtsamkeitspraxis auf spezifische Alltagssituationen.

Es gibt viele einfache, aber wirkungsvolle Achtsamkeitspraktiken, die du leicht in deinen Tagesablauf integrieren kannst. Diese Praktiken helfen dir, den Alltag bewusster zu erleben, Stress abzubauen und emotional ausgeglichen zu bleiben.

1. Achtsames Aufwachen

Wie du den Tag beginnst, beeinflusst oft, wie der Rest des Tages verläuft. Anstatt sofort in Gedanken an die To-do-Liste zu verfallen, kannst du den Morgen nutzen, um bewusst in den Tag zu starten.

So kannst du achtsam aufwachen:

- Bevor du aus dem Bett aufstehst, nimm dir einen Moment, um tief ein- und auszuatmen. Spüre, wie sich dein Körper anfühlt, und beobachte deine ersten Gedanken, ohne sie zu bewerten.

- Setze eine Intention für den Tag, ähnlich wie du es bereits in Kapitel 1 gelesen hast. Frage dich: „Wie möchte ich mich heute fühlen?" Dies hilft dir, den Tag bewusster zu beginnen.

2. Achtsames Essen

Achtsames Essen hilft dir, dich auf den Moment zu konzentrieren und deine Sinne bewusst zu nutzen. Es ist eine wunderbare Möglichkeit, mehr Achtsamkeit in alltägliche Aktivitäten zu integrieren.

So praktizierst du achtsames Essen:

- Bevor du zu essen beginnst, nimm dir einen Moment, um das Essen vor dir bewusst wahrzunehmen. Achte auf die Farben, den Geruch und die Textur der Speisen.

- Diese Praxis habe ich bereits im Kapitel 6 „Selbstfürsorge als Grundlage emotionaler Gesundheit" erwähnt, wo ich über die Rolle von Ernährung für die emotionale Gesundheit geschrieben habe. Nutze achtsames Essen, um dich mit deinem Körper zu verbinden und bewusster zu essen.

3. Achtsames Arbeiten

Arbeit kann eine der stressigsten Phasen des Tages sein. Oft versuchen wir, mehrere Dinge gleichzeitig zu erledigen. Achtsames Arbeiten bedeutet, eine Aufgabe nach der anderen zu erledigen und mit voller Aufmerksamkeit bei der aktuellen Aufgabe zu bleiben.

So kannst du achtsamer arbeiten:

- Wie du bereits in Kapitel 9 gelesen hast, fördert das bewusste Lenken deiner Aufmerksamkeit deine emotionale Intelligenz und hilft dir, fokussierter zu arbeiten.

- Vermeide Multitasking. Wenn du merkst, dass deine Gedanken abschweifen, bringe deine Aufmerksamkeit sanft wieder zurück zur Aufgabe.

4. Achtsames Zuhören

Achtsames Zuhören ist eine zentrale Fähigkeit, um Empathie und emotionale Intelligenz in Beziehungen zu fördern. Diese Technik fördert tiefere Verbindungen zu anderen, indem du dich bewusst auf die Gefühle und Worte deines Gesprächspartners konzentrierst.
So praktizierst du achtsames Zuhören:

- Konzentriere dich auf das Gespräch, anstatt schon Antworten zu formulieren oder abzuschweifen. Dies habe ich bereits in Kapitel 9 beschrieben.

- Achte darauf, wie du präsent bleiben und aktiv zuhören kannst, um eine tiefere emotionale Verbindung zu schaffen.

5. Achtsames Gehen

Zu Beginn dieses Kapitels habe ich bereits über die Kraft des achtsamen Gehens geschrieben. Es hilft dir, Bewegung mit Achtsamkeit zu verbinden und dadurch den Moment bewusster zu erleben.

So übst du achtsames Gehen:

- Gehe bewusst und richte deine Aufmerksamkeit auf die Schritte, die du machst. Spüre die Berührung des Bodens und die Bewegung deines Körpers. Dies bringt dich sofort in den gegenwärtigen Moment zurück.

6. Achtsame Pausen

Achtsame Pausen helfen dir, im Alltag regelmäßig innezuhalten und deinen Körper und Geist zu entspannen. Diese kurzen Unterbrechungen sind essenziell, um die Balance zu halten und Stress abzubauen.

So kannst du achtsame Pausen machen:

- Setze dich an einen ruhigen Ort und konzentriere dich für ein paar Minuten auf deinen Atem. Dies entspricht den Techniken, die du zu Beginn dieses Kapitels gelernt hast, um dich im Moment zu verankern.

Achtsamkeit im Alltag als fortlaufende Praxis

Achtsamkeit im Alltag zu üben, muss nicht zeitaufwändig sein. Indem du regelmäßig kleine Momente der Achtsamkeit in deinen Tag einbaust, schaffst du eine tiefere Verbindung zu dir selbst und zu deinen Emotionen. Viele der Techniken, die du in den vorherigen Kapiteln gelernt hast, können leicht in deinen Alltag integriert werden, um mehr Ruhe und Gelassenheit zu finden.

Achtsamkeitspraktiken im Alltag sind einfache, aber wirkungsvolle Methoden, um Stress zu reduzieren, emotional ausgeglichener zu werden und bewusster zu leben. Durch regelmäßige Übungen wie achtsames Atmen, Arbeiten oder Zuhören kannst du deine emotionale Gesundheit stärken und mehr Freude in den kleinen Momenten des Lebens finden.

KAPITEL 11: VERLUST UND TRAUER – HEILUNG NACH EMOTIONALEN SCHOCKS

Der Umgang mit Verlust in all seinen Formen

Verlust gehört zu den tiefsten und herausforderndsten Erfahrungen im Leben. Er kann in vielen Formen auftreten: der Tod eines geliebten Menschen, das Ende einer Beziehung, der Verlust eines Arbeitsplatzes oder der Verlust von Plänen und Träumen, die sich nicht erfüllt haben. Jeder Verlust bringt eine einzigartige Mischung aus Schmerz, Trauer und Leere mit sich. Doch unabhängig davon, welche Form der Verlust annimmt, bleibt eines immer gleich: Er hinterlässt emotionale Spuren und fordert uns heraus, einen neuen Weg der Heilung und des Weitergehens zu finden.

Verlust ist nicht immer etwas Greifbares. Du kannst auch den Verlust deiner Identität, deiner Gesundheit oder deiner Selbstwahrnehmung erleben. All diese Erfahrungen sind schmerzhaft, und es ist normal, dass sie ein tiefes Gefühl von Trauer und Verwirrung hervorrufen. Der Umgang mit Verlust erfordert Geduld, Selbstmitgefühl und die Bereitschaft, den Prozess der Trauer in seiner ganzen Tiefe zu durchleben.

Verlust in seinen verschiedenen Formen

Verluste können auf unterschiedliche Weise auftreten, und jede Form bringt ihre eigenen Herausforderungen mit sich. Es ist wichtig, sie zu erkennen und zu akzeptieren, dass kein Verlust zu klein oder zu „unwichtig" ist, um Trauer hervorzurufen.

1. Der Verlust eines geliebten Menschen

Der Tod eines geliebten Menschen ist einer der schmerzhaftesten Verluste, die wir erleben können. Er hinterlässt eine Lücke, die scheinbar nicht zu füllen ist, und konfrontiert uns mit der Endlichkeit des Lebens. Die Trauer um eine verstorbene Person kann überwältigend sein, und es ist normal, dass der Heilungsprozess Zeit braucht. Auch wenn die Trauer mit der Zeit nachlässt, bleibt oft ein Gefühl des Vermissens.

2. Der Verlust einer Beziehung

Das Ende einer Beziehung – sei es eine romantische Partnerschaft, eine Freundschaft oder ein familiäres Band – kann tiefen Schmerz verursachen. Beziehungen prägen unser Leben, und wenn sie zerbrechen, verlieren wir nicht nur die Verbindung zu einer anderen Person, sondern auch die damit verbundenen Träume und Erwartungen. Dieser Verlust kann uns das Gefühl geben, einen Teil von uns selbst verloren zu haben.

3. Der Verlust von Träumen und Plänen

Manchmal erleben wir Verluste, die weniger greifbar sind, aber dennoch schmerzhaft: den Verlust von Träumen, Zielen oder Vorstellungen, die sich nicht verwirklichen lassen. Vielleicht hattest du eine Vision von deinem Leben, die sich nicht erfüllt hat – sei es beruflich, in der Familie oder in deinem persönlichen Wachstum. Diese Art von Verlust bringt oft Enttäuschung und Selbstzweifel mit sich.

4. Der Verlust von Identität oder Selbstbild

Manchmal fühlen wir uns, als hätten wir uns selbst verloren. Dies kann nach großen Veränderungen im Leben geschehen – wie dem Ende eines bestimmten Lebensabschnitts, einem Jobwechsel oder einem Umzug. Du kannst das Gefühl haben, dass das Bild, das du von dir selbst hattest, nicht mehr passt, und dieser Verlust von Identität kann Verwirrung und emotionale Unruhe auslösen.

Der Trauerprozess verstehen

Trauer ist die natürliche Reaktion auf Verlust, aber sie ist keine lineare Reise. Es gibt keine festen Phasen, die du durchlaufen musst, und es gibt keinen „richtigen" oder „falschen" Weg, zu trauern. Jede Person trauert auf ihre eigene Weise, und das ist vollkommen in Ordnung. Es ist wichtig, dir selbst zu erlauben, den Schmerz des Verlustes zu fühlen, anstatt ihn zu verdrängen oder zu übergehen.

Phasen der Trauer:

*   **Schock und Verleugnung:** Oft reagieren wir auf einen Verlust mit einer Art Schock oder Ungläubigkeit. Du kannst dich wie betäubt fühlen, unfähig, die

Realität des Verlustes zu akzeptieren.

- **Wut und Frustration:** Es ist normal, wütend zu sein – auf dich selbst, auf andere oder sogar auf die Umstände des Verlustes. Diese Wut ist oft Ausdruck von Schmerz und Ohnmacht.

- **Traurigkeit und Rückzug:** Tiefe Trauer kann dich in eine Phase des Rückzugs und der Isolation führen. Es kann sich so anfühlen, als ob nichts mehr Freude macht, und die Welt scheint an Farbe zu verlieren.

- **Akzeptanz und Neubeginn:** Mit der Zeit beginnt der Schmerz nachzulassen, und du findest einen Weg, den Verlust zu akzeptieren. Das bedeutet nicht, dass die Trauer verschwindet, aber sie wird leichter, und du kannst anfangen, nach vorne zu blicken.

Der Prozess der Trauer ist individuell, und du wirst möglicherweise zwischen diesen Phasen hin- und herwechseln. Es gibt keinen festen Zeitrahmen für Trauer, und jeder braucht unterschiedlich lange, um Heilung zu finden.

Mit Verlust umgehen: Praktische Schritte zur Heilung

Den Schmerz eines Verlustes zu durchleben, ist schwierig, aber es gibt Schritte, die du unternehmen kannst, um den Heilungsprozess zu unterstützen und wieder emotionale Stabilität zu finden.

1. Erlaube dir, zu fühlen

Es kann verlockend sein, den Schmerz zu unterdrücken oder sich abzulenken, um den Verlust nicht vollständig zu spüren. Doch der erste Schritt zur Heilung ist, dir selbst zu erlauben, die Trauer in all ihren Facetten zu durchleben. Erinnere dich daran, dass es in Ordnung ist, traurig, wütend oder verwirrt zu sein. Diese Emotionen sind Teil des Trauerprozesses und müssen gefühlt werden, um heilen zu können.

2. Sprich über deinen Verlust

Es ist wichtig, über deinen Verlust zu sprechen – sei es mit Freunden, Familie oder einem Therapeuten. Das Ausdrücken deiner Gefühle hilft, den Schmerz zu verarbeiten. Manchmal kann es auch hilfreich sein, den Verlust in einem Tagebuch zu reflektieren. Dies schafft Raum, um die Emotionen loszulassen, die in dir aufgestaut sind.

3. Selbstfürsorge praktizieren

In Zeiten der Trauer neigen wir oft dazu, unsere eigenen Bedürfnisse zu vernachlässigen. Doch gerade jetzt ist Selbstfürsorge besonders wichtig. Achte darauf, dass du genügend Schlaf bekommst, dich gesund ernährst und dich regelmäßig bewegst. Körperliche Fürsorge kann dir dabei helfen, emotionale Balance zu finden. In Kapitel 6 habe ich bereits über die Bedeutung von Selbstfürsorge geschrieben. Nutze diese Praktiken, um dich in dieser schweren Zeit zu stärken.

4. Akzeptiere den Prozess

Heilung nach einem Verlust braucht Zeit, und es ist wichtig, diesen Prozess zu akzeptieren. Es gibt keine festen Regeln, wie lange es dauern wird, und du solltest dir erlauben, den Raum und die Zeit zu nehmen, die du brauchst. Achtsamkeit kann dir dabei helfen, den Schmerz anzunehmen, ohne ihn zu bekämpfen. In Kapitel 10 habe ich dir verschiedene Achtsamkeitstechniken erklärt, die dir helfen können, deine Emotionen im Moment anzunehmen.

Verlust als Teil des Lebens akzeptieren

Verlust ist ein unvermeidlicher Teil des Lebens. So schwer es auch fällt, Verluste sind Teil unserer menschlichen Erfahrung. Sie lehren uns, was es bedeutet, zu lieben, zu wachsen und wieder aufzustehen. Indem du den Verlust akzeptierst und die Trauer zulässt, gibst du dir selbst die Erlaubnis, zu heilen. Du wirst nie „über" den Verlust hinwegkommen, aber du wirst lernen, mit ihm zu leben und gleichzeitig Raum für neue Erfahrungen und Beziehungen zu schaffen.

Verlust in all seinen Formen hinterlässt emotionale Spuren, doch indem du den Schmerz zulässt, achtsam mit dir umgehst und den Heilungsprozess akzeptierst, kannst du wieder inneren Frieden finden. Der Umgang mit Verlust ist eine Reise, die Zeit und Geduld erfordert, aber sie führt dich zu einem tieferen Verständnis von dir selbst und der Welt um dich herum.

Trauerprozesse verstehen und unterstützen

Trauer ist ein zutiefst persönlicher und oft schwer fassbarer Prozess, der auf vielfältige Weise erlebt werden kann. Während der Verlust von Menschen, Beziehungen oder Lebensplänen universell ist, trauert jede Person auf ihre eigene Art. Es gibt keine festen Regeln oder Zeitvorgaben, wie lange Trauer dauern sollte oder wie sie sich ausdrückt. Dennoch gibt es Muster und Mechanismen, die dabei helfen können, den Trauerprozess besser zu verstehen und Wege aufzuzeigen, wie du dich selbst oder andere in dieser schwierigen Phase unterstützen kannst.

Trauer ist nicht nur eine emotionale Reaktion; sie hat auch physische, mentale und spirituelle Auswirkungen. Sie kann intensive emotionale Schmerzen auslösen, das Denken trüben und sogar körperliche Symptome wie Müdigkeit oder Schlaflosigkeit hervorrufen. Es ist wichtig, Trauer als einen vielschichtigen Prozess zu erkennen und anzunehmen, dass sie Zeit und Raum braucht, um verarbeitet zu werden.

Trauer ist ein nicht-linearer Prozess

Trauer verläuft selten linear. Es gibt keine klaren Phasen, die in einer bestimmten Reihenfolge durchlaufen werden müssen, und es gibt kein „Ende" der Trauer, an dem plötzlich alles wieder normal ist. Vielmehr ist Trauer ein wellenartiger Prozess, bei dem die Intensität der Gefühle schwanken kann – von tiefem Schmerz bis hin zu Momenten von Frieden und Akzeptanz.

Du wirst vielleicht Tage erleben, an denen du dich stabil und ruhig fühlst, gefolgt von Zeiten, in denen der Schmerz wieder aufkommt, als wäre der Verlust erst gestern geschehen. Das ist völlig normal und gehört zum natürlichen Heilungsprozess.

Wie Trauer individuell verlaufen kann:

- **Intensive Phasen der Trauer:** Kurz nach dem Verlust kann die Trauer überwältigend sein. Es ist normal, sich wie in einem emotionalen Nebel zu fühlen, wo Schmerz, Leere und Unverständnis vorherrschen.

- **Rückkehr zu scheinbarer Normalität:** Nach einer Weile wirst du Momente erleben, in denen der Alltag wieder Platz einnimmt und sich das Leben stabiler anfühlt. Doch selbst in dieser Phase kann die Trauer unerwartet zurückkehren, etwa durch Erinnerungen, bestimmte Orte oder besondere Anlässe.

- **Langsame Integration des Verlusts:** Im Laufe der Zeit beginnt der Verlust, sich in dein Leben zu integrieren. Die Trauer wird nicht verschwinden, aber sie wird einen Platz in deinem Leben finden, der es dir ermöglicht, weiterzugehen.

Dieser Prozess ist für jeden Menschen unterschiedlich. Es gibt keine „richtige" oder „falsche" Art, zu trauern. Der wichtigste Aspekt ist, dass du dir erlaubst, die Trauer auf deine eigene Weise zu erleben und ihr den Raum zu geben, den sie braucht.

Unterstützung durch Selbstmitgefühl und Achtsamkeit

Während des Trauerprozesses ist es entscheidend, dir selbst mit Mitgefühl zu begegnen. Trauer kann emotional und körperlich erschöpfend sein, und es ist leicht, von der Erwartung überwältigt zu werden, dass du „funktionieren" musst oder dass es ein festes Zeitfenster für Heilung gibt. Selbstmitgefühl bedeutet, deine eigenen Grenzen zu respektieren und dir die Erlaubnis zu geben, zu trauern, ohne dich dabei zu verurteilen.

Wie du dir selbst in der Trauer helfen kannst:

- **Erkenne deine Gefühle an:** Erlaube dir, die gesamte Bandbreite der Emotionen zu fühlen – von Wut über Traurigkeit bis hin zu Schuldgefühlen. Nimm diese Gefühle an, ohne dich dafür zu schämen oder zu denken, dass sie „falsch" sind.

- **Achtsamkeit im Moment:** Wie bereits in Kapitel 10 besprochen, kann Achtsamkeit eine wertvolle Unterstützung im Umgang mit schwierigen Gefühlen sein. Indem du bewusst im Moment bist und deine Emotionen akzeptierst, ohne gegen sie anzukämpfen, kannst du den Schmerz besser verarbeiten.

- **Sei geduldig mit dir selbst:** Trauer ist ein Prozess, der so viel Zeit in Anspruch nimmt, wie du brauchst. Setze dich nicht unter Druck, „schnell wieder auf die Beine" kommen zu müssen. Erinnere dich daran, dass Heilung kein festes Ziel hat, sondern ein schrittweiser Prozess ist.

Andere in ihrem Trauerprozess unterstützen

Wenn jemand in deinem Umfeld trauert, ist es oft schwierig zu wissen, wie du helfen kannst. Viele Menschen fühlen sich hilflos oder unsicher im Umgang mit der Trauer anderer, weil sie Angst haben, etwas Falsches zu sagen oder zu tun. Doch das Wichtigste, was du tun kannst, ist, einfach präsent zu sein.

Wie du andere in ihrer Trauer unterstützen kannst:

- **Präsenz zeigen:** Du musst nicht die richtigen Worte finden, um Trost zu spenden. Oft reicht es, einfach da zu sein – physisch und emotional. Ein offenes Ohr oder eine stille Umarmung kann unglaublich tröstend sein.

- **Zuhören, ohne zu urteilen:** Lasse der trauernden Person Raum, ihre Gefühle auszudrücken, ohne sie zu unterbrechen oder zu bewerten. Sei ein geduldiger Zuhörer und vermeide gut gemeinte Ratschläge wie „Du musst weitermachen" oder „Es wird schon wieder." Jede Trauer ist individuell, und es gibt keinen „richtigen" Weg, sie zu durchleben.

- **Angebote zur praktischen Unterstützung:** Trauer kann überwältigend sein, und manchmal ist es schwer, sich um alltägliche Aufgaben zu kümmern. Biete Hilfe bei praktischen Dingen an – sei es bei der Haushaltsarbeit, Besorgungen oder einfach als Begleitung bei einem Spaziergang. Zeige durch kleine Gesten, dass du da bist und Unterstützung bietest.

Langfristige Heilung und Transformation

Mit der Zeit kann Trauer eine transformative Kraft haben. Auch wenn der Schmerz nie ganz verschwindet, kann der Verlust zu einem tieferen Verständnis von Leben, Liebe und Mitgefühl führen. Die Integration von Trauer in dein Leben bedeutet, den Verlust anzuerkennen und gleichzeitig Raum für neue Erfahrungen, Freude und Wachstum zu schaffen.

Trauer kann dir helfen, dich selbst und die Welt um dich herum anders wahrzunehmen. Sie öffnet das Herz für die Zerbrechlichkeit des Lebens und das Mitgefühl für andere, die ähnliche Erfahrungen durchleben. Es ist diese Fähigkeit, die Trauer zu akzeptieren und in dein Leben zu integrieren, die dich emotional wachsen lässt und dir ermöglicht, weiterzugehen, ohne den Verlust zu verdrängen.

Trauerprozesse sind komplex und individuell, aber sie bieten die Möglichkeit zur Heilung und Transformation. Indem du dir selbst und anderen in dieser schwierigen Zeit mit Mitgefühl und Achtsamkeit begegnest, kannst du den Schmerz des Verlustes auf eine Weise durchleben, die dich stärkt und mit neuen Perspektiven für das Leben erfüllt.

Heilende Rituale und Selbstfürsorge in der Trauerarbeit

Trauer ist eine zutiefst persönliche und komplexe Erfahrung, die oft von einem Gefühl der Leere und Orientierungslosigkeit begleitet wird. In solchen Zeiten können Rituale und bewusste Selbstfürsorge wertvolle Werkzeuge sein, um Halt zu finden und den Trauerprozess zu unterstützen. Rituale schaffen einen symbolischen Raum, um mit dem Verlust umzugehen, während Selbstfürsorge es ermöglicht, den emotionalen, mentalen und körperlichen Bedürfnissen in dieser herausfordernden Zeit gerecht zu werden.

Rituale und Selbstfürsorge sind keine "schnellen Lösungen" gegen den Schmerz der Trauer, sondern sanfte und bewusste Wege, die dir helfen, den Prozess der Heilung zu gestalten. Sie bieten dir die Möglichkeit, auf eine achtsame Weise mit deinem Verlust umzugehen, indem sie Raum für Trauer schaffen und gleichzeitig die Verbindung zu dir selbst stärken.

Die Bedeutung von Ritualen in der Trauerarbeit

Rituale haben eine tiefe emotionale und symbolische Bedeutung, besonders wenn es darum geht, mit Trauer und Verlust umzugehen. Sie bieten dir die Möglichkeit, den Schmerz auf eine greifbare und bewusste Weise auszudrücken. Ein Ritual schafft Struktur und ermöglicht es dir, den Verlust zu ehren und ihm einen festen Platz in deinem Leben zu geben.

Rituale müssen nicht religiöser Natur sein, sondern können ganz individuell gestaltet werden, basierend auf deinen persönlichen Werten und Bedürfnissen. Sie sind besonders dann kraftvoll, wenn Worte allein nicht ausreichen, um den Schmerz auszudrücken oder loszulassen. Ein Ritual kann dabei helfen, die Lücke zwischen dem, was du fühlst, und dem, wie du den Verlust verarbeiten möchtest, zu überbrücken.

Heilende Rituale in der Trauerarbeit:

- **Das Loslass-Ritual:** Schreibe einen Brief an die Person, die du verloren hast, oder an die Situation, die dir Schmerz bereitet. Dieser Brief kann all die Worte und Gefühle enthalten, die du nicht mehr aussprechen konntest. Wenn du bereit bist, kannst du den Brief symbolisch verbrennen oder zerreißen, um den Schmerz loszulassen. Dieses Ritual hilft dir, einen bewussten Abschied zu gestalten und den Prozess des Loslassens zu unterstützen.

- **Erinnerungsrituale:** Du kannst dir besondere Momente oder Tage schaffen, an denen du dich bewusst an die Person oder den Verlust erinnerst. Das Anzünden einer Kerze, das Pflanzen eines Baumes oder das Besuchen eines Ortes, der für dich eine besondere Bedeutung hat, kann dir helfen, in der Trauer präsent zu bleiben und die Erinnerung zu bewahren.

- **Kreative Rituale:** Kunst, Musik oder Schreiben können kraftvolle Rituale der Heilung sein. Malen, zeichnen oder schreiben über deine Trauer kann dir helfen, das Unausgesprochene in dir zu verarbeiten und zu heilen. Diese kreativen Ausdrucksformen ermöglichen es dir, deinen Gefühlen eine Form zu geben und sie dadurch leichter loszulassen.

Rituale bieten dir einen sicheren Raum, um deiner Trauer zu begegnen. Sie geben dem, was oft unsichtbar und ungreifbar ist, eine sichtbare und symbolische Form. Das regelmäßige Durchführen solcher Rituale kann dir helfen, eine Balance zwischen dem Gedenken an den Verlust und dem Voranschreiten im Leben zu finden.

Selbstfürsorge in der Trauerarbeit

Während der Trauer kann es leicht passieren, dass du deine eigenen Bedürfnisse vernachlässigst. Der emotionale Schmerz, die Erschöpfung und das Gefühl der Leere können dazu führen, dass du dich selbst aus den Augen verlierst. Doch gerade in dieser schwierigen Phase ist es entscheidend, für dich selbst zu sorgen – körperlich, emotional und geistig. Selbstfürsorge hilft dir, den emotionalen Herausforderungen der Trauer mit mehr Widerstandskraft zu begegnen.

Selbstfürsorge bedeutet nicht, den Schmerz zu unterdrücken oder zu vermeiden, sondern dir bewusst Pausen zu gönnen, um deine eigenen Ressourcen zu stärken. Es ist ein Akt des Mitgefühls dir selbst gegenüber, der es dir ermöglicht, in einer Zeit der Schwäche und Verletzlichkeit für dich selbst da zu sein.

Praktische Ansätze zur Selbstfürsorge in der Trauer:

- **Körperliche Selbstfürsorge:** Trauer kann körperlich anstrengend sein. Achte darauf, dass du dich ausreichend bewegst, gesund isst und genug Schlaf bekommst. Bewegung – wie Yoga, Spaziergänge oder leichtes Stretching – kann dir helfen, emotionale Spannungen im Körper zu lösen. In Kapitel haben wir bereits darüber gesprochen, wie wichtig diese drei Säulen für dein Wohlbefinden sind. Achte besonders in Zeiten der Trauer darauf, diese Aspekte bewusst zu pflegen.

- **Emotionale Selbstfürsorge:** Gönne dir emotionale Pausen, in denen du dich auf etwas Positives konzentrierst. Es kann hilfreich sein, kleine Momente der Freude in den Alltag einzubauen – sei es durch den Kontakt mit Freunden, das Hören deiner Lieblingsmusik oder das Genießen eines guten Buches. Diese Momente sind keine Flucht vor der Trauer, sondern bieten dir die Möglichkeit, Kraft zu tanken.

- **Grenzen setzen:** Trauer kann überwältigend sein, und es ist wichtig, in dieser Zeit auf deine eigenen Grenzen zu achten. Es ist in Ordnung, „Nein" zu sagen und dir den Raum zu nehmen, den du brauchst, um zu heilen. Erlaube dir, auf deinen eigenen Rhythmus zu hören und dich von sozialen Erwartungen oder Druck zu lösen. Dies schließt auch ein, dich von gut gemeinten Ratschlägen oder gesellschaftlichen Normen zu distanzieren, die dir vielleicht nicht guttun.

Die Balance zwischen Trauer und Selbstfürsorge finden

Selbstfürsorge während der Trauer ist keine Flucht vor dem Schmerz, sondern ein liebevoller Akt der Selbstachtung. Es geht darum, ein Gleichgewicht zwischen dem Zulassen der Trauer und dem Pflegen deiner eigenen Bedürfnisse zu finden. Dieser Balanceakt ist wichtig, um den emotionalen Prozess der Heilung zu unterstützen und langfristig wieder Stabilität und inneren Frieden zu finden.

Wie du die Balance finden kannst:

- **Wechsel zwischen Trauer und Selbstfürsorge:** Es ist in Ordnung, zwischen dem intensiven Erleben der Trauer und bewusster Selbstfürsorge hin- und herzuwechseln. Du kannst dir beispielsweise Zeiträume setzen, in denen du dich bewusst mit dem Verlust auseinandersetzt – durch Rituale oder Achtsamkeitsübungen – und anschließend Pausen einlegen, um dich selbst zu pflegen.

- **Geduld mit dir selbst:** Erwarte nicht, dass die Selbstfürsorge den Schmerz der Trauer „heilt" oder „beendet". Sie ist ein Werkzeug, um dich zu stärken und dich in einer Zeit emotionaler Herausforderungen zu unterstützen. Erlaube dir, diesen Prozess ohne Druck zu durchlaufen.

Den Weg zur Heilung mit Ritualen und Selbstfürsorge gestalten

Die Kombination aus heilenden Ritualen und achtsamer Selbstfürsorge schafft einen sicheren Rahmen, in dem du deinen Trauerprozess gestalten kannst. Rituale bieten dir die Möglichkeit, dich aktiv mit deinem Verlust auseinanderzusetzen und ihm eine greifbare Form zu geben, während Selbstfürsorge dir die emotionale und körperliche Stärke verleiht, die du auf dem Weg der Heilung benötigst. Beide Ansätze sind kraftvolle Werkzeuge, um Trauer zu bewältigen und langsam wieder inneren Frieden zu finden.

Rituale und Selbstfürsorge sind entscheidende Bestandteile der Trauerarbeit. Sie geben dir Raum, um den Verlust auf eine bewusste Weise zu verarbeiten und gleichzeitig deine eigenen Bedürfnisse zu pflegen. Indem du beides in deinen Trauerprozess integrierst, kannst du Heilung finden, ohne den Schmerz zu verdrängen, und gleichzeitig Kraft für den weiteren Weg schöpfen.

KAPITEL 12: ÄNGSTE ÜBERWINDEN – EIN NEUER BLICK AUF ANGST

Die verschiedenen Formen von Angst und ihre Auswirkungen

Angst ist ein mächtiges Gefühl, das viele Gesichter hat. Sie kann sich als leichte Unsicherheit zeigen oder als überwältigende Panik, die dich in deinem Alltag lähmt. Angst gehört zu den grundlegenden menschlichen Emotionen – sie hat einen evolutionären Zweck, indem sie uns vor Gefahren warnt und uns dazu bringt, vorsichtig zu handeln. Doch oft tritt Angst in Situationen auf, in denen keine unmittelbare Bedrohung besteht, und beeinflusst dann unser Denken, Fühlen und Handeln auf eine Weise, die uns eher einschränkt als schützt.

Angst kann sich in vielen Formen manifestieren und auf verschiedenen Ebenen auftreten: körperlich, emotional und mental. Es ist wichtig, diese verschiedenen Formen von Angst zu erkennen, um zu verstehen, wie sie unser Leben beeinflussen und wie wir sie besser bewältigen können. Denn erst wenn du erkennst, wie Angst sich zeigt und was sie in deinem Leben bewirkt, kannst du Wege finden, um sie zu überwinden und zurück in deine innere Balance zu finden.

Die verschiedenen Formen von Angst

Angst ist nicht immer offensichtlich. Sie zeigt sich oft in subtilen, aber tiefgreifenden Wegen, die sich langsam in unser Leben schleichen und uns daran hindern, frei und unbeschwert zu leben. Es gibt viele verschiedene Arten von Angst, die auf unterschiedlichste Weise in Erscheinung treten können. Hier sind einige der häufigsten Formen:

1. Existenzielle Angst

Existenzielle Angst ist die Angst vor den großen Fragen des Lebens: dem Tod, der Bedeutung des Lebens und der Ungewissheit der Zukunft. Diese Form der Angst kann dazu führen, dass du dich unsicher fühlst, deinen Platz in der Welt hinterfragst und dich von der Unvorhersehbarkeit des Lebens überwältigt fühlst. Sie äußert sich oft in Grübeleien über den Sinn des Lebens oder in einer tiefen Angst vor dem

Unbekannten.

2. Soziale Angst

Soziale Angst tritt auf, wenn du dich in sozialen Situationen unwohl oder unsicher fühlst. Diese Form der Angst ist oft mit der Sorge verbunden, von anderen negativ bewertet oder abgelehnt zu werden. Sie kann dich daran hindern, in sozialen Kontexten authentisch zu sein, und führt manchmal dazu, dass du dich von sozialen Aktivitäten zurückziehst. Soziale Angst schränkt oft die Fähigkeit ein, Beziehungen zu anderen aufzubauen und sich in Gruppen sicher zu fühlen.

3. Allgemeine Angststörung (GAD)

Bei der generalisierten Angststörung handelt es sich um eine dauerhafte, übermäßige Sorge über alltägliche Dinge, die normalerweise keinen Anlass zu großer Besorgnis geben. Menschen mit GAD erleben ständige Nervosität, Reizbarkeit und ein Gefühl, dass „etwas Schlimmes passieren wird". Diese Form der Angst kann das tägliche Leben erheblich beeinträchtigen, weil sie das Denken und Handeln dominiert.

4. Panikattacken und Panikstörung

Panikattacken sind plötzliche, intensive Anfälle von Angst, die oft von körperlichen Symptomen wie Herzrasen, Atemnot oder Schwindel begleitet werden. Menschen, die unter einer Panikstörung leiden, erleben häufig wiederkehrende Panikattacken und entwickeln oft eine anhaltende Angst vor der nächsten Attacke, was zu einer erheblichen Einschränkung der Lebensqualität führen kann.

5. Phobien

Phobien sind intensive Ängste, die durch bestimmte Objekte oder Situationen ausgelöst werden, wie Höhenangst, Flugangst oder Angst vor Spinnen. Phobien können so stark sein, dass sie das alltägliche Leben einschränken und dazu führen, dass Menschen Situationen vermeiden, die ihre Ängste triggern.

6. Zukunftsangst

Zukunftsangst ist die Angst vor dem Unbekannten und vor dem, was noch kommen mag. Sie manifestiert sich oft in Gedanken über mögliche negative Ereignisse oder Veränderungen in der Zukunft. Diese Form der Angst kann dazu führen, dass du dich in endlosen „Was-wäre-wenn"-Szenarien verlierst und dich emotional von der Gegenwart abschottest.

Wie sich Angst auf dein Leben auswirkt

Die Auswirkungen von Angst sind nicht nur emotional spürbar, sondern betreffen alle Bereiche deines Lebens – von deinem körperlichen Wohlbefinden über deine Beziehungen bis hin zu deiner beruflichen Leistung. Angst kann sowohl dein Denken als auch dein Verhalten verzerren und dazu führen, dass du dich in einem Kreislauf aus Sorgen und Vermeidung verfängst.

1. Körperliche Auswirkungen

Angst kann starke körperliche Reaktionen hervorrufen. Der Körper geht in den „Kampf- oder Flucht"-Modus über, auch wenn keine reale Bedrohung besteht. Zu den häufigsten körperlichen Symptomen gehören:

- Herzrasen
- Atemnot
- Schwindelgefühl
- Muskelverspannungen
- Magenbeschwerden oder Übelkeit

Diese Symptome können das Gefühl verstärken, außer Kontrolle zu sein, und den Kreislauf der Angst weiter anheizen. Besonders bei chronischer Angst kann der Körper übermäßig belastet werden, was zu langfristigen gesundheitlichen Problemen wie Bluthochdruck oder einem geschwächten Immunsystem führen kann.

2. Mentale Auswirkungen

Angst beeinflusst deine Fähigkeit, klar zu denken und Entscheidungen zu treffen. Sie verengt deinen Fokus und lässt dich oft nur das Schlimmste sehen. Grübeln und negative Gedankenschleifen sind häufige mentale Begleiterscheinungen von Angst, die das Gefühl der Überforderung verstärken und es dir schwer machen, Lösungen zu finden. Gedanken wie „Ich schaffe das nicht" oder „Was, wenn alles schiefgeht?" dominieren den Geist und blockieren kreatives und lösungsorientiertes Denken.

3. Emotionale Auswirkungen

Auf emotionaler Ebene führt Angst häufig zu einem Gefühl der Ohnmacht und Hilflosigkeit. Du fühlst dich gefangen in einem Zustand der Anspannung, was zu Reizbarkeit, Frustration oder Traurigkeit führen kann. Angst kann auch das Vertrauen in dich selbst und andere erschüttern, was deine Beziehungen beeinträchtigt und dein allgemeines Wohlbefinden schmälert.

4. Auswirkungen auf das Verhalten

Angst beeinflusst oft unser Verhalten, indem sie uns dazu bringt, Situationen zu vermeiden, die sie auslösen könnten. Diese Vermeidungshaltung kann zu einem eingeschränkten Lebensstil führen – du meidest beispielsweise soziale Aktivitäten, berufliche Herausforderungen oder sogar alltägliche Situationen, in denen du dich unwohl fühlst. Langfristig kann dies dein Selbstvertrauen untergraben und dein Gefühl von Autonomie und Kontrolle über dein Leben schwächen.

Angst verstehen, um sie zu überwinden

Der erste Schritt im Umgang mit Angst besteht darin, sie bewusst zu erkennen und zu verstehen, wie sie sich in deinem Leben manifestiert. Indem du die verschiedenen Formen von Angst identifizierst und ihre Auswirkungen auf deinen Körper, Geist und dein Verhalten beobachtest, gewinnst du Klarheit darüber, wo du ansetzen kannst, um den Kreislauf zu durchbrechen.

In den kommenden Kapiteln werden wir uns intensiv damit beschäftigen, welche Werkzeuge und Techniken dir helfen können, Angst zu bewältigen. Es gibt effektive Methoden, um mit Angst umzugehen – sei es durch Achtsamkeit, Atemtechniken oder kognitive Verhaltenstherapie. Indem du lernst, bewusst mit Angst umzugehen, kannst du die Kontrolle zurückgewinnen und dein Leben wieder offener und freier gestalten.

Werkzeuge und Techniken, um Ängste zu bewältigen

Angst kann sich anfühlen wie eine überwältigende Kraft, die uns aus der Balance bringt und unsere Fähigkeit, klar zu denken oder zu handeln, lähmt. Doch auch wenn Angst oft unkontrollierbar erscheint, gibt es zahlreiche Werkzeuge und Techniken, die dir helfen können, sie zu bewältigen. Angst zu begegnen, bedeutet, dir die Kontrolle zurückzuholen – Stück für Stück, durch gezielte Strategien, die dich befähigen, den emotionalen und körperlichen Auswirkungen der Angst entgegenzutreten.

In diesem Kapitel werden wir verschiedene bewährte Methoden erkunden, die du einsetzen kannst, um deine Ängste zu mindern und langfristig gesunde Bewältigungsstrategien zu entwickeln. Es geht nicht darum, die Angst vollständig zu eliminieren – sie ist schließlich ein natürlicher Teil unseres Menschseins –, sondern darum, zu lernen, mit ihr zu leben, ohne dass sie dich beherrscht.

Atemtechniken zur Beruhigung des Nervensystems

Eine der wirksamsten Sofortmaßnahmen gegen Angst ist die Kontrolle deines Atems. Angst versetzt den Körper in einen „Kampf- oder Flucht"-Zustand, bei dem die Atmung oft flach und schnell wird. Diese Art der Atmung verstärkt das Gefühl der Panik und signalisiert dem Körper, dass eine Bedrohung besteht, auch wenn keine reale Gefahr vorliegt.

Atemtechniken helfen, den Kreislauf der Angst zu durchbrechen, indem sie den Körper beruhigen und das Nervensystem stabilisieren. Dies gibt dir die Möglichkeit, wieder klare Gedanken zu fassen und die Kontrolle über deine Reaktionen zurückzugewinnen.

Eine einfache Atemtechnik, die du jederzeit anwenden kannst:

*   **Die 4-7-8-Methode:** Atme durch die Nase ein und zähle dabei bis 4. Halte den Atem für 7 Sekunden an. Atme dann langsam durch den Mund aus und zähle bis 8. Diese Technik beruhigt dein Nervensystem und hilft dir, in Momenten akuter Angst wieder einen klaren Kopf zu bekommen.

Regelmäßiges Üben dieser Atemtechniken kann dir helfen, besser mit stressigen oder angstauslösenden Situationen umzugehen, bevor sie dich überwältigen.

Ein zentrales Merkmal der Angst sind die negativen und verzerrten Gedanken, die sie verstärken. Diese Gedanken drehen sich oft in einem Kreislauf aus „Was-wäre-wenn"-Szenarien, die dich in einen Zustand der Hilflosigkeit versetzen. Kognitive Umstrukturierung ist eine Technik aus der kognitiven Verhaltenstherapie (KVT), die dir hilft, diese negativen Denkmuster zu erkennen und herauszufordern.

Wie du deine Gedanken umstrukturieren kannst:

- **Identifiziere verzerrte Gedanken:** Der erste Schritt besteht darin, deine angstgetriebenen Gedanken zu erkennen. Diese Gedanken sind oft irrational oder übertrieben – wie zum Beispiel: „Ich werde versagen" oder „Ich bin nicht gut genug." Schreibe diese Gedanken auf, um sie greifbarer zu machen.

- **Hinterfrage deine Gedanken:** Stelle diese Gedanken bewusst infrage. Frage dich: „Gibt es Beweise für diesen Gedanken? Was spricht dagegen?" Oft wirst du feststellen, dass diese Gedanken nicht auf Fakten beruhen, sondern aus deiner Angst heraus entstehen.

- **Erschaffe eine realistischere Sichtweise:** Formuliere einen realistischeren und unterstützenden Gedanken, der dir hilft, dich zu beruhigen. Zum Beispiel kannst du dir sagen: „Es gibt keinen Grund zu denken, dass ich versagen werde. Ich habe mich gut vorbereitet, und wenn etwas nicht klappt, kann ich es korrigieren."

Diese Technik ermöglicht es dir, die Macht, die negative Gedanken über dich haben, zu schwächen und stattdessen auf gesunde, realistische Überzeugungen zurückzugreifen.

Exposition: Sich der Angst stellen

Einer der effektivsten Ansätze im Umgang mit Angst ist die Exposition, also das bewusste und schrittweise Sich-Aussetzen angstauslösender Situationen. Oft neigen wir dazu, angstauslösende Dinge zu vermeiden, um uns vor dem unangenehmen

Gefühl zu schützen. Doch diese Vermeidung verstärkt die Angst langfristig, weil wir nie die Erfahrung machen, dass wir die Situation tatsächlich bewältigen können.

Wie Exposition funktioniert:

- **Fange klein an:** Beginne mit einer Situation, die dir nur leichtes Unbehagen bereitet. Wenn du zum Beispiel unter sozialer Angst leidest, könnte dein erster Schritt sein, ein kurzes Gespräch mit einem Kollegen zu führen.

- **Schrittweise Steigerung:** Sobald du dich mit der leichteren Situation wohler fühlst, kannst du den nächsten Schritt wagen und dich langsam in herausforderndere Situationen begeben. Jedes Mal, wenn du dich deiner Angst stellst, wirst du merken, dass sie etwas von ihrer Macht verliert.

- **Akzeptiere das Unbehagen:** Der Prozess der Exposition kann unangenehm sein, aber das ist ein Teil des Heilungsprozesses. Du wirst lernen, dass Angst zwar unangenehm, aber nicht unüberwindbar ist.

Durch Exposition lernst du, dass du in der Lage bist, mit deinen Ängsten umzugehen und dass die Bedrohung, die du dir vorstellst, nicht so groß ist, wie sie in deinem Kopf erscheint.

Achtsamkeit und Meditation zur Akzeptanz von Angst

Achtsamkeit bedeutet, die gegenwärtigen Gefühle – einschließlich der Angst – ohne Urteil wahrzunehmen. Anstatt gegen die Angst anzukämpfen oder sie zu verdrängen, lädt Achtsamkeit dazu ein, sie zu akzeptieren und ihr Raum zu geben. Diese Akzeptanz nimmt der Angst oft ihren Schrecken und hilft dir, dich weniger überwältigt zu fühlen.

Wie Achtsamkeit gegen Angst hilft:

- **Im Moment bleiben:** Wenn du dich in einem Moment der Angst befindest, hilft Achtsamkeit dir, die Panik nicht durch Gedanken an die Zukunft oder die Vergangenheit zu verstärken. Stattdessen konzentrierst du dich auf das, was gerade passiert, und nimmst die Angst als das wahr, was sie ist – eine vorübergehende Emotion.

- **Gefühle akzeptieren:** Es kann hilfreich sein, dir selbst zu sagen: „Ich fühle mich gerade ängstlich, und das ist in Ordnung." Indem du die Angst nicht bekämpfst, sondern sie annimmst, wird sie oft weniger intensiv.

Achtsamkeit bietet dir eine neue Perspektive auf die Angst – anstatt sie zu fürchten oder zu bekämpfen, lernst du, sie zu akzeptieren und mit ihr umzugehen. Dies führt langfristig zu einer tieferen emotionalen Stabilität.

Körperliche Bewegung als Angstlöser

Körperliche Bewegung ist ein oft unterschätztes Werkzeug im Umgang mit Angst. Bewegung hilft dabei, Stresshormone wie Cortisol abzubauen und stattdessen Endorphine freizusetzen – die sogenannten „Glückshormone". Regelmäßige Bewegung kann dazu beitragen, deinen allgemeinen Angstpegel zu senken und dir in akuten Angstphasen zu helfen, dich zu beruhigen.

Bewegungsformen, die bei Angst helfen:

- **Laufen oder Spazierengehen:** Selbst ein kurzer Spaziergang im Freien kann deine Stimmung verbessern und die körperliche Anspannung lösen, die durch Angst entsteht.

- **Yoga und Stretching:** Diese sanfteren Bewegungsformen verbinden Atem und Bewegung und helfen dir, im Moment zu bleiben, während du deinen Körper entspannst.

In Kapitel 6 habe ich bereits die Bedeutung von Bewegung für das emotionale Wohlbefinden erklärt. Diese Techniken sind besonders wirksam, um akute Angstzustände zu lindern und den Körper aus dem „Kampf- oder Flucht"-Modus herauszuholen.

Soziale Unterstützung und Austausch

Angst kann sich isolierend anfühlen. Oft glauben wir, dass wir mit unseren Ängsten allein sind und dass andere sie nicht verstehen. Doch der Austausch mit vertrauten

Menschen, die dir Unterstützung bieten, kann dir helfen, dich weniger allein zu fühlen und deine Ängste besser zu bewältigen.

Wie soziale Unterstützung helfen kann:

- **Sprich über deine Ängste:** Das Teilen deiner Ängste mit jemandem, dem du vertraust, kann die Last erleichtern. Es hilft dir, die Gedanken laut auszusprechen, die dich in deinem Inneren belasten, und oft bietet dir das Gegenüber eine neue Perspektive.

- **Gemeinsame Aktivitäten:** Manchmal hilft es, die Angst durch gemeinsame Aktivitäten zu lindern – sei es ein Spaziergang, ein Telefongespräch oder einfach nur ein Kaffee mit einem Freund. Der Austausch erinnert dich daran, dass du nicht allein bist.

Angst bewältigen: Ein kontinuierlicher Prozess

Angst zu bewältigen ist ein fortlaufender Prozess, der Geduld und Selbstmitgefühl erfordert. Mit den richtigen Werkzeugen und Techniken kannst du lernen, deine Ängste zu verstehen, ihnen entgegenzutreten und sie in einem neuen Licht zu sehen – als etwas, das dir keine Macht mehr über dein Leben nehmen muss.

Achtsamkeit, Atmung und kognitive Verhaltenstherapie gegen Angst

Angst kann überwältigend sein, doch es gibt wirksame Strategien, um ihr entgegenzutreten. Achtsamkeit, Atemtechniken und kognitive Verhaltenstherapie (KVT) sind drei kraftvolle Ansätze, die dir helfen können, die Kontrolle über deine Ängste zurückzugewinnen und dich wieder geerdeter zu fühlen. Diese Methoden wirken auf verschiedenen Ebenen – körperlich, emotional und mental – und helfen dir, die Angst in einem neuen Licht zu sehen: nicht als etwas, das dich lähmt, sondern als eine vorübergehende Emotion, die du bewältigen kannst.

Indem du Achtsamkeit, Atmung und kognitive Umstrukturierung kombinierst, schaffst du dir einen Werkzeugkasten, der es dir ermöglicht, Angst in jedem Moment zu begegnen – ob in akuten Stresssituationen oder im täglichen Leben, wenn die Angst subtil unter der Oberfläche brodelt. Diese drei Ansätze arbeiten Hand in Hand und bieten dir eine ganzheitliche Strategie, um Ängste auf einer tieferen Ebene zu bewältigen.

Achtsamkeit: Im Moment bleiben, ohne zu bewerten

Achtsamkeit ist ein kraftvolles Mittel, um Angst zu begegnen, denn sie lehrt uns, bewusst im gegenwärtigen Moment zu bleiben, ohne ihn zu bewerten oder zu verändern. Angst lebt oft in der Zukunft – in den „Was-wäre-wenn"-Szenarien, die unser Denken dominieren und uns aus dem Hier und Jetzt reißen. Achtsamkeit hilft dir, diesen Kreislauf zu durchbrechen und die Angst einfach als das zu akzeptieren, was sie ist: eine vorübergehende Emotion, die keine Kontrolle über dich hat.

Wie Achtsamkeit gegen Angst wirkt:

- **Den Moment akzeptieren:** Achtsamkeit lehrt dich, nicht gegen die Angst zu kämpfen, sondern sie zu akzeptieren. Indem du die Angst bewusst wahrnimmst und sagst: „Ich fühle mich ängstlich, und das ist in Ordnung", nimmst du ihr die Macht, dich zu kontrollieren.

- **Präsenz kultivieren:** Durch regelmäßige Achtsamkeitspraxis wirst du achtsamer auf deine Gedanken und Gefühle. Du lernst, deine inneren Zustände zu beobachten, ohne sie zu bewerten oder sofort auf sie zu reagieren. Das hilft dir, Abstand zu gewinnen und deine Reaktionen bewusst zu steuern, anstatt impulsiv zu handeln.

Praktische Achtsamkeitsübung:

- Setze dich an einen ruhigen Ort, schließe die Augen und richte deine Aufmerksamkeit auf deinen Atem. Atme tief ein und aus und beobachte, wie sich dein Körper bewegt. Nimm einfach wahr, was in diesem Moment geschieht, ohne zu versuchen, etwas zu verändern. Lass alle Gedanken kommen und gehen, ohne sie festzuhalten. Wiederhole diese Übung täglich für 5 bis 10 Minuten, um deine Achtsamkeit zu stärken.

In Kapitel 10 haben wir bereits über die transformative Kraft von Achtsamkeit gesprochen, besonders im Umgang mit schwierigen Emotionen. Hier wird deutlich, wie Achtsamkeit dir hilft, auch in Momenten der Angst zentriert zu bleiben.

Atemtechniken: Die Angst im Körper beruhigen

Angst beginnt oft im Kopf, doch ihre Auswirkungen sind im ganzen Körper spürbar. Dein Herz schlägt schneller, die Muskeln spannen sich an, und dein Atem wird flach. Atemtechniken sind eine einfache, aber äußerst effektive Methode, um deinen Körper aus dem „Kampf-oder-Flucht"-Modus zu holen und wieder in einen Zustand der Ruhe zu versetzen.

Warum Atmung so wirksam gegen Angst ist:

*   **Beruhigung des Nervensystems:** Wenn du dich auf deinen Atem konzentrierst, signalisiert das deinem Nervensystem, dass keine akute Gefahr besteht. Der Atem wirkt wie ein Anker, der dich in den gegenwärtigen Moment zurückholt und deinen Körper beruhigt.

*   **Unterbrechung des Angstkreislaufs:** Wenn Angst aufkommt, verfällt der Körper oft in einen Teufelskreis aus Panik und flacher Atmung. Indem du bewusst tief und gleichmäßig atmest, durchbrichst du diesen Kreislauf und verhinderst, dass die Angst weiter eskaliert.

Eine bewährte Atemtechnik:

*   **Box Breathing:** Diese Technik ist einfach und effektiv. Atme langsam durch die Nase ein und zähle dabei bis 4. Halte den Atem für 4 Sekunden an. Atme dann langsam durch den Mund aus, während du bis 4 zählst, und halte den Atem erneut für 4 Sekunden an. Wiederhole diesen Zyklus mehrere Male. Box Breathing hilft, das Nervensystem zu beruhigen und den Körper in einen Zustand der Entspannung zu versetzen.

Kognitive Verhaltenstherapie (KVT): Deine Gedanken neu strukturieren

Die kognitive Verhaltenstherapie ist eine der effektivsten und am häufigsten eingesetzten Methoden zur Behandlung von Angststörungen. Sie basiert auf der Erkenntnis, dass unsere Gedanken unsere Emotionen und unser Verhalten beeinflussen. Bei Angst neigen wir oft dazu, uns in negativen Denkmustern zu verlieren, die die Angst verstärken. Die KVT hilft dir, diese Gedankenmuster zu erkennen und umzustrukturieren, sodass sie dich nicht länger kontrollieren.

Wie KVT gegen Angst wirkt:

- **Negative Gedanken identifizieren:** Angst ist oft von irrationalen Gedanken geprägt – wie „Ich werde versagen" oder „Ich bin nicht in Sicherheit". Die KVT lehrt dich, diese Gedanken bewusst zu erkennen und sie infrage zu stellen.

- **Realistische Perspektive schaffen:** Sobald du einen angstgetriebenen Gedanken identifiziert hast, kannst du ihn durch eine realistischere Sichtweise ersetzen. Zum Beispiel könntest du dir sagen: „Ich habe Angst, aber es gibt keine Beweise dafür, dass etwas Schlimmes passieren wird. Ich kann diese Situation bewältigen."

Wie du kognitive Umstrukturierung praktizieren kannst:

- Schreibe deine ängstlichen Gedanken auf. Stelle dann Fragen wie: „Ist das wirklich wahr? Gibt es Beweise dafür? Was würde ich einem Freund in dieser Situation sagen?" Anschließend entwickle einen neuen, realistischeren Gedanken, der dir hilft, die Angst zu relativieren.

Die KVT bietet dir ein wunderbares Werkzeug, um die Kontrolle über deine Gedanken zurückzugewinnen. Sie erfordert Übung, aber mit der Zeit wirst du merken, dass du negative Gedanken schneller erkennen und durch konstruktive Überzeugungen ersetzen kannst.

Die Kombination von Achtsamkeit, Atemtechniken und kognitiver Verhaltenstherapie schafft eine umfassende Strategie, um mit Angst umzugehen. Jede Methode
wirkt auf ihre eigene Weise – Achtsamkeit hilft dir, im Moment zu bleiben und deine
Emotionen anzunehmen, Atemtechniken beruhigen deinen Körper, und die KVT ermöglicht es dir, deine Gedankenmuster zu verändern.

Wie du diese Methoden kombinieren kannst:

- **Beginne mit Achtsamkeit:** Wenn du spürst, dass die Angst aufkommt, nutze
  Achtsamkeit, um den Moment bewusst wahrzunehmen. Anstatt die Angst zu
  verdrängen, erkenne sie an und erlaube dir, sie zu fühlen, ohne zu bewerten.

- **Setze Atemtechniken ein:** Sobald du achtsam im Moment bist, verwende
  eine Atemtechnik, um deinen Körper zu beruhigen. Dies schafft Raum, um
  klarer zu denken und die körperliche Anspannung zu lösen.

- **Kognitive Umstrukturierung anwenden:** Nachdem dein Körper und Geist
  zur Ruhe gekommen sind, wende die KVT an, um deine Gedanken zu hinterfragen. Ersetze negative Denkmuster durch realistischere Überzeugungen,
  die dir helfen, die Angst zu relativieren.

Indem du diese Techniken miteinander kombinierst, entwickelst du eine ganzheitliche Herangehensweise, die dir nicht nur in akuten Angstmomenten hilft, sondern
auch langfristig dein emotionales Gleichgewicht stärkt.

Angst mit Bewusstsein begegnen

Achtsamkeit, Atmung und kognitive Verhaltenstherapie sind kraftvolle Werkzeuge,
die dir helfen, der Angst bewusst zu begegnen und sie nicht mehr als unkontrollier-
bare Kraft zu erleben. Diese Techniken geben dir die Möglichkeit, die Angst zu ent-
machten und wieder Kontrolle über dein emotionales Wohlbefinden zu erlangen.
Angst mag Teil des Lebens sein, aber sie muss nicht das Zentrum deines Lebens
sein.

Indem du diese Methoden regelmäßig praktizierst, stärkst du deine Fähigkeit, mit Angst umzugehen – nicht durch Kampf, sondern durch Annahme, Verständnis und Veränderung.

KAPITEL 13: DANKBARKEIT ALS SCHLÜSSEL ZU EMOTIONALER GESUNDHEIT

Die Wissenschaft hinter Dankbarkeit und Wohlbefinden

Dankbarkeit ist eine einfache, aber tiefgreifende Praxis, die oft unterschätzt wird. Sie ist weit mehr als nur das höfliche „Danke" im Alltag – sie ist eine bewusste Haltung, die dein emotionales Wohlbefinden auf fundamentale Weise stärken kann. Die Forschung zeigt, dass Dankbarkeit nicht nur unsere Stimmung hebt, sondern auch unsere physische und psychische Gesundheit positiv beeinflusst. Indem du Dankbarkeit kultivierst, veränderst du deine Perspektive und öffnest dich für die positiven Aspekte des Lebens, auch inmitten von Herausforderungen.

Was viele nicht wissen: Dankbarkeit hat eine wissenschaftlich nachgewiesene Wirkung auf das Gehirn und das Nervensystem. Sie aktiviert Bereiche im Gehirn, die mit Belohnung, Zufriedenheit und emotionaler Regulation verbunden sind. Regelmäßige Dankbarkeitspraxis kann die Ausschüttung von Dopamin und Serotonin fördern – jene „Glückshormone", die für ein gesteigertes Wohlbefinden und weniger Stress verantwortlich sind.

Wie Dankbarkeit dein Gehirn verändert

Dankbarkeit hat nachweislich eine messbare Auswirkung auf das Gehirn. Studien zeigen, dass das Praktizieren von Dankbarkeit das neuronale Belohnungssystem aktiviert, insbesondere den ventromedialen präfrontalen Kortex, der für die Regulierung von Emotionen und die Entscheidungsfindung zuständig ist. Indem du regelmäßig Dankbarkeit ausdrückst, trainierst du dein Gehirn, sich auf positive Aspekte des Lebens zu konzentrieren – was langfristig zu einem größeren emotionalen Wohlbefinden führt.

1. Dankbarkeit fördert positive Gefühle: Wenn du Dankbarkeit praktizierst, aktivierst du jene Bereiche deines Gehirns, die mit Freude und Zufriedenheit verbunden sind. Dankbarkeit setzt Dopamin frei, das sogenannte „Belohnungshormon", das dafür sorgt, dass du dich glücklicher und motivierter fühlst. Auch Serotonin, das Wohlfühlhormon, wird vermehrt ausgeschüttet, was dazu beiträgt, dass du dich ausgeglichener und zufriedener fühlst.

2. Dankbarkeit reduziert Stress und Angst: Dankbarkeit hat eine beruhigende Wirkung auf das Nervensystem. Sie reduziert den Spiegel des Stresshormons Cortisol und fördert die Aktivität des Parasympathikus, der für Entspannung und Regeneration zuständig ist. Diese neurochemische Veränderung hilft dir, dich sicherer zu fühlen und besser mit stressigen oder angstauslösenden Situationen umzugehen.

3. Dankbarkeit stärkt soziale Bindungen: Dankbarkeit ist auch ein sozialer Katalysator. Sie vertieft zwischenmenschliche Verbindungen, weil sie uns ermutigt, uns auf die positiven Aspekte in unseren Beziehungen zu konzentrieren. Indem du Dankbarkeit ausdrückst – sei es gegenüber einem Freund, Partner oder Kollegen – stärkst du das Gefühl von Verbundenheit und Vertrauen. Soziale Bindungen sind ein wichtiger Faktor für unser Wohlbefinden, und Dankbarkeit ist ein Mittel, diese zu pflegen.

Die langfristigen gesundheitlichen Vorteile von Dankbarkeit

Dankbarkeit hat nicht nur unmittelbare Auswirkungen auf unsere Emotionen, sondern auch langfristige gesundheitliche Vorteile. Menschen, die regelmäßig Dankbarkeit praktizieren, berichten von besserer Schlafqualität, weniger körperlichen Schmerzen und einer allgemeinen Verbesserung ihrer Lebensqualität.

1. Besserer Schlaf: Studien zeigen, dass Menschen, die vor dem Schlafengehen Dankbarkeit praktizieren – etwa in Form eines Dankbarkeitstagebuchs – besser und länger schlafen. Dankbarkeit hilft dabei, den Geist zu beruhigen und negative Gedanken, die oft den Schlaf stören, zu reduzieren.

2. Stärkung des Immunsystems: Dankbarkeit ist nicht nur gut für die Seele, sondern auch für den Körper. Eine optimistischere und dankbarere Grundhaltung führt zu einer besseren Immunfunktion. Dankbare Menschen haben niedrigere Entzündungswerte und sind weniger anfällig für Erkältungen und andere Krankheiten, was auf die stressreduzierende Wirkung der Dankbarkeit zurückzuführen ist.

166

3. Weniger Depression und Angst: Regelmäßiges Praktizieren von Dankbarkeit kann langfristig depressive Symptome reduzieren und Angstgefühle mildern. Indem du dich auf das konzentrierst, was in deinem Leben gut läuft, statt auf das, was fehlt, trainierst du dein Gehirn, optimistischer zu denken und resilienter gegenüber negativen Emotionen zu werden.

Wie Dankbarkeit deine emotionale Resilienz stärkt

Dankbarkeit ist ein kraftvolles Werkzeug, um emotionale Resilienz aufzubauen. Sie hilft dir, dich in schwierigen Zeiten auf das Positive zu fokussieren, anstatt dich von negativen Emotionen überwältigen zu lassen. Das bedeutet nicht, dass Dankbarkeit deine Probleme verschwinden lässt, aber sie ermöglicht es dir, trotz Herausforderungen ein Gefühl der Hoffnung und Zuversicht zu bewahren.

1. Dankbarkeit fördert eine positive Perspektive: Wenn du bewusst Dankbarkeit praktizierst, trainierst du dein Gehirn, auf die positiven Aspekte des Lebens zu achten. Diese veränderte Perspektive ermöglicht es dir, Herausforderungen mit mehr Zuversicht zu begegnen. Anstatt dich auf das zu konzentrieren, was schief läuft, lenkst du deine Aufmerksamkeit auf das, was du hast und was gut funktioniert – eine grundlegende Veränderung, die dir hilft, emotional stabiler zu bleiben.

2. Dankbarkeit mindert negative Emotionen: Negative Emotionen wie Wut, Eifersucht oder Groll haben weniger Raum, wenn Dankbarkeit im Vordergrund steht. Wenn du dich bewusst auf Dankbarkeit konzentrierst, wird es schwieriger, in negativen Gedankenspiralen zu verharren. Dankbarkeit wirkt wie ein emotionaler Filter, der negative Einflüsse abmildert und dir ermöglicht, dich auf das Gute in deinem Leben zu konzentrieren.

Dankbarkeit als Schlüssel zur emotionalen Gesundheit

Dankbarkeit ist mehr als nur eine flüchtige Emotion – sie ist eine kraftvolle Haltung, die dein Leben transformieren kann. Sie verändert die Art und Weise, wie du die Welt wahrnimmst, und hilft dir, mit mehr Freude und Gelassenheit durch das Leben zu gehen. Die wissenschaftlichen Beweise sind eindeutig: Dankbarkeit ist ein

Schlüssel zu emotionaler Gesundheit, der deine Beziehungen vertieft, deine Resilienz stärkt und deine allgemeine Lebensqualität verbessert.

In den nächsten Kapiteln werden wir uns genauer anschauen, wie du Dankbarkeit in deinen Alltag integrieren kannst und wie sie negative Emotionen auflöst. Denn Dankbarkeit ist nicht nur eine Haltung, die du dir aneignen kannst – sie ist auch eine Praxis, die dich jeden Tag unterstützt.

Praktische Übungen, um Dankbarkeit in den Alltag zu integrieren

Dankbarkeit zu praktizieren bedeutet, bewusst innezuhalten und das Gute in deinem Leben wahrzunehmen – selbst in Zeiten der Herausforderung. Es geht nicht darum, negative Gefühle zu verdrängen oder Probleme kleinzureden, sondern darum, einen bewussten Fokus auf das Positive zu legen, das oft übersehen wird. Dankbarkeit lässt sich in kleine, tägliche Handlungen integrieren, die dein Leben auf nachhaltige Weise bereichern.

Diese Übungen helfen dir, Dankbarkeit Schritt für Schritt zu einem festen Bestandteil deines Alltags zu machen. Sie sind einfach umzusetzen und erfordern nicht viel Zeit, aber sie haben eine tiefe Wirkung auf dein emotionales Wohlbefinden und deine mentale Gesundheit.

Das Dankbarkeitstagebuch

Eine der wirkungsvollsten und am besten erforschten Methoden, um Dankbarkeit zu kultivieren, ist das Führen eines Dankbarkeitstagebuchs. Es erfordert nur wenige Minuten am Tag, aber diese einfache Praxis kann deine Perspektive nachhaltig verändern. Der Akt des Aufschreibens zwingt dich dazu, bewusst innezuhalten und die positiven Aspekte deines Lebens zu reflektieren.

So führst du ein Dankbarkeitstagebuch:

- Nimm dir jeden Tag – vorzugsweise am Abend – ein paar Minuten Zeit, um drei Dinge aufzuschreiben, für die du dankbar bist. Das können kleine Dinge sein, wie der erste Schluck Kaffee am Morgen, ein Lächeln von einem

Fremden oder ein Moment der Stille.

- Versuche, spezifisch zu sein. Anstatt einfach nur „Ich bin dankbar für meine Familie" zu schreiben, könntest du sagen: „Ich bin dankbar für das Gespräch mit meiner Schwester, das mich heute ermutigt hat."

- Schau regelmäßig auf deine Einträge zurück. Dies hilft dir, deine Dankbarkeit zu vertiefen und erinnert dich daran, wie viele positive Dinge du bereits erlebt hast.

Das Führen eines Dankbarkeitstagebuchs ist eine einfache Möglichkeit, deine Wahrnehmung zu schärfen und deinen Geist auf das Gute in deinem Leben zu lenken. Es hilft dir, auch in stressigen Zeiten eine positive Perspektive zu bewahren.

Die „Drei-Dinge"-Übung

Diese Übung ist eine schnelle und unkomplizierte Methode, um Dankbarkeit im Alltag zu verankern. Sie erfordert keine spezielle Vorbereitung und kann jederzeit durchgeführt werden – während des Frühstücks, auf dem Weg zur Arbeit oder bevor du schlafen gehst.

Wie die „Drei-Dinge"-Übung funktioniert:

- Denke an drei Dinge, die heute gut gelaufen sind oder für die du dankbar bist. Das können alltägliche Dinge sein, wie ein gutes Gespräch, ein Sonnenstrahl auf deiner Haut oder ein Moment der Ruhe.

- Nimm dir bewusst ein paar Sekunden Zeit, um jedes dieser Dinge wirklich zu schätzen. Versuche, die positiven Emotionen zu spüren, die mit diesen Momenten verbunden sind.

- Diese Übung kann dir helfen, den Fokus auf das Positive zu lenken und eine mentale Gewohnheit zu entwickeln, die langfristig zu mehr Zufriedenheit führt.

Die „Drei-Dinge"-Übung lässt sich leicht in den Alltag integrieren und erinnert dich daran, dass es immer etwas gibt, wofür du dankbar sein kannst – selbst an schwierigen Tagen.

Dankbarkeit als Teil deiner Morgenroutine

Wie du deinen Tag beginnst, beeinflusst oft, wie du den Rest des Tages erlebst. Indem du Dankbarkeit in deine Morgenroutine integrierst, kannst du schon früh am Tag eine positive Grundhaltung entwickeln, die dich den Herausforderungen des Alltags mit mehr Gelassenheit begegnen lässt.

So kannst du Dankbarkeit am Morgen üben:

- Beginne den Tag, indem du dir nach dem Aufwachen bewusst drei Dinge überlegst, auf die du dich freust oder für die du dankbar bist. Das kann etwas Einfaches sein, wie die bevorstehende Tasse Kaffee oder die Vorfreude auf einen Moment der Entspannung am Abend.

- Nimm dir ein paar Minuten Zeit, um diese Gedanken zu verinnerlichen und wirklich zu spüren, wie diese Dinge deinen Tag bereichern werden.

- Diese kleine Morgenroutine verleiht deinem Tag einen positiven Start und hilft dir, mit einer optimistischen Einstellung durch den Tag zu gehen.

Indem du Dankbarkeit bewusst in deine Morgenroutine einbaust, trainierst du deinen Geist, von Anfang an auf das Positive fokussiert zu bleiben.

Dankbarkeit in Beziehungen

Dankbarkeit kann nicht nur dein eigenes emotionales Wohlbefinden steigern, sondern auch deine Beziehungen vertiefen. Wenn du deine Dankbarkeit anderen gegenüber ausdrückst, stärkst du die Verbindung und zeigst ihnen, dass sie geschätzt werden.

Wie du Dankbarkeit in deinen Beziehungen ausdrücken kannst:

- **Sag es laut:** Wenn du jemandem gegenüber Dankbarkeit empfindest, sag es direkt. Ein einfaches „Danke, dass du immer für mich da bist" oder „Ich schätze es, dass du dir Zeit für mich nimmst" kann eine enorme Wirkung haben.

- **Schreibe eine Dankesnotiz:** Eine handgeschriebene Dankeskarte oder eine kurze Nachricht kann eine tiefere Wirkung haben, als du vielleicht denkst. Schreibe eine kleine Nachricht an jemanden, der dir wichtig ist, und drücke aus, wofür du ihm dankbar bist. Dies stärkt nicht nur eure Beziehung, sondern fördert auch dein eigenes Gefühl von Dankbarkeit.

- **Schaffe Rituale der Dankbarkeit in der Familie oder Partnerschaft:** Ihr könnt gemeinsam darüber sprechen, wofür ihr am Tag dankbar seid, sei es beim Abendessen oder kurz vor dem Schlafengehen. Diese kleinen Rituale helfen dabei, Dankbarkeit als festen Bestandteil eurer Beziehung zu integrieren.

Dankbarkeit in Beziehungen zu üben, schafft eine Atmosphäre von Wertschätzung und Nähe. Es ist ein kraftvoller Weg, um tiefere Verbindungen zu den Menschen aufzubauen, die dir wichtig sind.

Achtsamkeit und Dankbarkeit kombinieren

Dankbarkeit und Achtsamkeit gehen Hand in Hand. Während Achtsamkeit dir hilft, im Moment präsent zu sein, ermöglicht Dankbarkeit dir, diesen Moment wertzuschätzen. Du kannst diese beiden Praktiken kombinieren, um die positiven Aspekte deines Alltags noch bewusster wahrzunehmen.

Wie du Dankbarkeit und Achtsamkeit kombinierst:

- Nimm dir jeden Tag ein paar Minuten Zeit, um bewusst innezuhalten und dich auf das zu konzentrieren, was du gerade erlebst. Das kann eine Tasse Tee sein, der Klang des Regens oder ein Moment der Ruhe.

- Schließe die Augen und fühle die Dankbarkeit für diesen Moment. Lass diese Emotion tief in dir wirken und nimm die kleinen Freuden des Lebens bewusst wahr.

- Diese achtsame Dankbarkeitspraxis hilft dir, auch in hektischen Zeiten Momente der Ruhe und Zufriedenheit zu finden.

Durch die Kombination von Achtsamkeit und Dankbarkeit stärkst du deine Fähigkeit, das Positive in jedem Moment wahrzunehmen und wertzuschätzen.

Dankbarkeit in den Alltag integrieren

Dankbarkeit muss keine große, einmalige Geste sein. Sie ist eine kontinuierliche Praxis, die du in kleine, alltägliche Momente integrieren kannst. Je öfter du Dankbarkeit übst, desto mehr wirst du merken, wie sich deine Wahrnehmung verändert – du beginnst, das Gute in deinem Leben bewusster wahrzunehmen und kleine Freuden mehr zu schätzen. Diese alltäglichen Übungen helfen dir, eine tiefe, nachhaltige Dankbarkeit zu entwickeln, die dein Wohlbefinden fördert und dir in schwierigen Zeiten Halt gibt.

Nun werde ich genauer darauf eingehen, wie Dankbarkeit dabei hilft, negative Emotionen zu transformieren und dir langfristig zu mehr emotionaler Ausgeglichenheit verhilft.

Wie Dankbarkeit negative Emotionen auflöst

Dankbarkeit ist mehr als nur ein Mittel, um positive Gefühle zu verstärken – sie ist auch ein kraftvolles Werkzeug, um negative Emotionen zu transformieren. Wut, Traurigkeit, Angst und Frustration sind natürliche Teile unseres emotionalen Spektrums, doch sie können uns belasten, wenn sie sich festsetzen und unser Denken und Handeln dominieren. Hier kommt Dankbarkeit ins Spiel: Sie bietet eine Möglichkeit, negative Emotionen zu entschärfen, indem sie dir hilft, den Fokus auf das Gute im Leben zu richten.

Dankbarkeit wirkt wie ein Gegengewicht zu negativen Gefühlen. Anstatt diese zu unterdrücken oder zu ignorieren, verschiebt Dankbarkeit deine Perspektive und bringt Licht in dunkle Momente. Sie ist kein „positives Denken" im Sinne von Verleugnung des Schlechten, sondern eine bewusste Praxis, die dich daran erinnert, dass in jedem Augenblick auch Positives existiert – selbst wenn es schwer zu erkennen ist.

172

Dankbarkeit und negative Emotionen: Der psychologische Zusammenhang

Negative Emotionen wie Wut, Angst und Traurigkeit haben ihre Berechtigung und Funktion. Sie warnen uns vor Gefahren, zeigen uns, dass etwas in unserem Leben nicht im Gleichgewicht ist, oder helfen uns, Verluste zu verarbeiten. Doch wenn diese Emotionen zu lange anhalten oder zu intensiv werden, können sie unser Wohlbefinden beeinträchtigen und uns emotional auslaugen. Dankbarkeit hilft, diesen Prozess zu unterbrechen und eine ausgewogenere Perspektive zu schaffen.

1. Dankbarkeit neutralisiert Neid und Eifersucht: Neid entsteht oft, wenn wir uns mit anderen vergleichen und das Gefühl haben, zu kurz zu kommen. Dankbarkeit hilft, diese Vergleiche zu entschärfen, indem du den Fokus auf das legst, was du bereits hast, anstatt auf das, was dir fehlt. Wenn du dankbar für deine eigenen Stärken und Errungenschaften bist, wird es schwieriger, dich auf das Leben anderer zu fixieren.

2. Dankbarkeit mildert Wut und Frustration: Wut und Frustration entstehen oft, wenn wir das Gefühl haben, dass uns Unrecht getan wurde oder dass etwas nicht so läuft, wie wir es erwarten. Dankbarkeit kann diese Emotionen besänftigen, indem sie uns hilft, die positiven Aspekte in einer schwierigen Situation zu sehen. Anstatt sich in der Wut zu verlieren, erinnert dich Dankbarkeit daran, dass es auch Dinge gibt, die gut laufen – selbst inmitten von Herausforderungen.

3. Dankbarkeit lindert Angst und Sorgen: Angst ist oft das Ergebnis von Sorgen über die Zukunft oder das Gefühl, dass du keine Kontrolle über bestimmte Situationen hast. Dankbarkeit bringt dich zurück in den gegenwärtigen Moment und lenkt deine Aufmerksamkeit auf das, was du bereits hast und was gut funktioniert. Diese Praxis mindert das Gefühl der Hilflosigkeit und stärkt dein Vertrauen in deine Fähigkeit, mit zukünftigen Herausforderungen umzugehen.

Der Mechanismus der Transformation: Wie Dankbarkeit negative Emotionen umwandelt

Dankbarkeit wirkt auf einer tiefen emotionalen und neurologischen Ebene. Wenn du Dankbarkeit praktizierst, veränderst du die Art und Weise, wie dein Gehirn auf negative Reize reagiert. Anstatt automatisch auf Stress oder Frustration zu reagieren, schaffst du durch Dankbarkeit einen Moment der Pause, in dem du bewusst deine Perspektive wählst. Dieser kleine, aber kraftvolle Wechsel kann den emotionalen Ton deiner Erfahrungen verändern.

1. Dankbarkeit verschiebt den Fokus: Negative Emotionen entstehen oft, wenn wir uns auf das konzentrieren, was nicht gut läuft. Dankbarkeit lenkt deine Aufmerksamkeit weg von dem, was fehlt, hin zu dem, was vorhanden ist. Dieser Perspektivwechsel ist entscheidend, um emotionale Erleichterung zu finden. Wenn du in einem Moment des Ärgers bewusst einen Schritt zurücktrittst und dich fragst: „Wofür kann ich in dieser Situation dankbar sein?", kannst du den negativen Gedankenfluss unterbrechen und eine ausgewogenere Sichtweise entwickeln.

2. Dankbarkeit aktiviert positive Emotionen: Dankbarkeit kann nicht gleichzeitig mit starken negativen Emotionen wie Wut oder Angst bestehen. Wenn du Dankbarkeit fühlst, wirst du ruhiger, ausgeglichener und optimistischer. Es ist, als ob Dankbarkeit den emotionalen Raum einnimmt, den negative Gefühle vorher besetzt haben. Indem du regelmäßig Dankbarkeit praktizierst, trainierst du dein Gehirn, schneller von negativen auf positive Emotionen umzuschalten.

3. Dankbarkeit schafft emotionalen Abstand: Oft verstärken sich negative Emotionen, weil wir uns vollständig mit ihnen identifizieren. Wir sagen Dinge wie „Ich bin wütend" oder „Ich bin ängstlich" und geben der Emotion dadurch viel Macht über unser Sein. Dankbarkeit hilft dir, dich von dieser Identifikation zu lösen. Wenn du sagst: „Ich fühle mich wütend, aber ich bin auch dankbar für ...", distanzierst du dich von der Wut und lässt sie weniger intensiv erscheinen.

Praktische Anwendung: Wie du Dankbarkeit in schwierigen Momenten nutzt

Es mag widersprüchlich erscheinen, inmitten von Wut, Angst oder Frustration nach Gründen für Dankbarkeit zu suchen. Doch gerade in diesen Momenten kann

Dankbarkeit eine transformative Kraft entfalten. Hier sind einige praktische Ansätze, wie du Dankbarkeit gezielt einsetzen kannst, um negative Emotionen zu lindern:

1. Die „Pause und Dankbarkeit"-Technik: Wenn du merkst, dass negative Emotionen aufsteigen, halte kurz inne. Atme tief ein und aus, und frage dich dann: „Wofür kann ich in diesem Moment dankbar sein?" Es kann etwas Kleines sein, wie die Unterstützung eines Freundes oder ein positiver Aspekt in der aktuellen Situation. Diese Technik hilft dir, einen Moment der Reflexion zu schaffen, bevor du von negativen Emotionen überwältigt wirst.

2. Dankbarkeit als Reframing-Tool: Reframing bedeutet, eine Situation aus einer anderen Perspektive zu betrachten. Wenn du dich in einer schwierigen Situation befindest, versuche bewusst, eine neue Sichtweise zu entwickeln, die Dankbarkeit beinhaltet. Anstatt dich auf den Stress oder die Herausforderung zu fokussieren, frage dich: „Was kann ich aus dieser Situation lernen? Welche positiven Aspekte gibt es hier?" Dankbarkeit hilft dir, die Kontrolle über die Art und Weise zurückzugewinnen, wie du auf Schwierigkeiten reagierst.

3. Dankbarkeit als Abendritual: Bevor du schlafen gehst, nimm dir ein paar Minuten Zeit, um den Tag Revue passieren zu lassen und mindestens eine Sache zu finden, für die du dankbar bist – auch (oder gerade) an Tagen, die schwierig waren. Diese Praxis beruhigt den Geist und lenkt deinen Fokus weg von negativen Gedanken hin zu positiven Emotionen. Auf diese Weise beendest du deinen Tag mit einem Gefühl der Zufriedenheit, anstatt in negativen Gefühlen zu verweilen.

Dankbarkeit und emotionale Balance

Dankbarkeit ist ein kraftvolles Werkzeug, das dir hilft, negative Emotionen zu transformieren, ohne sie zu unterdrücken. Es geht nicht darum, die Realität zu verleugnen oder Schmerz zu vermeiden, sondern darum, den emotionalen Raum zu erweitern, sodass neben den negativen Gefühlen auch Platz für Positives ist. Diese Balance fördert nicht nur deine emotionale Gesundheit, sondern stärkt auch deine Resilienz – die Fähigkeit, inmitten von Herausforderungen emotional stabil zu bleiben.

Indem du Dankbarkeit regelmäßig praktizierst, trainierst du dein Gehirn und dein Herz, sich schneller von negativen Gefühlen zu erholen und wieder ins

Gleichgewicht zu finden. Dankbarkeit ist wie ein Anker, der dir hilft, auch in stürmischen Zeiten festen Boden unter den Füßen zu behalten.

KAPITEL 14: SELBSTVERWIRKLICHUNG UND DAS FINDEN DES LEBENSSINNS

Die Bedeutung von Sinnhaftigkeit im Leben

Sinnhaftigkeit ist ein kraftvoller Antrieb in unserem Leben – sie gibt uns das Gefühl, dass unsere Existenz eine Bedeutung hat, dass wir zu etwas Größerem beitragen, und sie verleiht uns Orientierung in schwierigen Zeiten. Doch was genau bedeutet es, Sinn im Leben zu finden, und warum ist er so zentral für unser emotionales Wohlbefinden?

Sinnhaftigkeit ist nicht etwas, das wir einfach durch äußere Erfolge oder materielle Errungenschaften erreichen können. Es ist vielmehr eine tiefe, innere Erfahrung, die uns mit unserem authentischen Selbst und unseren Werten verbindet. Sie ist die Motivation, die uns antreibt, morgens aufzustehen und uns den Herausforderungen des Lebens zu stellen – nicht nur für uns selbst, sondern auch für die Welt um uns herum. Ohne Sinnhaftigkeit fühlen wir uns oft verloren, ziellos oder emotional erschöpft. Das Streben nach einem sinnhaften Leben ist daher ein wesentlicher Aspekt unserer emotionalen Gesundheit und unseres Wohlbefindens.

Was bedeutet Sinnhaftigkeit?

Sinnhaftigkeit ist zutiefst persönlich und kann für jeden Menschen etwas anderes bedeuten. Für einige ist es die Erfüllung in der Arbeit, für andere sind es bedeutungsvolle Beziehungen, spirituelles Wachstum oder der Beitrag zur Gemeinschaft. Was jedoch alle Formen von Sinnhaftigkeit verbindet, ist das Gefühl, dass das, was wir tun, über uns selbst hinausgeht – dass wir Teil von etwas Größerem sind und einen positiven Unterschied machen.

Die drei zentralen Elemente der Sinnhaftigkeit:

- **Zugehörigkeit zu etwas Größerem:** Menschen, die ein starkes Gefühl von Sinnhaftigkeit empfinden, haben oft das Gefühl, Teil eines größeren Ganzen zu sein – sei es durch Beziehungen, eine Gemeinschaft oder eine höhere spirituelle Verbindung. Sie sehen sich selbst als verbunden mit der Welt und erkennen ihren Platz und ihre Verantwortung innerhalb dieser größeren Struktur.

- **Kohärenz und Klarheit:** Sinnhaftigkeit gibt uns eine klare Richtung im Leben. Sie hilft uns, schwierige Zeiten zu überstehen, weil wir ein Ziel vor Augen haben, das uns antreibt. Selbst inmitten von Widrigkeiten können wir auf diesen inneren Kompass zurückgreifen, der uns durch Unsicherheiten führt.

- **Selbsttranszendenz:** Sinn ist nicht nur etwas, das uns selbst betrifft. Er geht über unsere eigenen Bedürfnisse hinaus und gibt uns das Gefühl, einen Beitrag zu leisten. Dies kann durch unsere Arbeit, die Fürsorge für andere oder unser Engagement in der Gesellschaft geschehen. Menschen, die Sinn im Leben finden, sind oft in der Lage, ihre eigenen Sorgen zu relativieren, weil sie erkennen, dass ihr Leben mit dem Leben anderer verflochten ist.

Warum Sinnhaftigkeit für unser emotionales Wohlbefinden enorm wichtig ist

Die Suche nach Sinnhaftigkeit ist ein Grundbedürfnis des Menschen. Sie gibt uns das Gefühl, dass unser Leben wertvoll ist und dass das, was wir tun, einen echten Unterschied macht. Ohne dieses Gefühl von Sinn können wir uns schnell verloren oder leer fühlen. Viele Menschen, die unter emotionaler Erschöpfung oder Depression leiden, beschreiben oft, dass sie den „Sinn des Lebens" verloren haben. Dies zeigt, wie tiefgreifend die Verbindung zwischen Sinnhaftigkeit und emotionaler Gesundheit ist.

Wie Sinnhaftigkeit unser Wohlbefinden stärkt:

- **Sie fördert emotionale Resilienz:** Menschen, die ihr Leben als sinnhaft empfinden, sind oft widerstandsfähiger gegenüber Stress und Rückschlägen. Sie haben ein tieferes Verständnis für den Zweck ihrer Erfahrungen und können schwierige Zeiten als Teil einer größeren, bedeutungsvollen Reise betrachten. Dies gibt ihnen die Kraft, auch in Krisen einen klaren Kopf zu bewahren und Lösungen zu finden.

- **Sie schafft inneren Frieden:** Wenn du weißt, dass du auf einem Weg bist, der mit deinen Werten und Überzeugungen übereinstimmt, fühlst du dich innerlich ausgeglichen und zentriert. Sinnhaftigkeit ist wie ein innerer Anker, der dich in stürmischen Zeiten stabil hält. Sie gibt dir die Sicherheit, dass du auf dem richtigen Weg bist, selbst wenn dieser nicht immer einfach ist.

- **Sie mindert negative Emotionen:** Sinnhaftigkeit hilft uns, negative Emotionen wie Angst, Unsicherheit oder Frustration zu relativieren. Wenn du dein Leben als bedeutungsvoll empfindest, wirst du weniger von diesen Gefühlen überwältigt, weil du dich auf das konzentrieren kannst, was wirklich zählt. Dies gibt dir eine klare Richtung und lenkt deine Aufmerksamkeit von kurzfristigen Problemen auf langfristige Ziele.

Was passiert, wenn Sinnhaftigkeit fehlt?

Das Fehlen von Sinn im Leben kann zu einem tiefen Gefühl der Leere führen. Menschen, die das Gefühl haben, dass ihr Leben keinen Sinn hat, erleben oft emotionale Erschöpfung, Hoffnungslosigkeit oder das Gefühl, „festzustecken". Sie fühlen sich oft, als ob sie lediglich durch den Alltag treiben, ohne klare Richtung oder Motivation. Dieses Gefühl der Sinnlosigkeit kann zu chronischem Stress, Angst und sogar Depression führen.

Anzeichen dafür, dass du Sinnhaftigkeit vermisst:

- **Gefühl der Ziellosigkeit:** Du fühlst dich, als würdest du ohne klaren Kurs durch das Leben navigieren. Es gibt keine Ziele, die dich wirklich begeistern, und nichts, das dir das Gefühl gibt, dass du auf dem richtigen Weg bist.

- **Innere Leere:** Selbst wenn äußere Umstände – wie ein stabiler Job oder gute Beziehungen – in deinem Leben vorhanden sind, spürst du dennoch eine innere Leere oder das Gefühl, dass „etwas fehlt".

- **Mangelnde Motivation:** Du hast Schwierigkeiten, morgens aufzustehen oder dich für deine Aufgaben zu begeistern. Selbst alltägliche Aufgaben erscheinen dir bedeutungslos oder langweilig.

Sinnhaftigkeit finden: Eine Reise zu deinem authentischen Selbst

Sinn im Leben zu finden, ist keine Aufgabe, die du einmal erfüllst und dann abhaken kannst. Es ist vielmehr eine kontinuierliche Reise, bei der du immer wieder zu deinem wahren Selbst zurückkehrst und überprüfst, ob das, was du tust, im Einklang mit deinen tiefsten Werten und Überzeugungen steht. Es erfordert Selbstreflexion, Geduld und den Mut, dich deinen wahren Wünschen zu stellen.

In den nächsten Kapiteln werden wir uns genauer damit beschäftigen, wie du persönliche Ziele und Werte klären kannst, um deinen Sinn im Leben zu finden. Denn das Streben nach Selbstverwirklichung beginnt damit, dass du erkennst, was dir wirklich wichtig ist und wie du dein Leben in Übereinstimmung mit deinen tiefsten Überzeugungen gestaltest.

Wege, um persönliche Ziele und Werte zu klären

Sinn im Leben zu finden beginnt mit der Klarheit über deine persönlichen Ziele und Werte. Doch oft fühlen wir uns von den Erwartungen anderer oder den Anforderungen des Alltags überwältigt, sodass es schwierig ist, zu erkennen, was wirklich wichtig für uns ist. Ziele und Werte geben uns jedoch die Richtung vor, sie sind der Kompass, der uns hilft, auf unserem Lebensweg zu navigieren.

Wenn du deine Ziele und Werte nicht klar definiert hast, kann es passieren, dass du dich auf Pfaden wiederfindest, die sich nicht authentisch anfühlen oder dich emotional auslaugen. Indem du dir Zeit nimmst, um diese Aspekte deines Lebens bewusst zu reflektieren, gewinnst du nicht nur Klarheit über deine Prioritäten, sondern schaffst auch eine solide Grundlage, auf der du ein sinnhaftes und erfülltes Leben aufbauen kannst.

Warum es wichtig ist, persönliche Ziele und Werte zu kennen

Unsere Werte sind die Grundüberzeugungen, die uns leiten – sie spiegeln wider, was uns im tiefsten Inneren wirklich wichtig ist. Ziele hingegen sind die konkreten Schritte, die wir unternehmen, um diese Werte im Alltag zu leben. Wenn deine Ziele im Einklang mit deinen Werten stehen, fühlt sich dein Leben stimmig an, und du hast ein Gefühl von Sinn und Erfüllung. Wenn jedoch ein Missverhältnis zwischen deinen Zielen und Werten besteht, kannst du dich erschöpft, orientierungslos oder innerlich zerrissen fühlen.

Der Zusammenhang zwischen Werten und Zielen:

- **Werte als Fundament:** Deine Werte sind wie das Fundament deines Lebenshauses. Sie geben dir Stabilität und Klarheit, wenn du Entscheidungen triffst oder in schwierigen Situationen standhaft bleiben musst. Sie repräsentieren das, was dir im Leben am meisten bedeutet, und lenken deine Aufmerksamkeit darauf, was wirklich zählt – sei es Integrität, Ehrlichkeit, Kreativität oder Liebe.

- **Ziele als Umsetzung der Werte:** Während Werte eher abstrakt sind, sind Ziele konkrete Handlungen, die auf deinen Werten basieren. Wenn du beispielsweise den Wert „Gesundheit" hast, könnte ein Ziel sein, regelmäßig Sport zu treiben oder dich gesünder zu ernähren. Ziele sind also die praktische Umsetzung deiner Werte im Alltag.

Die Klärung deiner persönlichen Ziele und Werte hilft dir, Entscheidungen bewusster zu treffen und dein Leben so zu gestalten, dass es mit deinen tiefsten Überzeugungen übereinstimmt.

Schritte zur Klärung deiner Werte

Bevor du deine Ziele definierst, ist es wichtig, dir deiner Werte bewusst zu werden. Werte sind manchmal nicht sofort offensichtlich, besonders wenn du dich in einer Phase der Orientierungslosigkeit befindest oder dich stark von äußeren Einflüssen leiten lässt. Doch es gibt Wege, wie du tiefer in dich hineinhören kannst, um zu erkennen, was dir wirklich wichtig ist.

1. Selbstreflexion: Eine der wirkungsvollsten Methoden, um deine Werte zu klären, ist die Selbstreflexion. Frage dich: „Was ist mir im Leben wirklich wichtig?" Dies ist keine Frage, die du oberflächlich beantworten solltest. Es erfordert Zeit und ehrliche Auseinandersetzung mit dir selbst. Setze dich an einen ruhigen Ort und schreibe auf, welche Werte in deinem Leben immer wieder auftauchen. Es könnte hilfreich sein, über bestimmte Lebenssituationen nachzudenken, in denen du stolz auf deine Entscheidungen warst – was hat diese Entscheidungen geleitet?

Fragen zur Reflexion:

- Welche Menschen bewundere ich, und warum?

- Wann habe ich mich im Leben besonders erfüllt gefühlt?

- Welche Qualitäten schätze ich in anderen Menschen am meisten?

- Wann habe ich Entscheidungen getroffen, die sich nicht richtig angefühlt haben, und warum?

2. Wertepriorisierung: Nachdem du eine Liste deiner Werte erstellt hast, kommt der nächste Schritt: die Priorisierung. Es ist leicht, eine lange Liste von Werten zu erstellen, aber was sind die drei oder vier, die wirklich im Zentrum deines Lebens stehen? Wenn du dich auf diese wenigen Schlüsselwerte konzentrierst, wird es dir leichter fallen, Entscheidungen zu treffen, die mit ihnen im Einklang stehen.

3. Vergleiche deine Werte mit deinem aktuellen Leben: Schaue dir deine gegenwärtige Lebenssituation an und frage dich: „Lebe ich im Einklang mit meinen Werten?" Wenn es eine Lücke zwischen deinen Werten und deinem Leben gibt, kannst du herausfinden, welche Veränderungen notwendig sind, um diese Diskrepanz zu verringern. Diese Erkenntnis ist oft der erste Schritt, um ein authentischeres und sinnhaftes Leben zu führen.

Schritte zur Klärung deiner Ziele

Nachdem du deine Werte geklärt hast, kannst du nun konkrete Ziele setzen, die auf diesen Werten basieren. Ziele geben dir eine Richtung und helfen dir, das Leben aktiv zu gestalten, anstatt nur zu reagieren. Doch nicht alle Ziele sind gleich – es ist wichtig, dass sie realistisch und im Einklang mit deinen Werten stehen.

1. Setze dir SMART-Ziele: Ein bewährter Ansatz zur Zielsetzung ist die SMART-Methode. Dies bedeutet, dass deine Ziele:

- **Spezifisch**: Klar und präzise definiert sind.
- **Messbar**: Du solltest erkennen können, wann du dein Ziel erreicht hast.
- **Attraktiv**: Dein Ziel sollte etwas sein, das dich motiviert und inspiriert.
- **Realistisch**: Setze Ziele, die herausfordernd, aber erreichbar sind.
- **Terminiert**: Gib dir selbst einen Zeitrahmen, in dem du das Ziel erreichen möchtest.

Zum Beispiel, anstatt zu sagen „Ich will gesünder leben", könntest du dir das Ziel setzen: „Ich werde ab dem nächsten Monat dreimal pro Woche eine halbe Stunde joggen." Dieses Ziel ist konkret, messbar und in einem realistischen Zeitrahmen angesiedelt.

2. Ziele im Einklang mit deinen Werten: Die besten Ziele sind diejenigen, die deine Werte widerspiegeln. Wenn du den Wert „Verbindung zu anderen" hoch einschätzt, könntest du dir zum Ziel setzen, regelmäßiger Zeit mit Freunden und Familie zu verbringen. Wenn „Kreativität" einer deiner zentralen Werte ist, könnte ein Ziel sein, ein künstlerisches Projekt zu beginnen oder einen Kurs zu besuchen, der deine kreativen Fähigkeiten fördert.

3. Ziele überprüfen und anpassen: Das Leben ändert sich, und manchmal tun es auch unsere Prioritäten. Es ist wichtig, deine Ziele regelmäßig zu überprüfen und anzupassen, wenn du feststellst, dass sie nicht mehr mit deinen Werten übereinstimmen. Dies bedeutet nicht, dass du gescheitert bist, sondern dass du flexibel genug bist, um dein Leben bewusst zu steuern.

Verbindung zwischen Zielen, Werten und Selbstverwirklichung

Die Klarheit über deine Ziele und Werte ist der erste Schritt auf dem Weg zur Selbstverwirklichung. Wenn deine Ziele im Einklang mit deinen Werten stehen, erlebst du dein Leben als sinnvoll und stimmig. Du fühlst dich motiviert, auch durch schwierige Zeiten hindurchzuhalten, weil du weißt, dass du auf einem Weg bist, der zu dir passt.

Die Verbindung von Selbstverwirklichung und emotionalem Wohlbefinden

Selbstverwirklichung ist das Streben danach, das eigene Potenzial zu entfalten und ein Leben zu führen, das tief im Einklang mit deinen Werten und Zielen steht. Es ist der Prozess, in dem du entdeckst, wer du wirklich bist, und die Freiheit erlangst, deine wahren Wünsche und Talente in die Welt zu bringen. Doch Selbstverwirklichung ist mehr als nur persönliche Erfüllung – sie ist eng mit deinem emotionalen Wohlbefinden verknüpft.

Wenn du ein Leben führst, das deinen wahren Werten entspricht und deine persönlichen Ziele reflektiert, erfährst du ein tiefes Gefühl von Zufriedenheit und Ausgeglichenheit. Selbstverwirklichung bedeutet, authentisch zu sein, dich selbst anzunehmen und deine Einzigartigkeit zu leben. Dieses Gefühl der Authentizität und des Sinns trägt entscheidend zu deiner emotionalen Gesundheit bei. Es reduziert Stress, Angst und Unsicherheit und fördert stattdessen Freude, innere Ruhe und Resilienz.

Was bedeutet Selbstverwirklichung?

Selbstverwirklichung ist ein kontinuierlicher Prozess, bei dem du deine Fähigkeiten, Leidenschaften und inneren Überzeugungen entfaltest. Sie ist nicht ein Zustand, den du eines Tages einfach erreichst, sondern eine lebenslange Reise, auf der du dein volles Potenzial entfalten und ein Leben führen kannst, das dir tiefen Sinn und Zufriedenheit bringt. Es geht darum, die beste Version deiner selbst zu sein – nicht im Vergleich zu anderen, sondern in Übereinstimmung mit deiner eigenen Essenz.

Wichtige Elemente der Selbstverwirklichung:

- **Authentizität:** Du bist in der Lage, dein wahres Selbst auszudrücken, ohne Angst vor Ablehnung oder Urteil. Du versteckst dich nicht hinter Masken, sondern stehst zu dem, wer du bist und was du glaubst.

- **Selbstakzeptanz:** Selbstverwirklichung beinhaltet, dass du dich mit all deinen Stärken und Schwächen akzeptierst. Du erkennst, dass du nicht perfekt sein musst, um wertvoll zu sein. Diese Akzeptanz ermöglicht es dir, dich weniger von negativen Gedanken oder Ängsten leiten zu lassen.

- **Sinn und Zielorientierung:** Menschen, die sich selbst verwirklichen, haben ein klares Gefühl von Sinn und Richtung. Ihre Ziele und Werte stehen im Einklang, was ihnen hilft, motiviert zu bleiben, auch wenn sie auf Hindernisse stoßen.

Die Rolle von Selbstverwirklichung für das emotionale Wohlbefinden

Selbstverwirklichung ist nicht nur ein individuelles Streben nach persönlicher Erfüllung – sie wirkt sich tiefgreifend auf dein emotionales Wohlbefinden aus. Wenn du dich auf dem Weg der Selbstverwirklichung befindest, erlebst du mehr emotionale

Stabilität und innere Balance. Du fühlst dich in deiner Haut wohl und kannst auch mit Herausforderungen besser umgehen, weil du weißt, dass du deinem eigenen Pfad folgst.

1. Selbstverwirklichung stärkt das Selbstwertgefühl: Wenn du im Einklang mit deinen Werten und Zielen lebst, entwickelst du ein starkes Gefühl von Selbstwert. Du erkennst, dass du auf deinem eigenen Weg vorankommst, was dir das Vertrauen gibt, auch mit Unsicherheiten und Zweifeln umzugehen. Du bist weniger darauf angewiesen, Bestätigung von außen zu suchen, weil du aus dir selbst heraus ein Gefühl von Wert und Bedeutung entwickelst.

2. Selbstverwirklichung mindert Angst und Stress: Viele Menschen erleben Stress und Angst, wenn sie das Gefühl haben, dass sie nicht authentisch leben oder ihren wahren Zielen nicht nachgehen. Sie fühlen sich gefangen in einem Leben, das nicht ihren eigenen Vorstellungen entspricht. Wenn du jedoch beginnst, dein wahres Potenzial zu entfalten und Entscheidungen zu treffen, die mit deinen Werten übereinstimmen, spürst du mehr Ruhe und innere Stabilität. Du kannst Stress leichter bewältigen, weil du ein tieferes Vertrauen in deine eigenen Fähigkeiten und in deinen Lebensweg entwickelst.

3. Selbstverwirklichung fördert emotionale Resilienz: Der Prozess der Selbstverwirklichung stärkt deine emotionale Widerstandskraft. Menschen, die sich selbst verwirklichen, haben eine tiefe Verbindung zu ihren inneren Ressourcen und können daher auch in Krisen gelassener bleiben. Sie wissen, dass sie in der Lage sind, ihre Herausforderungen zu meistern, weil sie sich selbst vertrauen und ihre Ziele klar vor Augen haben.

Selbstverwirklichung und positive Emotionen

Selbstverwirklichung ist eng mit positiven Emotionen wie Freude, Zufriedenheit und Erfüllung verbunden. Wenn du dein Leben in Übereinstimmung mit deinen Werten lebst und deine Ziele verfolgst, erlebst du eine tiefere Form von Glück, die nicht nur von äußeren Erfolgen abhängt. Diese innere Freude ist nachhaltig und verleiht deinem Leben Tiefe.

1. Die Freude, authentisch zu sein: Wenn du dein wahres Selbst lebst, erfährst du eine besondere Form von Freude, die nichts mit äußerem Erfolg oder Bestätigung zu tun hat. Es ist die Freude, sich selbst zu sein, ohne sich verstellen zu müssen. Diese Authentizität ist eine Quelle tiefer Zufriedenheit und trägt maßgeblich zu deinem emotionalen Wohlbefinden bei.

2. Sinnhafte Ziele als Quelle von Glück: Selbstverwirklichung bedeutet auch, Ziele zu verfolgen, die für dich eine tiefe Bedeutung haben. Das Erreichen dieser Ziele – und oft schon der Weg dorthin – löst positive Emotionen wie Stolz, Freude und Erfüllung aus. Diese Form des Glücks ist nicht flüchtig, sondern dauerhaft, weil sie auf deinen inneren Werten basiert.

Hindernisse auf dem Weg zur Selbstverwirklichung

Die Reise zur Selbstverwirklichung ist nicht immer einfach. Oft stehen innere oder äußere Hindernisse im Weg, die uns daran hindern, unser volles Potenzial zu entfalten. Doch diese Hindernisse sind auch Gelegenheiten zum Wachstum – sie zeigen dir, wo du noch an dir arbeiten kannst und welche Ängste oder Überzeugungen dich möglicherweise blockieren.

1. Selbstzweifel und Perfektionismus: Viele Menschen scheuen sich davor, den Weg der Selbstverwirklichung zu gehen, weil sie Angst haben, nicht gut genug zu sein oder zu scheitern. Selbstzweifel und Perfektionismus sind häufige Hindernisse, die dich davon abhalten, Risiken einzugehen oder dich auf neue Erfahrungen einzulassen. Doch gerade diese Ängste zeigen dir, wo du lernen kannst, loszulassen und dich selbst zu akzeptieren.

2. Äußere Erwartungen: Gesellschaftliche Normen, familiäre Erwartungen oder berufliche Verpflichtungen können dazu führen, dass du dich von deinem wahren Weg entfernst. Wenn du dich zu sehr darauf konzentrierst, den Erwartungen anderer gerecht zu werden, verlierst du leicht den Kontakt zu deinen eigenen Wünschen und Bedürfnissen. Ein wichtiger Schritt auf dem Weg zur Selbstverwirklichung ist es, diese äußeren Einflüsse zu hinterfragen und dich auf das zu konzentrieren, was dir wirklich wichtig ist.

Selbstverwirklichung ist nicht nur ein Ziel, das du anstreben solltest – es ist ein Prozess, der dein emotionales Wohlbefinden von Grund auf verändert. Wenn du dir die Freiheit gibst, dein wahres Selbst zu leben, entdeckst du eine tiefe innere Zufriedenheit und Balance, die dir hilft, Herausforderungen mit mehr Gelassenheit zu begegnen. Du lernst, dich selbst zu akzeptieren und dein Potenzial zu entfalten, ohne dich von äußeren Erwartungen oder inneren Zweifeln bremsen zu lassen.

KAPITEL 15: VERHALTENSMUSTER ERKENNEN UND VERÄNDERN

Destruktive Verhaltensweisen, die die emotionale Gesundheit beeinträchtigen

Unsere Verhaltensmuster haben eine tiefgreifende Wirkung auf unsere emotionale Gesundheit. Viele von uns haben Verhaltensweisen entwickelt, die auf den ersten Blick harmlos erscheinen, uns aber langfristig schaden können. Diese destruktiven Muster schleichen sich oft unbewusst in unseren Alltag ein und wirken sich negativ auf unser Wohlbefinden, unsere Beziehungen und unser Selbstwertgefühl aus. Das Erkennen dieser Verhaltensweisen ist der erste Schritt, um sie zu verändern und einen positiven, heilsamen Lebensstil zu kultivieren.

Destruktive Verhaltensweisen können verschiedene Formen annehmen – von Selbstsabotage und Prokrastination bis hin zu negativen Denkmustern, die uns immer wieder in denselben Kreislauf aus Angst, Stress oder Enttäuschung führen. Auch wenn diese Verhaltensmuster oft tief in uns verankert sind, gibt es Wege, sie zu erkennen, zu verstehen und bewusst zu verändern.

Warum destruktive Verhaltensmuster so tief verwurzelt sind

Bevor wir uns ansehen, welche Verhaltensweisen unsere emotionale Gesundheit beeinträchtigen, ist es wichtig zu verstehen, warum sie sich überhaupt entwickeln. Oft sind destruktive Muster eine Form der Bewältigung oder des Schutzes – sie helfen uns kurzfristig, mit emotionalem Schmerz, Angst oder Unsicherheit umzugehen. Doch langfristig führen sie zu mehr Stress und Unzufriedenheit, weil sie uns daran hindern, unser volles Potenzial zu entfalten.

Ursachen destruktiver Verhaltensmuster:

- **Alte Glaubenssätze:** Viele unserer negativen Verhaltensmuster entstehen aus tief verwurzelten Überzeugungen, die wir über uns selbst oder die Welt haben. Zum Beispiel könnte der Glaubenssatz „Ich bin nicht gut genug" dazu führen, dass du dich selbst sabotierst, indem du Gelegenheiten vermeidest, in denen du versagen könntest.

- **Unbewusste Gewohnheiten:** Viele destruktive Verhaltensweisen sind einfach zur Routine geworden. Du erkennst vielleicht gar nicht, dass du dich immer wieder in denselben negativen Kreislauf begibst, weil du dich an bestimmte Reaktionen gewöhnt hast.

- **Angst und Unsicherheit:** Destruktive Verhaltensmuster können auch aus der Angst vor Veränderung oder dem Unbekannten entstehen. Du hältst an gewohnten, aber schädlichen Mustern fest, weil sie dir Sicherheit geben – selbst wenn sie dir auf lange Sicht schaden.

Häufige destruktive Verhaltensweisen, die die emotionale Gesundheit beeinträchtigen

Es gibt eine Vielzahl von Verhaltensmustern, die uns emotional belasten können, ohne dass wir uns dessen bewusst sind. Diese Verhaltensweisen sabotieren oft unser Wohlbefinden und halten uns in einem Kreislauf von Unzufriedenheit oder Selbstzweifeln fest.

1. Selbstsabotage Selbstsabotage ist eines der häufigsten destruktiven Verhaltensmuster. Es manifestiert sich in Handlungen, die uns daran hindern, unsere Ziele zu erreichen oder unser volles Potenzial auszuschöpfen. Dies kann durch Prokrastination, Aufschieben wichtiger Aufgaben oder das Untergraben eigener Erfolge geschehen. Oft resultiert Selbstsabotage aus einem tiefen Gefühl der Unsicherheit oder dem Glauben, nicht gut genug zu sein. Statt Erfolg zuzulassen, sabotierst du dich selbst, um dein inneres Narrativ zu bestätigen.

2. Perfektionismus Perfektionismus ist eine destruktive Verhaltensweise, die dich in einem ständigen Kreislauf aus Selbstkritik und Unzufriedenheit gefangen hält. Perfektionisten setzen sich unrealistisch hohe Erwartungen und sind selten zufrieden mit ihren Leistungen. Dieses Verhalten kann zu emotionaler Erschöpfung, Angst und einem ständigen Gefühl der Unzulänglichkeit führen. Statt auf Fortschritt oder Wachstum zu achten, konzentrierst du dich nur auf die Fehler und Mängel, was dein Selbstwertgefühl schwächt.

3. Negative Selbstgespräche Die Art und Weise, wie du mit dir selbst sprichst, hat einen enormen Einfluss auf deine emotionale Gesundheit. Negative Selbstgespräche – also die ständige Kritik an dir selbst oder das Wiederholen von Gedanken wie „Ich bin nicht gut genug" oder „Ich werde das nie schaffen" – untergraben dein Selbstbewusstsein und verstärken Angst und Stress. Diese destruktiven Gedankenmuster verhindern oft, dass du positive Veränderungen in deinem Leben annehmen kannst.

4. Vermeidung von Gefühlen Viele Menschen neigen dazu, unangenehme Emotionen wie Traurigkeit, Wut oder Angst zu vermeiden, anstatt sich ihnen zu stellen. Das kann sich in Verhaltensweisen wie übermäßigem Konsum von Fernsehen, Social Media, Alkohol oder Essen zeigen. Diese Vermeidungsmuster scheinen kurzfristig Erleichterung zu bringen, führen aber langfristig dazu, dass wir unsere Emotionen nicht richtig verarbeiten und uns emotional leer oder abgestumpft fühlen.

5. Prokrastination Das ständige Aufschieben von Aufgaben ist ein weiteres verbreitetes destruktives Verhalten. Prokrastination führt oft zu Stress, Angst und einem Gefühl der Überforderung, weil wichtige Aufgaben sich anhäufen und der Druck zunimmt. Sie entsteht häufig aus Angst vor Versagen oder Perfektionismus, wobei das ständige Aufschieben letztlich mehr Schaden anrichtet, als die Aufgabe einfach zu erledigen.

6. Ungesunde Beziehungsmuster Unsere Beziehungen sind ein zentraler Bestandteil unseres emotionalen Wohlbefindens. Wenn du dich jedoch immer wieder in ungesunden Beziehungsmustern wiederfindest – sei es durch Abhängigkeit, toxische Dynamiken oder das Nichtsetzen von Grenzen –, kann dies dein emotionales Gleichgewicht stark beeinträchtigen. Ungesunde Beziehungen führen oft zu einem Gefühl von Erschöpfung, Enttäuschung und innerer Leere.

Die Auswirkungen destruktiver Verhaltensmuster auf das emotionale Wohlbefinden

Destruktive Verhaltensmuster mögen im Moment wie eine Bewältigungsstrategie erscheinen, doch langfristig führen sie zu emotionalem Stress, innerer Unruhe und einem Gefühl der Unzufriedenheit. Sie verhindern, dass du deine Ziele erreichst und dein Leben im Einklang mit deinen Werten lebst.

1. Chronischer Stress und Erschöpfung Wenn du dich immer wieder selbst sabotierst, ständig versuchst, perfekt zu sein, oder negative Selbstgespräche führst, baust du emotionalen Stress auf, der langfristig zu Erschöpfung führen kann. Diese Verhaltensweisen halten dich in einem Zustand ständiger Anspannung, was sich negativ auf deine körperliche und geistige Gesundheit auswirkt.

2. Geringes Selbstwertgefühl Destruktive Verhaltensmuster greifen oft direkt dein Selbstwertgefühl an. Durch Selbstsabotage, Perfektionismus und negative Selbstgespräche wird dein Glaube an dich selbst untergraben, was zu Unsicherheit und einem Gefühl der Wertlosigkeit führt. Ein geringes Selbstwertgefühl hindert dich daran, die Kontrolle über dein Leben zu übernehmen und positive Veränderungen vorzunehmen.

3. Emotionale Abhängigkeit Wenn du dich in ungesunden Beziehungsmustern verstrickst oder deine Gefühle durch Vermeidung betäubst, verlierst du die Fähigkeit, auf eine gesunde Weise mit Emotionen umzugehen. Dies kann zu emotionaler Abhängigkeit von anderen oder von bestimmten Bewältigungsmechanismen führen, was dein emotionales Wohlbefinden weiter beeinträchtigt.

Der erste Schritt: Bewusstsein schaffen

Der erste und wichtigste Schritt, um destruktive Verhaltensmuster zu ändern, ist das Bewusstsein. Du kannst Verhaltensweisen nur verändern, wenn du erkennst, dass sie existieren. Es geht darum, dir ehrlich einzugestehen, welche Verhaltensmuster in deinem Leben negative Auswirkungen haben und wie sie dich von einem erfüllten, gesunden Leben abhalten.

Methoden zur Erkennung und Veränderung negativer Muster

Negative Verhaltensmuster haben oft tiefe Wurzeln in unserem Leben – sie entstehen durch jahrelange Gewohnheiten, Glaubenssätze und emotionale Reaktionen, die unbewusst ablaufen. Doch der Schlüssel zu einem gesünderen, erfüllteren Leben liegt darin, diese Muster zu erkennen und aktiv zu verändern. Es erfordert Mut, Bewusstsein und Geduld, um diese negativen Verhaltensweisen zu durchbrechen, doch es ist absolut möglich. Der Prozess beginnt mit der bewussten Selbstreflexion und dem Einsatz konkreter Methoden, die dir helfen, alte Muster zu durchbrechen und neue, gesunde Verhaltensweisen zu etablieren.

In diesem Kapitel werden wir uns anschauen, wie du negative Verhaltensmuster in deinem Leben identifizieren kannst und welche Strategien dir dabei helfen, sie Schritt für Schritt zu verändern. Die Veränderung dieser Muster wird nicht über Nacht geschehen, aber mit kontinuierlicher Arbeit kannst du die Kontrolle über dein Leben zurückgewinnen und deine emotionale Gesundheit stärken.

Bewusstheit durch Selbstreflexion entwickeln

Der erste Schritt zur Veränderung negativer Muster ist das Erkennen. Viele destruktive Verhaltensweisen laufen so automatisiert ab, dass wir uns ihrer oft nicht bewusst sind. Diese Muster haben sich über Jahre hinweg eingeschlichen, und sie zu erkennen, erfordert eine bewusste Auseinandersetzung mit dir selbst. Ein wertvolles Werkzeug hierfür ist die Selbstreflexion.

Fragen zur Selbstreflexion, um negative Muster zu erkennen:

- Welche wiederkehrenden Situationen oder Verhaltensweisen in meinem Leben führen zu Stress, Enttäuschung oder Frustration?

- Wann erlebe ich immer wieder dieselben negativen Emotionen, und welche Verhaltensmuster stehen damit in Zusammenhang?

- Welche Entscheidungen oder Handlungen wiederhole ich immer wieder, obwohl ich weiß, dass sie mir nicht guttun?

Schreibe deine Erkenntnisse auf: Indem du deine Gedanken und Verhaltensmuster schriftlich festhältst, schaffst du Klarheit und kannst leichter Muster erkennen, die dir sonst vielleicht entgangen wären. Ein Tagebuch oder eine Liste, in der du deine wiederkehrenden Verhaltensweisen und ihre Auswirkungen festhältst, kann ein hilfreicher erster Schritt sein.

Emotionale Auslöser identifizieren

Viele negative Verhaltensmuster werden durch emotionale Auslöser aktiviert – spezifische Gefühle, Situationen oder Gedanken, die alte Muster und Reaktionen in Gang setzen. Wenn du deine emotionalen Auslöser erkennst, gewinnst du Kontrolle über deine Reaktionen und kannst bewusstere Entscheidungen treffen, anstatt automatisch in alte Muster zu verfallen.

So kannst du deine emotionalen Auslöser identifizieren:

- Beobachte dich selbst in stressigen oder emotional aufgeladenen Momenten: Welche Gefühle tauchen auf, und wie reagierst du darauf? Notiere dir diese Auslöser und deine gewohnheitsmäßigen Reaktionen darauf.

- Frage dich: „Wann fühle ich mich am meisten ausgeliefert oder kontrolliert von meinen Emotionen?" Oft sind dies die Momente, in denen destruktive Verhaltensmuster aktiviert werden.

Sobald du deine emotionalen Auslöser erkannt hast, kannst du bewusster reagieren. Es geht darum, innezuhalten, bevor du in ein altes Muster zurückfällst, und eine neue, gesündere Handlung zu wählen.

Achtsamkeit als Werkzeug der Veränderung

Achtsamkeit ist eine der kraftvollsten Methoden, um destruktive Verhaltensmuster zu verändern. Sie hilft dir, im Moment präsent zu sein und deine Gedanken, Emotionen und Verhaltensweisen bewusst wahrzunehmen, ohne sofort darauf zu reagieren. Anstatt automatisch in alte Muster zu verfallen, lernst du, innezuhalten und eine bewusste Wahl zu treffen.

Wie Achtsamkeit dir hilft, negative Muster zu durchbrechen:

- **Im Moment innehalten:** Wenn du bemerkst, dass ein emotionaler Auslöser auftritt, kannst du durch Achtsamkeit einen Schritt zurücktreten und dich fragen: „Was passiert gerade in mir? Was fühle ich, und warum?" Diese kurze Pause gibt dir die Möglichkeit, deine Reaktion zu ändern.

- **Achtsames Atmen:** Atemtechniken sind ein einfacher Weg, um deine Reaktionen zu beruhigen und den Kreislauf negativer Verhaltensweisen zu unterbrechen. Sobald du einen Auslöser wahrnimmst, atme tief ein und aus, um dich zu zentrieren und bewusst zu entscheiden, wie du reagieren möchtest.

Regelmäßige Achtsamkeitsübungen: Indem du Achtsamkeit regelmäßig praktizierst – sei es durch Meditation, achtsames Atmen oder einfach das bewusste Beobachten deiner Gedanken – stärkst du deine Fähigkeit, destruktive Muster zu erkennen und zu verändern. In Kapitel 10 „Achtsamkeit und Präsenz im Alltag" haben wir bereits verschiedene Techniken besprochen, die dir helfen können, im Moment präsent zu bleiben.

Kognitive Umstrukturierung: Negative Denkmuster herausfordern

Ein weiterer Schlüssel zur Veränderung negativer Verhaltensweisen ist die Arbeit mit deinen Gedanken. Viele unserer Verhaltensmuster werden von tief verwurzelten Denkmustern gesteuert – Überzeugungen, die wir über uns selbst oder die Welt haben und die uns immer wieder in dieselben Reaktionen führen. Kognitive Umstrukturierung ist eine Methode aus der kognitiven Verhaltenstherapie, die dir hilft, diese negativen Denkmuster zu erkennen und zu hinterfragen.

Schritte zur kognitiven Umstrukturierung:

- **Erkenne deine automatischen Gedanken:** Wann immer du in ein destruktives Muster fällst, halte inne und frage dich: „Was denke ich gerade?" Häufig sind es Gedanken wie „Ich kann das nicht" oder „Das wird sowieso schiefgehen", die dich in alte Muster treiben.

- **Hinterfrage diese Gedanken:** Sind diese Gedanken wirklich wahr? Gibt es Beweise dafür? Oft sind unsere automatischen Gedanken irrational oder übertrieben, und das Erkennen dieser Tatsache hilft dir, sie durch realistischere und positivere Gedanken zu ersetzen.

- **Schaffe neue, positive Denkmuster:** Anstatt dich auf das Negative zu konzentrieren, frage dich: „Wie kann ich diese Situation anders sehen?" Diese neuen Denkmuster helfen dir, dich aus alten Verhaltensmustern zu befreien und eine gesündere Perspektive zu entwickeln.

Kleine Veränderungen einleiten

Die Veränderung negativer Muster muss nicht über Nacht geschehen. Oft ist es effektiver, mit kleinen, umsetzbaren Schritten zu beginnen, die du in deinen Alltag integrieren kannst. Diese kleinen Veränderungen schaffen die Grundlage für langfristige Transformation, ohne dass du dich überforderst.

Strategien für kleine Veränderungen:

- **Setze dir erreichbare Ziele:** Wähle eine negative Verhaltensweise aus, die du ändern möchtest, und setze dir ein realistisches Ziel, das du in kleinen Schritten erreichen kannst. Anstatt dir vorzunehmen, ein tief verwurzeltes Muster sofort zu ändern, konzentriere dich auf kleine, machbare Veränderungen, die dir Selbstvertrauen geben.

- **Feiere deine Fortschritte:** Jeder kleine Schritt in Richtung Veränderung ist ein Erfolg. Feiere diese Fortschritte, auch wenn sie klein erscheinen, und erkenne an, dass du auf dem richtigen Weg bist. Selbst positive Veränderungen in einem Bereich deines Lebens können sich auf andere Bereiche auswirken.

Soziale Unterstützung nutzen

Veränderung fällt leichter, wenn du nicht alleine bist. Soziale Unterstützung – sei es durch Freunde, Familie oder professionelle Hilfe – kann dir dabei helfen, destruktive Muster zu erkennen und zu überwinden. Sprich mit jemandem, dem du vertraust, über deine Herausforderungen und bitte um Unterstützung. Oft können Außenstehende Muster erkennen, die du selbst vielleicht nicht wahrnimmst, und dir helfen, neue Perspektiven zu entwickeln.

Unterstützungsquellen:

- **Freunde und Familie:** Menschen, die dir nahe stehen, können dir wertvolle Einblicke in deine Verhaltensweisen geben und dich bei der Veränderung unterstützen.

- **Therapie und Coaching:** Professionelle Unterstützung durch eine Therapeutin oder einen Coach kann dir helfen, tief verwurzelte Muster zu erkennen und effektive Strategien zur Veränderung zu entwickeln. Im nächsten Abschnitt werden wir besprechen, wie du diese Unterstützung nutzen kannst, um positive Veränderungen nachhaltig in deinem Leben zu verankern.

Der Weg zur Veränderung: Geduld und Mitgefühl

Veränderung erfordert Zeit und Geduld. Es ist normal, auf Widerstand zu stoßen oder Rückschläge zu erleben, während du daran arbeitest, negative Verhaltensmuster zu verändern. Der Schlüssel ist, dir selbst mit Mitgefühl zu begegnen und den Prozess als eine Reise zu betrachten, nicht als eine einmalige Aufgabe. Jeder kleine Schritt in die richtige Richtung ist ein Zeichen des Wachstums und der Transformation.

Wie man neue, positive Gewohnheiten etabliert

Das Verändern destruktiver Muster ist ein wichtiger Schritt, um emotionales Wohlbefinden zu fördern, aber der nächste entscheidende Schritt besteht darin, positive Gewohnheiten zu etablieren, die dich langfristig stärken. Positive Gewohnheiten sind wie Bausteine, die das Fundament deines emotionalen und mentalen Wohlbefindens bilden. Sie helfen dir, dich selbst zu unterstützen, auch in schwierigen Zeiten, und sie schaffen die Grundlage für ein gesundes, erfülltes Leben.

Neue Gewohnheiten zu entwickeln, kann herausfordernd sein, denn unser Gehirn neigt dazu, an bekannten Verhaltensweisen festzuhalten – selbst wenn diese uns schaden. Doch mit der richtigen Herangehensweise und der Bereitschaft, kleine, aber kontinuierliche Schritte zu machen, kannst du positive Gewohnheiten aufbauen, die dein Leben dauerhaft bereichern. In diesem Kapitel werden wir Strategien erkunden, die dir helfen, diese Gewohnheiten zu etablieren und langfristig beizubehalten.

Gewohnheiten sind automatisierte Handlungen, die wir wiederholen, ohne groß darüber nachzudenken. Sie bestimmen einen Großteil unseres täglichen Verhaltens und können entweder positiv oder negativ zu unserem emotionalen Wohlbefinden beitragen. Positive Gewohnheiten fördern emotionale Stabilität, Selbstvertrauen und Resilienz, indem sie uns helfen, gesunde Verhaltensmuster zu verankern und destruktive Tendenzen zu überwinden.

Der Zusammenhang zwischen Gewohnheiten und emotionalem Wohlbefinden:

- **Automatisierung von Selbstfürsorge:** Wenn positive Gewohnheiten zur Routine werden, musst du nicht mehr bewusst daran denken, dich um dein Wohlbefinden zu kümmern. Dies schafft Raum für Stabilität und macht es einfacher, auch in stressigen Zeiten gesunde Entscheidungen zu treffen.

- **Stärkung des Selbstvertrauens:** Jedes Mal, wenn du eine positive Gewohnheit erfolgreich ausführst, stärkst du dein Vertrauen in deine Fähigkeit, Veränderungen zu bewirken. Dies verbessert dein Selbstwertgefühl und gibt dir das Gefühl, Kontrolle über dein Leben zu haben.

- **Schaffung von emotionaler Balance:** Positive Gewohnheiten helfen dir, ein Gleichgewicht zwischen den Anforderungen des Alltags und deiner eigenen emotionalen Gesundheit zu finden. Sie bieten dir Ankerpunkte, an denen du dich festhalten kannst, wenn das Leben herausfordernd wird.

Kleine Schritte machen: Der Schlüssel zur nachhaltigen Veränderung

Der Versuch, von heute auf morgen große Veränderungen herbeizuführen, ist oft zum Scheitern verurteilt. Der effektivste Weg, neue Gewohnheiten zu etablieren, besteht darin, mit kleinen, umsetzbaren Schritten zu beginnen. Diese „Mini-Gewohnheiten" wirken vielleicht zunächst unbedeutend, doch sie haben eine große Auswirkung, wenn sie regelmäßig praktiziert werden.

Wie du mit kleinen Schritten beginnst:

- **Setze dir klare, realistische Ziele:** Anstatt dir vorzunehmen, dein Leben radikal zu verändern, beginne mit einem kleinen, erreichbaren Ziel. Wenn du beispielsweise mehr Achtsamkeit in dein Leben bringen möchtest, setze dir das Ziel, täglich nur 2 Minuten zu meditieren. Sobald diese Gewohnheit verankert ist, kannst du sie allmählich ausbauen.

- **Schaffe Erfolge, die motivieren:** Jeder kleine Erfolg gibt dir das Gefühl, voranzukommen und etwas zu erreichen. Diese kleinen Erfolge sind entscheidend, um deine Motivation aufrechtzuerhalten und die neue Gewohnheit zu festigen.

Routinen und Rituale etablieren

Eine der besten Möglichkeiten, neue Gewohnheiten zu verankern, ist, sie in bestehende Routinen und Rituale einzubauen. Unser Gehirn liebt Beständigkeit, und durch Routinen wird die neue Gewohnheit zu einem natürlichen Teil deines Tagesablaufs. Rituale geben deinem Leben Struktur und fördern emotionale Stabilität.

Wie du Routinen und Rituale nutzen kannst:

- **Integriere die neue Gewohnheit in bestehende Rituale:** Wenn du bereits eine Routine hast, wie etwa das morgendliche Kaffeetrinken oder einen Abendspaziergang, füge die neue Gewohnheit einfach hinzu. Du könntest beispielsweise eine Achtsamkeitsübung direkt nach dem Aufwachen oder während deines Spaziergangs durchführen. Dies erleichtert es deinem Gehirn, die neue Gewohnheit als Teil deines Alltags anzunehmen.

- **Schaffe neue Rituale:** Wenn du noch keine festen Routinen hast, ist es eine gute Gelegenheit, neue Rituale zu entwickeln, die dich emotional unterstützen. Dies könnten einfache Rituale sein, wie eine tägliche Dankbarkeitsübung vor dem Schlafengehen oder das Führen eines Tagebuchs am Ende des Tages.

Trigger und Belohnungen nutzen

Unser Gehirn reagiert stark auf Trigger und Belohnungen – dies sind die Signale, die uns zu einer bestimmten Handlung motivieren. Ein Trigger ist ein Auslöser, der die Gewohnheit aktiviert, während die Belohnung das Gefühl von Zufriedenheit oder Erfüllung ist, das wir nach der Ausführung der Gewohnheit empfinden.

Wie du Trigger und Belohnungen effektiv einsetzen kannst:

- **Identifiziere deine Trigger:** Ein Trigger kann ein bestimmter Zeitpunkt, Ort oder eine Situation sein, die die neue Gewohnheit auslöst. Zum Beispiel könnte dein Trigger für eine Morgenmeditation das Aufwachen oder das Kochen des Kaffees sein. Indem du die neue Gewohnheit mit einem bereits bestehenden Trigger verbindest, machst du es dir leichter, sie zu etablieren.

- **Belohne dich selbst:** Positive Gewohnheiten werden leichter beibehalten, wenn sie mit einer Belohnung verknüpft sind. Diese Belohnung muss nicht groß sein – es kann etwas Einfaches sein wie das Gefühl von Zufriedenheit nach einer Meditation oder eine kleine Pause nach dem Erledigen einer Aufgabe. Diese Belohnungen verstärken das Verhalten und machen es wahrscheinlicher, dass du es wiederholst.

Geduld und Selbstmitgefühl kultivieren

Neue Gewohnheiten zu entwickeln, erfordert Geduld und die Fähigkeit, sich selbst mit Mitgefühl zu begegnen. Es ist normal, dass du Rückschläge erlebst oder dass es Tage gibt, an denen du nicht die Energie hast, deine neue Gewohnheit auszuführen. Der Schlüssel ist, dir diese Rückschläge zu erlauben und dich selbst nicht dafür zu verurteilen. Veränderung ist ein Prozess, und jeder Schritt zählt – auch wenn er klein ist.

Wie du Geduld und Selbstmitgefühl förderst:

- **Erwarte Rückschläge:** Der Weg zur Veränderung ist nicht linear. Rückschläge sind normal und gehören zum Prozess. Sie bedeuten nicht, dass du gescheitert bist, sondern dass du auf deinem Weg lernst und wächst.

- **Begegne dir selbst mit Mitgefühl:** Wenn du einen Tag auslässt oder nicht so viel Fortschritt machst wie erhofft, erinnere dich daran, dass Veränderung Zeit braucht. Sei freundlich zu dir selbst und ermutige dich, am nächsten Tag neu zu beginnen. Selbstmitgefühl stärkt deine emotionale Resilienz und hilft dir, langfristig motiviert zu bleiben.

Unterstützung durch andere suchen

Veränderung fällt oft leichter, wenn du dich mit anderen verbindest. Menschen, die ähnliche Ziele haben oder dich auf deinem Weg unterstützen, können dir helfen, motiviert zu bleiben und die neuen Gewohnheiten zu festigen. Sie können dir auch Feedback und Ermutigung geben, wenn du es am meisten brauchst.

Wie du Unterstützung nutzen kannst:

- **Finde einen „Accountability Partner":** Ein „Accountability Partner" ist jemand, der dich unterstützt und mit dem du deine Fortschritte teilst. Ihr könnt euch gegenseitig motivieren, regelmäßig über eure Erfolge sprechen und euch in Zeiten von Rückschlägen ermutigen.

- **Tritt einer Gruppe bei:** Es gibt viele Gruppen, die sich auf bestimmte Ziele konzentrieren – sei es eine Meditationsgruppe, ein Fitnesskurs oder eine Gruppe für persönliches Wachstum. Der Austausch mit Gleichgesinnten gibt dir ein Gefühl von Gemeinschaft und kann dich inspirieren, am Ball zu bleiben.

Dranbleiben: Konsistenz über Perfektion

Der Schlüssel zur Etablierung von positiven Gewohnheiten liegt in der Konsistenz. Es ist nicht wichtig, dass du jeden Tag perfekt handelst, sondern dass du dranbleibst. Selbst wenn du nur kleine Schritte machst, zählt jeder Schritt in Richtung deiner neuen Gewohnheit.

Wie du Konsistenz über Perfektion stellst:

- **Bleib flexibel:** Es wird Tage geben, an denen es schwieriger ist, deine neue Gewohnheit auszuführen. Statt aufzugeben, passe die Gewohnheit an – an stressigen Tagen könntest du zum Beispiel eine kürzere Meditationssitzung machen oder nur eine kleine Übung. Es geht darum, im Fluss zu bleiben, auch wenn die Umstände sich ändern.

- **Vermeide Perfektionismus:** Der Versuch, perfekt zu sein, führt oft dazu, dass du frustriert aufgibst, wenn etwas nicht nach Plan läuft. Erinnere dich daran, dass es nicht darum geht, perfekt zu sein, sondern kontinuierlich kleine Fortschritte zu machen.

Positive Gewohnheiten und emotionales Wohlbefinden: Ein Kreislauf der Stärkung

Indem du neue, positive Gewohnheiten in dein Leben integrierst, schaffst du einen Kreislauf der Stärkung. Diese Gewohnheiten fördern nicht nur dein emotionales Wohlbefinden, sondern machen es dir auch leichter, auf andere Herausforderungen des Lebens mit Gelassenheit und Resilienz zu reagieren. Der Aufbau gesunder Gewohnheiten stärkt dich langfristig und gibt dir die emotionale Stabilität, um authentisch und kraftvoll in deinem Leben zu stehen.

KAPITEL 16: BURNOUT-PRÄVENTION – EMOTIONALE ERSCHÖPFUNG VERMEIDEN

Wie Burnout entsteht und wie man es erkennt

Burnout ist mehr als nur das Gefühl von Müdigkeit oder Stress nach einer langen Woche – es ist ein Zustand tiefer emotionaler, mentaler und physischer Erschöpfung, der durch anhaltende Überforderung und Stress entsteht. Während sich Stress oft auf spezifische Situationen bezieht und vorübergehend sein kann, ist Burnout das Ergebnis eines langfristigen Ungleichgewichts zwischen den Anforderungen, die an uns gestellt werden, und den Ressourcen, die uns zur Verfügung stehen, um diese zu bewältigen.

Burnout entwickelt sich nicht über Nacht. Es ist ein schleichender Prozess, der sich über Wochen, Monate oder sogar Jahre hinziehen kann, bis der Betroffene sich ausgebrannt, hilflos und entkoppelt von seiner Arbeit oder seinen Beziehungen fühlt. Die Erkennung der frühen Anzeichen von Burnout ist entscheidend, um rechtzeitig gegenzusteuern und nachhaltige Lösungen zu finden. In diesem Unterkapitel werden wir uns ansehen, wie Burnout entsteht, welche Faktoren dazu beitragen und welche Warnsignale es gibt, die du beachten solltest.

Die Entstehung von Burnout

Burnout entsteht durch eine anhaltende Überlastung und das Gefühl, den Anforderungen des Lebens nicht gerecht werden zu können. Dieser Zustand wird oft durch chronischen Stress, hohe Erwartungen – sei es von außen oder von uns selbst – und das Fehlen von Pausen oder Unterstützung verursacht. Im Kern ist Burnout das Ergebnis eines Ungleichgewichts zwischen den Energiequellen, die wir anzapfen können, und dem, was von uns verlangt wird. Wenn wir langfristig mehr geben, als wir zurückbekommen, kann dies zu Erschöpfung und emotionaler Leere führen.

Häufige Ursachen von Burnout:

- **Überarbeitung und mangelnde Pausen:** Ständige Überstunden, hohe Arbeitslast oder die Unfähigkeit, echte Erholungspausen zu nehmen, sind typische Auslöser. Wenn du nie Zeit findest, um aufzutanken, gerätst du schnell in eine Spirale der Erschöpfung.

- **Hohe emotionale Anforderungen:** Berufe oder Aufgaben, die ein hohes Maß an emotionaler Arbeit erfordern – wie das ständige Kümmern um andere Menschen oder das Übernehmen von Verantwortung in stressigen Situationen – können emotional erschöpfend sein und zum Burnout führen.

- **Perfektionismus und Selbstansprüche:** Der Druck, immer perfekt sein zu müssen, kann dich in einen ständigen Zustand der Anspannung versetzen. Dieser innere Zwang, keine Fehler machen zu dürfen oder immer mehr zu leisten, führt dazu, dass du deine eigenen Bedürfnisse ignorierst und nie das Gefühl hast, genug getan zu haben.

- **Mangelnde Kontrolle oder Unterstützung:** Wenn du das Gefühl hast, keine Kontrolle über deine Arbeit oder dein Leben zu haben, oder wenn dir die nötige Unterstützung fehlt – sei es durch Kollegen, Vorgesetzte oder dein soziales Umfeld –, kann das zu einem Gefühl der Hilflosigkeit führen. Dies ist oft ein Vorbote von Burnout.

Die Phasen des Burnouts

Burnout ist ein Prozess, der in verschiedenen Phasen verläuft. Es beginnt oft subtil, mit kleinen Anzeichen von Erschöpfung oder Frustration, und kann sich allmählich zu einem Zustand tiefer emotionaler und körperlicher Erschöpfung entwickeln. Die frühzeitige Erkennung dieser Phasen kann dir helfen, einzugreifen, bevor der Zustand chronisch wird.

1. Idealisierung und Überengagement: Burnout beginnt oft mit einer Phase des übermäßigen Engagements. Du bist motiviert, willst alles perfekt machen und übernimmst immer mehr Verantwortung. Es gibt möglicherweise eine hohe Erwartungshaltung an dich selbst, und du fühlst dich vielleicht verpflichtet, immer „mehr" zu tun, um den Anforderungen gerecht zu werden. Diese Phase kann durch übertriebene Begeisterung für die Arbeit oder das Gefühl geprägt sein, unersetzlich zu sein.

2. Vernachlässigung der eigenen Bedürfnisse: Mit der Zeit beginnst du, deine eigenen Bedürfnisse zurückzustellen. Du nimmst weniger Pausen, schläfst schlechter oder verzichtest auf soziale Kontakte, weil die Anforderungen der Arbeit oder anderer Verpflichtungen im Vordergrund stehen. Anzeichen wie ständige Müdigkeit, Schlafprobleme oder das Gefühl, dass du keine Zeit für dich hast, treten in den Vordergrund.

3. Emotionale Erschöpfung: Wenn der Druck nicht nachlässt und du weiterhin mehr gibst, als du zurückbekommst, stellt sich emotionale Erschöpfung ein. Du fühlst dich leer, gereizt und oft sogar abgestumpft. Die Motivation schwindet, und selbst einfache Aufgaben fühlen sich überwältigend an. Dies ist der Punkt, an dem sich Burnout wirklich manifestiert – das Gefühl, „ausgebrannt" zu sein, ist allgegenwärtig.

4. Zynismus und Entfremdung: In dieser Phase wirst du zunehmend zynisch oder distanziert – sei es gegenüber deiner Arbeit, deinen Mitmenschen oder deinen Aufgaben. Du fühlst dich von deiner Umgebung entfremdet, hast das Gefühl, keinen Sinn mehr in dem zu sehen, was du tust, und möglicherweise entwickelst du eine negative Einstellung zu den Dingen, die dir früher wichtig waren.

5. Tiefe Erschöpfung und Isolation: Der letzte Schritt im Burnout-Prozess ist die vollständige Erschöpfung. Du hast das Gefühl, körperlich und emotional nichts mehr geben zu können. Oft zieht man sich in dieser Phase sozial zurück und fühlt sich allein, unfähig, sich zu erholen oder neue Energie zu schöpfen.

Warnsignale: Wie man Burnout erkennt

Burnout zeigt sich durch eine Vielzahl von Symptomen, die emotional, mental und körperlich auftreten können. Es ist wichtig, diese Warnsignale frühzeitig zu erkennen, damit du rechtzeitig Maßnahmen ergreifen kannst, um gegenzusteuern.

1. Körperliche Anzeichen:

- Chronische Müdigkeit, selbst nach ausreichend Schlaf
- Häufige Kopfschmerzen oder Magenbeschwerden
- Schlafstörungen, wie Ein- oder Durchschlafprobleme
- Muskelschmerzen oder Verspannungen

2. Emotionale Anzeichen:

- Gefühl der inneren Leere oder Sinnlosigkeit
- Gereiztheit oder häufige Stimmungsschwankungen
- Zynismus oder eine negative Einstellung gegenüber der Arbeit oder dem Leben im Allgemeinen
- Verlust von Motivation und Freude an Tätigkeiten, die früher Spaß gemacht haben

3. Mentale Anzeichen:

- Konzentrationsschwierigkeiten oder das Gefühl, „nicht mehr klar denken zu können "
- Vergesslichkeit oder Unfähigkeit, Aufgaben zu organisieren
- Entscheidungsschwierigkeiten, selbst bei einfachen Dingen

4. Soziale Anzeichen:

- Rückzug von Familie und Freunden
- Das Gefühl, „allein" zu sein oder von anderen unverstanden zu werden
- Zunehmende Konflikte in Beziehungen, weil du emotional erschöpft bist und keine Geduld mehr hast

Burnout erkennen und rechtzeitig handeln

Burnout ist nicht nur eine Phase, die von selbst vorübergeht – es ist ein ernstzunehmender Zustand, der langfristige gesundheitliche Folgen haben kann, wenn er unbehandelt bleibt. Das Erkennen der Warnsignale und das Verstehen, wie Burnout entsteht, ist der erste Schritt, um gegenzusteuern. Es ist wichtig, frühzeitig Maßnahmen zu ergreifen, um deine emotionale, körperliche und mentale Gesundheit zu schützen.

Strategien zur Vorbeugung und Bewältigung von Burnout

Burnout entwickelt sich oft schleichend, aber es ist keineswegs unausweichlich. Durch gezielte Strategien kannst du Burnout vorbeugen oder, wenn du bereits erste Anzeichen bemerkst, Maßnahmen ergreifen, um aus dem Zustand der Erschöpfung herauszukommen. Burnout-Prävention und -Bewältigung erfordern eine Kombination aus Selbstfürsorge, bewusster Lebensgestaltung und dem Setzen von Grenzen, um die Balance zwischen den Anforderungen des Alltags und deinen eigenen Bedürfnissen zu finden.

In diesem Unterkapitel werden wir uns ansehen, wie du aktiv gegen Burnout vorgehen kannst – sei es durch präventive Maßnahmen oder durch konkrete Schritte, um den Weg zurück zu emotionaler, körperlicher und mentaler Gesundheit zu finden.

Bewusste Pausen und Erholung

Eine der wichtigsten Strategien zur Vorbeugung von Burnout ist es, regelmäßige Pausen und Erholungszeiten in deinen Alltag zu integrieren. Viele Menschen geraten in den Burnout, weil sie das Gefühl haben, „immer an sein" zu müssen – sei es durch ständige Erreichbarkeit bei der Arbeit, Verpflichtungen im Privatleben oder den inneren Druck, immer produktiv zu sein. Doch unser Körper und Geist brauchen regelmäßige Erholungsphasen, um sich zu regenerieren.

Wie du bewusste Pausen in deinen Alltag integrierst:

- **Mini-Pausen im Arbeitsalltag:** Setze dir bewusst kurze Pausen während des Tages, in denen du dich vom Bildschirm oder der aktuellen Aufgabe entfernst. Schon ein paar Minuten Bewegung oder bewusste Atemübungen können Wunder wirken, um deine Energie wiederherzustellen.

- **Wochenende als echte Erholungszeit:** Achte darauf, das Wochenende für Erholung zu nutzen und Arbeit oder andere stressige Verpflichtungen so weit wie möglich zu minimieren. Plane Aktivitäten, die dir Freude bereiten und dich aufladen, sei es ein Spaziergang in der Natur, Zeit mit der Familie oder einfach nur Ruhe.

- **Geplante Urlaube und Auszeiten:** Auch wenn es manchmal schwerfällt, nimm dir regelmäßig Zeit für einen längeren Urlaub oder eine Auszeit. Solche Erholungsphasen sind wichtig, um das Stressniveau nachhaltig zu senken und dich zu erholen.

Stressbewältigungsstrategien entwickeln

Burnout entsteht durch langfristigen, chronischen Stress. Daher ist es entscheidend, Methoden zu entwickeln, um stressige Situationen besser zu bewältigen und negative Auswirkungen zu reduzieren. Stress kann nicht immer vermieden werden, aber du kannst lernen, ihn gesund zu managen.

Wichtige Stressbewältigungstechniken:

- **Atemübungen und Meditation:** Wie wir bereits in Kapitel 5 besprochen haben, sind Atemtechniken und Achtsamkeitsübungen kraftvolle Werkzeuge, um den Körper in stressigen Momenten zu beruhigen. Eine einfache Technik wie tiefes, bewusstes Atmen für 3–5 Minuten kann helfen, das Nervensystem zu beruhigen und den Stresspegel zu senken.

- **Bewegung und Sport:** Körperliche Aktivität ist eine der effektivsten Methoden, um Stress abzubauen. Regelmäßige Bewegung, sei es in Form von Yoga, Laufen, Tanzen oder Krafttraining, fördert die Ausschüttung von Endorphinen – den sogenannten „Glückshormonen" – und hilft dir, den emotionalen und körperlichen Stress zu reduzieren.

- **Zeitmanagement und Priorisierung:** Ein häufiger Auslöser für Burnout ist das Gefühl, dass zu viele Aufgaben und Verpflichtungen auf einmal zu bewältigen sind. Effektives Zeitmanagement und das bewusste Setzen von Prioritäten helfen dir, den Überblick zu behalten und den Druck zu reduzieren. Fokussiere dich auf das Wesentliche und lerne, unwichtige Aufgaben loszulassen.

Grenzen setzen und „Nein" sagen lernen

Einer der häufigsten Gründe, warum Menschen in den Burnout geraten, ist die Unfähigkeit, Grenzen zu setzen. Viele von uns haben das Bedürfnis, es allen recht zu machen, und scheuen sich davor, „Nein" zu sagen – sei es im beruflichen oder privaten Kontext. Doch das ständige Übernehmen von Aufgaben und Verantwortungen, die über das eigene Limit hinausgehen, führt früher oder später zur Überforderung.

Wie du gesunde Grenzen setzt:

- **Kenne deine Grenzen:** Der erste Schritt ist, dir deiner eigenen Grenzen bewusst zu werden. Frage dich: „Wie viel kann ich realistisch leisten, ohne mich selbst zu überfordern?" Diese Selbsterkenntnis ist entscheidend, um zu wissen, wann du „Nein" sagen musst.

- **Kommuniziere klar:** Es ist wichtig, Grenzen klar und respektvoll zu kommunizieren. Ein einfaches, aber bestimmtes „Ich kann das im Moment nicht übernehmen" zeigt, dass du deine eigenen Kapazitäten respektierst. Du musst dich nicht rechtfertigen oder entschuldigen – es ist völlig in Ordnung, deine eigenen Bedürfnisse zu schützen.

- **Lerne, Aufgaben abzugeben:** Delegieren ist ein wichtiger Bestandteil der Burnout-Prävention. Wenn du das Gefühl hast, dass du zu viel auf deinen Schultern trägst, schau, welche Aufgaben du abgeben kannst – sei es bei der Arbeit, im Haushalt oder in anderen Bereichen. Du musst nicht alles alleine schaffen.

Unterstützung suchen

Burnout entsteht oft, wenn wir das Gefühl haben, alles alleine bewältigen zu müssen. Soziale Unterstützung ist ein zentraler Faktor, um Stress zu bewältigen und emotionalen Druck abzubauen. Oft fällt es uns schwer, um Hilfe zu bitten oder unsere Gefühle mit anderen zu teilen, doch genau dies ist ein entscheidender Schritt zur Burnout-Prävention.

Wie du Unterstützung findest:

- **Sprich offen über deine Gefühle:** Es kann eine enorme Erleichterung sein, deine Gefühle und Ängste mit jemandem zu teilen, dem du vertraust. Ob ein Freund, Partner oder Kollege – offene Gespräche können dir helfen, Druck abzubauen und dich weniger allein zu fühlen.

- **Therapie oder Coaching in Anspruch nehmen:** Professionelle Unterstützung durch eine Therapeutin oder einen Coach kann dir helfen, tiefer in deine Verhaltensmuster einzutauchen und gesunde Strategien zur Stressbewältigung zu entwickeln. Es ist kein Zeichen von Schwäche, Hilfe zu suchen – im Gegenteil, es zeigt, dass du bereit bist, aktiv an deinem Wohlbefinden zu arbeiten.

- **Netzwerke aufbauen:** Finde Gleichgesinnte oder Gruppen, in denen du dich mit anderen austauschen kannst, die ähnliche Herausforderungen erleben. Soziale Netzwerke sind eine wertvolle Ressource, um Motivation und Unterstützung zu finden, wenn du dich überfordert fühlst.

Selbstmitgefühl und realistische Erwartungen entwickeln

Ein weiterer entscheidender Faktor, um Burnout vorzubeugen, ist, Selbstmitgefühl zu entwickeln und realistische Erwartungen an dich selbst zu stellen. Viele von uns haben überhöhte Ansprüche an sich selbst – wir wollen alles perfekt machen und fühlen uns schuldig, wenn wir diesen Ansprüchen nicht gerecht werden. Doch diese innere Kritik und der Perfektionismus sind häufige Auslöser für Burnout.

Wie du Selbstmitgefühl und realistische Erwartungen entwickelst:

- **Sei freundlich zu dir selbst:** Erlaube dir, unperfekt zu sein. Jeder Mensch macht Fehler oder hat Tage, an denen nicht alles nach Plan läuft. Anstatt dich selbst zu kritisieren, übe dich darin, freundlich und verständnisvoll mit dir umzugehen, besonders in stressigen Zeiten.

- **Setze dir erreichbare Ziele:** Es ist wichtig, hohe Standards zu haben, aber deine Ziele sollten realistisch und machbar sein. Überlege dir, welche Ziele du in einer bestimmten Zeit wirklich erreichen kannst, und feiere deine Fortschritte, auch wenn sie klein sind.

- **Erlaube dir Pausen ohne Schuldgefühle:** Eine häufige Ursache für Burnout ist das Gefühl, nie genug zu tun. Lerne, Pausen ohne schlechtes Gewissen zu genießen und erkenne, dass Erholung ein wesentlicher Bestandteil deiner Gesundheit und Produktivität ist.

Langfristige Gewohnheiten für Balance schaffen

Die Vorbeugung von Burnout ist kein einmaliger Akt, sondern ein langfristiger Prozess. Es geht darum, Gewohnheiten und Rituale zu entwickeln, die dich dabei unterstützen, in Balance zu bleiben und die Anforderungen des Alltags auf gesunde Weise zu bewältigen. Diese Gewohnheiten sollten nachhaltig sein und dir langfristig dabei helfen, Stress abzubauen und deine emotionale Gesundheit zu schützen.

Längerfristige Gewohnheiten zur Burnout-Prävention:

- **Regelmäßige Bewegung:** Integriere regelmäßige körperliche Aktivität in deinen Alltag, um deinen Körper zu stärken und Stresshormone abzubauen.

- **Achtsamkeitsübungen:** Achtsamkeit, Meditation und andere Entspannungstechniken helfen dir, im Moment zu bleiben und dich emotional zu stabilisieren.

- **Soziale Kontakte pflegen:** Investiere bewusst Zeit in Beziehungen, die dir Energie geben und dir emotionalen Rückhalt bieten.

Im nächsten Abschnitt werden wir uns weiter mit der Rolle von Selbstfürsorge beschäftigen und wie du es schaffst, deine Prioritäten so zu setzen, dass du Burnout langfristig vermeidest und deine emotionale Gesundheit stärkst.

Selbstfürsorge und das Setzen von Prioritäten im Alltag

Selbstfürsorge ist kein Luxus, sondern eine Notwendigkeit – vor allem, wenn es darum geht, Burnout zu vermeiden. Sie ist der bewusste Akt, sich um das eigene Wohlbefinden zu kümmern, indem du Zeit und Energie in die Dinge investierst, die dich emotional, mental und körperlich nähren. Gleichzeitig bedeutet Selbstfürsorge auch, klare Prioritäten zu setzen, damit du nicht ständig in einem Zustand der Überforderung und Erschöpfung lebst.

Viele von uns fühlen sich schuldig, wenn sie sich Zeit für sich selbst nehmen, oder sie glauben, dass Selbstfürsorge egoistisch ist. Doch das Gegenteil ist der Fall: Du kannst anderen nur dann das Beste von dir geben – sei es bei der Arbeit, in Beziehungen oder in der Familie – wenn du gut für dich selbst sorgst. In diesem Unterkapitel wirst du lernen, wie du Selbstfürsorge in deinen Alltag integrieren und gleichzeitig gesunde Prioritäten setzen kannst, um emotionales Wohlbefinden und langfristige Balance zu fördern.

Die Bedeutung von Selbstfürsorge verstehen

Selbstfürsorge ist der bewusste Prozess, dich selbst als Priorität zu betrachten und die Verantwortung für dein eigenes Wohlbefinden zu übernehmen. Es bedeutet, dass du erkennst, dass deine Energie und emotionale Kapazität begrenzt sind und dass du diese Ressourcen auf eine Weise schützen musst, die dir ermöglicht, langfristig ausgeglichen und gesund zu bleiben.

Selbstfürsorge umfasst verschiedene Bereiche:

- **Physische Selbstfürsorge:** Dazu gehören Dinge wie ausreichender Schlaf, gesunde Ernährung und regelmäßige Bewegung, die deinem Körper die notwendige Energie und Stärke geben, um stressigen Situationen standzuhalten.

- **Emotionale Selbstfürsorge:** Dazu zählt, sich die Zeit zu nehmen, auf die eigenen Gefühle zu achten, sie zu reflektieren und auf eine gesunde Weise auszudrücken. Emotionale Selbstfürsorge kann auch bedeuten, Unterstützung zu suchen, wenn du sie brauchst.

- **Mentale Selbstfürsorge:** Dies beinhaltet das Setzen mentaler Grenzen, das Loslassen von Perfektionismus und das Schaffen von Raum für Entspannung und geistige Erholung.

Selbstfürsorge ist nicht selbstsüchtig – sie ist ein Akt der Selbstachtung. Wenn du gut für dich selbst sorgst, kannst du in stressigen Zeiten widerstandsfähiger sein und Burnout vorbeugen.

Prioritäten setzen: Was wirklich zählt

Um Burnout zu verhindern und Selbstfürsorge zu praktizieren, ist es entscheidend, deine Prioritäten im Alltag klar zu definieren. Viele von uns neigen dazu, sich in zu vielen Verpflichtungen zu verlieren, weil wir das Gefühl haben, „alles schaffen" zu müssen. Doch dieser ständige Druck führt oft dazu, dass wir unsere eigenen Bedürfnisse vernachlässigen und uns irgendwann erschöpft fühlen.

Wie du klare Prioritäten setzt:

- **Frage dich, was wirklich wichtig ist:** Schau dir deinen Alltag an und überlege, welche Aufgaben und Verpflichtungen wirklich notwendig sind und welche du vielleicht loslassen oder delegieren kannst. Das Setzen von Prioritäten bedeutet, sich bewusst für die Dinge zu entscheiden, die dir am meisten bedeuten, und alles andere in den Hintergrund zu stellen.

- **Lerne, „Nein" zu sagen:** Ein entscheidender Teil der Prioritätensetzung ist die Fähigkeit, „Nein" zu Dingen zu sagen, die nicht zu deinen obersten Zielen und Werten passen. Jedes „Ja" zu einer weiteren Verpflichtung bedeutet ein „Nein" zu deiner eigenen Erholung und deinem Wohlbefinden. Es erfordert Mut, aber das Setzen von Grenzen ist notwendig, um dich vor Überforderung zu schützen.

- **Schaffe Raum für Selbstfürsorge:** Setze Selbstfürsorge ganz oben auf deine Prioritätenliste. Du kannst nicht effektiv für andere da sein oder deine Aufgaben erledigen, wenn du selbst ausgebrannt bist. Mache Selbstfürsorge zu einem festen Bestandteil deines Tages, genauso wie du es mit einer beruflichen Verpflichtung tun würdest.

Praktische Ansätze für tägliche Selbstfürsorge

Selbstfürsorge muss nicht kompliziert oder zeitaufwendig sein. Es geht vielmehr darum, kleine, aber effektive Gewohnheiten in deinen Alltag zu integrieren, die dir helfen, auf dich selbst zu achten und deine Energiereserven wieder aufzufüllen. Diese praktischen Ansätze helfen dir, Selbstfürsorge zu einem festen Bestandteil deines Lebens zu machen, ohne dass du dafür große Veränderungen vornehmen musst.

Tägliche Selbstfürsorge-Routinen:

- **Beginne den Tag mit einer Morgenroutine:** Starte deinen Tag bewusst und achte darauf, eine Routine zu etablieren, die dir Energie und Klarheit gibt. Das könnte eine kurze Meditation, das Aufschreiben von drei Dingen, für die du dankbar bist, oder ein kurzes Stretching sein. Diese kleine Auszeit am Morgen hilft dir, den Tag zentriert und positiv zu beginnen.

- **Plane Erholungspausen ein:** Setze dir feste Pausen während des Tages, in denen du abschaltest und bewusst etwas für dein Wohlbefinden tust. Das kann ein kurzer Spaziergang sein, ein paar Atemübungen oder einfach nur das bewusste Genießen einer Tasse Tee. Regelmäßige Pausen verhindern, dass sich der Stress aufbaut und du dich ausgebrannt fühlst.

- **Abendritual zur Entspannung:** Beende deinen Tag mit einem Ritual, das dir hilft, zur Ruhe zu kommen und den Stress des Tages loszulassen. Eine warme Dusche, das Lesen eines Buches oder eine kurze Meditation können dabei helfen, den Tag auf entspannte Weise abzuschließen und besser zu schlafen.

Grenzen setzen, um Überforderung zu vermeiden

Grenzen zu setzen, ist ein wesentlicher Bestandteil von Selbstfürsorge. Ohne klare Grenzen wirst du schnell von den Anforderungen anderer oder deiner eigenen überhöhten Erwartungen überwältigt. Grenzen schützen deine Energie und stellen sicher, dass du nicht mehr gibst, als du verkraften kannst.

Wie du gesunde Grenzen setzt:

- **Sei dir deiner eigenen Bedürfnisse bewusst:** Um Grenzen zu setzen, musst du zuerst erkennen, was du brauchst, um dich wohlzufühlen. Achte darauf, wann du dich überfordert oder erschöpft fühlst, und frage dich, welche Grenzen du setzen musst, um dich zu schützen.

- **Kommuniziere deine Grenzen klar:** Grenzen setzen bedeutet, ehrlich mit anderen – und dir selbst – zu sein. Sage klar und respektvoll, was du brauchst, sei es mehr Zeit für dich selbst oder die Vermeidung von zusätzlichen Verpflichtungen. Es ist in Ordnung, für dich selbst einzustehen, auch wenn das bedeutet, dass du „Nein" sagen musst.

- **Respektiere deine eigenen Grenzen:** Es ist wichtig, dass du nicht nur anderen gegenüber deine Grenzen klar machst, sondern sie auch für dich selbst respektierst. Wenn du dir vorgenommen hast, abends keine E-Mails zu beantworten oder an Wochenenden nicht zu arbeiten, halte dich daran. Deine eigenen Grenzen zu respektieren, zeigt, dass du deine Bedürfnisse ernst nimmst.

Ein weiterer wichtiger Aspekt der Burnout-Prävention ist, realistische Erwartungen an dich selbst zu haben. Oft setzen wir uns selbst unter Druck, weil wir glauben, alles perfekt machen oder mehr leisten zu müssen, als tatsächlich notwendig ist. Dieser Perfektionismus und die überhöhten Erwartungen führen jedoch direkt in die Erschöpfung.

Wie du realistische Erwartungen entwickelst:

- **Setze dir erreichbare Ziele:** Statt zu versuchen, alles auf einmal zu schaffen, setze dir realistische und erreichbare Ziele. Konzentriere dich auf das, was machbar ist, und feiere deine Fortschritte, auch wenn sie klein sind.

- **Sei flexibel:** Nicht jeder Tag wird perfekt verlaufen, und das ist in Ordnung. Erlaube dir selbst, flexibel zu sein und deine Pläne anzupassen, wenn es nötig ist. Flexibilität ist ein Schlüssel zur langfristigen emotionalen Gesundheit.

- **Akzeptiere deine Grenzen:** Niemand kann unendlich viel leisten. Akzeptiere, dass du auch Pausen und Erholung brauchst, und gib dir die Erlaubnis, weniger zu tun, wenn es nötig ist.

Eine unterstützende Umgebung schaffen

Selbstfürsorge und das Setzen von Prioritäten werden einfacher, wenn du in einer unterstützenden Umgebung lebst und arbeitest. Deine Umgebung – sowohl im beruflichen als auch im privaten Leben – hat einen großen Einfluss auf dein Wohlbefinden. Indem du eine Atmosphäre schaffst, die deine Selbstfürsorge fördert, kannst du dich langfristig vor Burnout schützen.

Wie du eine unterstützende Umgebung schaffst:

- **Kommuniziere offen:** Sprich mit deinem Umfeld – sei es Familie, Freunde oder Kollegen – über deine Bedürfnisse und Grenzen. Erkläre, warum Selbstfürsorge für dich wichtig ist, und bitte um Unterstützung, wenn du sie brauchst.

- **Fördere positive Beziehungen:** Umgib dich mit Menschen, die dich unterstützen und dir gut tun. Positive, gesunde Beziehungen sind eine wichtige Quelle für emotionales Wohlbefinden und können dir in stressigen Zeiten Halt geben.

- **Gestalte deine Umgebung so, dass sie dir Energie gibt:** Schaffe dir Räume, die dir Ruhe und Erholung bieten. Das kann dein Zuhause sein oder dein Arbeitsplatz – achte darauf, dass diese Umgebungen so gestaltet sind, dass sie deine Selbstfürsorge unterstützen und Stress reduzieren.

Selbstfürsorge als langfristige Priorität

Selbstfürsorge und das Setzen von Prioritäten im Alltag sind keine einmaligen Aktionen, sondern ein fortlaufender Prozess. Es erfordert Achtsamkeit, um immer wieder auf dich selbst zu hören und Anpassungen vorzunehmen, wenn du merkst, dass du aus dem Gleichgewicht gerätst. Wenn du jedoch bereit bist, regelmäßig in deine eigene Selbstfürsorge zu investieren und gesunde Prioritäten zu setzen, kannst du Burnout langfristig vermeiden und ein Leben führen, das dich emotional nährt und stärkt.

KAPITEL 17: EMPATHIE UND MITGEFÜHL – FÜR SICH SELBST UND ANDERE

Die Rolle von Empathie in Beziehungen und emotionaler Gesundheit

Empathie ist die Fähigkeit, die Gefühle und Erfahrungen eines anderen Menschen nachzuempfinden, ohne dabei den eigenen Standpunkt zu verlieren. Sie erlaubt uns, echte Verbindungen aufzubauen, das Leiden anderer zu verstehen und ihnen in schwierigen Zeiten beizustehen. Empathie ist das Herzstück von zwischenmenschlichen Beziehungen und spielt eine zentrale Rolle für unsere emotionale Gesundheit. Ohne Empathie fehlt es uns an echtem Verständnis füreinander, und unsere Beziehungen können oberflächlich und brüchig bleiben.

Empathie bedeutet jedoch nicht, die Probleme oder Emotionen eines anderen vollständig zu übernehmen. Sie setzt vielmehr voraus, dass wir uns in die Lage eines anderen versetzen und seine oder ihre Gefühle und Perspektiven respektieren, ohne dabei unsere eigenen Grenzen zu überschreiten. Empathie stärkt nicht nur unsere Beziehungen, sondern fördert auch unser eigenes emotionales Wohlbefinden, indem sie das Gefühl von Verbundenheit und Verständnis vertieft.

Empathie als Grundlage gesunder Beziehungen

Gesunde Beziehungen – sei es in der Partnerschaft, in Freundschaften oder in der Familie – basieren auf gegenseitigem Verständnis und Respekt. Empathie ist das Werkzeug, das uns ermöglicht, uns auf einer tieferen Ebene zu verbinden und Vertrauen aufzubauen. Wenn wir uns in die Gefühle und Erfahrungen eines anderen hineinversetzen, zeigen wir nicht nur, dass wir bereit sind zuzuhören, sondern auch, dass wir die Person in ihrer Ganzheit sehen und wertschätzen.

Wie Empathie Beziehungen stärkt:

- **Förderung von Vertrauen:** Wenn du in einer Beziehung Empathie zeigst, signalisierst du der anderen Person, dass ihre Gefühle und Gedanken wichtig sind. Dieses Verständnis und das Gefühl, gehört und gesehen zu werden, fördern

Vertrauen und Offenheit in der Beziehung. Ohne Empathie kann Misstrauen entstehen, weil sich die Beteiligten nicht vollständig verstanden fühlen.

- **Konfliktlösung durch Empathie:** Konflikte sind in jeder Beziehung unvermeidlich. Doch Empathie ermöglicht es, Konflikte auf eine gesunde Weise zu lösen. Wenn du in einem Streit versuchst, die Perspektive der anderen Person zu verstehen, anstatt nur deinen eigenen Standpunkt zu verteidigen, eröffnest du einen Raum für echtes Gespräch und Lösung. Empathie hilft uns, die Beweggründe und Emotionen hinter den Handlungen des anderen zu erkennen und so eine tiefere Lösung zu finden.

- **Stärkung emotionaler Bindungen:** In Beziehungen, in denen Empathie praktiziert wird, fühlen sich Menschen emotional unterstützt und geborgen. Diese emotionale Unterstützung fördert tiefere Bindungen, weil beide Seiten wissen, dass sie sich aufeinander verlassen können – nicht nur in guten Zeiten, sondern auch in herausfordernden Momenten.

Empathie und emotionale Gesundheit

Empathie wirkt sich nicht nur positiv auf unsere Beziehungen aus, sondern auch auf unsere eigene emotionale Gesundheit. Menschen, die empathisch sind, berichten oft von einem tieferen Gefühl der Verbundenheit und Zufriedenheit in ihrem Leben. Empathie ermöglicht es uns, über unsere eigenen Sorgen und Ängste hinauszublicken und in eine größere Gemeinschaft von Menschen eingebettet zu sein. Diese Verbundenheit gibt uns emotionalen Halt und hilft uns, uns in schwierigen Zeiten weniger isoliert zu fühlen.

Wie Empathie die emotionale Gesundheit unterstützt:

- **Reduktion von Einsamkeit:** Empathie ermöglicht es uns, echte, tiefgreifende Verbindungen zu anderen Menschen aufzubauen. Diese Verbindungen sind entscheidend, um das Gefühl von Einsamkeit zu mindern. Wenn du das Gefühl hast, dass jemand deine Gefühle versteht und anerkennt, fühlst du dich weniger allein und besser unterstützt, selbst in Zeiten emotionaler Herausforderungen.

- **Förderung emotionaler Resilienz:** Empathische Menschen sind oft emotional widerstandsfähiger. Das liegt daran, dass Empathie es uns erlaubt, unsere Emotionen zu reflektieren und die Emotionen anderer zu verstehen. Diese Fähigkeit, sowohl mit unseren eigenen Gefühlen als auch mit denen anderer in Verbindung zu treten, stärkt unsere emotionale Intelligenz und gibt uns die Werkzeuge, um besser mit Stress und emotionalen Belastungen umzugehen.

- **Erhöhung der emotionalen Selbstwahrnehmung:** Empathie fördert auch die Fähigkeit, unsere eigenen Emotionen besser wahrzunehmen und zu verstehen. Indem wir die Emotionen anderer anerkennen, werden wir uns auch unserer eigenen Gefühle bewusster und lernen, wie diese unsere Beziehungen und unser Wohlbefinden beeinflussen. Dies fördert nicht nur Selbstreflexion, sondern auch Selbstfürsorge, weil wir uns selbst mit derselben Freundlichkeit und Aufmerksamkeit begegnen können, die wir anderen entgegenbringen.

Grenzen der Empathie: Selbstschutz in schwierigen Situationen

Obwohl Empathie eine kraftvolle Ressource für unsere emotionale Gesundheit und Beziehungen ist, gibt es auch Grenzen. Empathie kann emotional erschöpfend sein, wenn sie nicht in Balance gehalten wird. Es ist wichtig, zu verstehen, dass Empathie nicht bedeutet, die Probleme oder Emotionen anderer vollständig zu übernehmen. Du kannst empathisch sein, ohne deine eigenen Bedürfnisse zu vernachlässigen.

Wie du gesunde Grenzen in der Empathie setzt:

- **Erkenne deine eigenen emotionalen Kapazitäten:** Du kannst nicht jedem jederzeit helfen, und das ist in Ordnung. Es ist wichtig, deine eigene emotionale Energie zu schützen und zu wissen, wann du dich zurückziehen musst, um dich selbst zu schonen.

- **Achte auf emotionale Abgrenzung:** Empathie bedeutet, die Gefühle anderer zu verstehen und Mitgefühl zu zeigen, aber es bedeutet nicht, dass du ihre Emotionen zu deinen eigenen machen musst. Du kannst jemanden unterstützen, ohne dich emotional in seine oder ihre Lage hineinzuziehen.

- **Selbstfürsorge praktizieren:** Nachdem du jemandem empathisch begegnet bist, ist es wichtig, dich selbst zu regenerieren. Nimm dir bewusst Zeit für dich, um deine eigenen Gefühle zu verarbeiten und deine Energie wieder aufzuladen. Dies verhindert, dass du emotional ausgelaugt wirst.

Empathie ist nicht nur eine individuelle Fähigkeit, sondern auch eine gesellschaftliche. In einer Welt, die oft von Konkurrenzdenken, Stress und Konflikten geprägt ist, kann Empathie eine Brücke sein, die uns wieder miteinander verbindet. Sie erinnert uns daran, dass wir alle ähnliche emotionale Erfahrungen teilen und dass das Verständnis und die Anerkennung der Gefühle anderer der erste Schritt zu einem tiefergehenden, menschlichen Miteinander ist.

Empathie lehrt uns, dass wir nicht alleine durch das Leben gehen. Sie zeigt uns, dass wir uns in den Gefühlen und Erfahrungen anderer spiegeln können und dass wir durch das Verstehen und Fühlen der Emotionen anderer auch mehr Mitgefühl für uns selbst entwickeln können. Empathie ist eine Kraft, die uns näher zu uns selbst und zu den Menschen um uns herum bringt, und sie ist ein unverzichtbarer Bestandteil eines erfüllten, emotional gesunden Lebens.

Wie man Mitgefühl für sich selbst und andere kultiviert

Mitgefühl ist die tiefe, authentische Fähigkeit, das Leiden anderer zu erkennen und darauf mit Freundlichkeit und Unterstützung zu reagieren. Während Empathie uns erlaubt, die Gefühle anderer nachzuvollziehen, geht Mitgefühl noch einen Schritt weiter: Es erfordert, dass wir aktiv handeln, um Leid zu lindern – sei es bei uns selbst oder bei anderen. Es ist der Prozess, der auf Empathie folgt, und er ist entscheidend für unser emotionales Wohlbefinden und für die Qualität unserer Beziehungen.

In einer Welt, die oft von Selbstkritik und Leistungsdruck geprägt ist, fällt es vielen schwer, Mitgefühl nicht nur für andere, sondern auch für sich selbst zu empfinden. Wir sind oft viel strenger mit uns selbst, als wir es mit anderen wären, und übersehen dabei, wie wichtig es ist, uns selbst dieselbe Freundlichkeit entgegenzubringen, die wir anderen zeigen. In diesem Unterkapitel schauen wir uns an, wie du Mitgefühl für dich selbst und für andere entwickeln und in deinem Alltag kultivieren kannst.

Der Unterschied zwischen Empathie und Mitgefühl

Während Empathie das Einfühlen in die Emotionen anderer ist, bedeutet Mitgefühl, aktiv zu handeln, um dieses emotionale Verständnis in Unterstützung und

Freundlichkeit umzuwandeln. Empathie ermöglicht uns, die innere Welt eines anderen zu betreten, während Mitgefühl uns ermutigt, diese Erfahrung mit einer Haltung des Wohlwollens und der Unterstützung zu beantworten.

Mitgefühl in Aktion:

- **Für andere:** Wenn du siehst, dass jemand leidet – sei es durch Kummer, Stress oder Unsicherheit –, zeigt sich Mitgefühl darin, dass du nicht nur mitfühlst, sondern auch fragst: „Wie kann ich helfen?" oder „Was kann ich tun, um dich zu unterstützen? "

- **Für dich selbst:** Selbstmitgefühl zeigt sich, wenn du dir in Zeiten von Fehlern, Versagen oder Herausforderungen die gleiche Freundlichkeit entgegenbringst, die du einem geliebten Menschen schenken würdest. Es bedeutet, die innere Stimme der Selbstkritik mit einer Stimme des Verständnisses und der Güte zu ersetzen.

Warum Selbstmitgefühl wichtig ist

Selbstmitgefühl ist nicht nur eine nette Idee – es ist ein wesentlicher Bestandteil emotionaler Gesundheit und Resilienz. Ohne Selbstmitgefühl neigen wir dazu, uns in einem ständigen Kreislauf aus Selbstkritik und Perfektionismus zu verfangen, was zu Stress, Ängsten und emotionaler Erschöpfung führt. Indem du lernst, dir selbst Mitgefühl entgegenzubringen, kannst du diesen Kreislauf durchbrechen und einen gesünderen, positiveren Umgang mit dir selbst entwickeln.

Wie Selbstmitgefühl deine emotionale Gesundheit stärkt:

- **Reduziert Selbstkritik und Perfektionismus:** Selbstmitgefühl hilft dir, die unrealistisch hohen Erwartungen an dich selbst zu erkennen und loszulassen. Anstatt dich selbst für jeden Fehler zu verurteilen, erlaubst du dir, menschlich zu sein und aus deinen Erfahrungen zu lernen.

- **Fördert emotionale Resilienz:** Menschen, die Selbstmitgefühl entwickeln, sind widerstandsfähiger gegenüber emotionalen Rückschlägen. Sie wissen, dass sie sich in schwierigen Zeiten selbst trösten und unterstützen können, was ihnen hilft, schneller aus Krisen herauszukommen.

- **Erhöht das allgemeine Wohlbefinden:** Wenn du dir selbst Mitgefühl entgegenbringst, förderst du eine positive, wohlwollende Beziehung zu dir selbst. Dies stärkt nicht nur dein Selbstwertgefühl, sondern hilft dir auch, mit weniger Stress und mehr Freude durch das Leben zu gehen.

Schritte, um Selbstmitgefühl zu kultivieren

Selbstmitgefühl ist eine Praxis, die mit Bewusstsein und Absicht entwickelt werden kann. Es erfordert Übung, besonders wenn du daran gewöhnt bist, dich selbst stark zu kritisieren. Mit der Zeit wird Selbstmitgefühl jedoch zu einem kraftvollen Werkzeug, das dir hilft, dich selbst liebevoller und verständnisvoller zu behandeln.

Achte auf deine innere Stimme: Der erste Schritt zu mehr Selbstmitgefühl besteht darin, dir bewusst zu machen, wie du mit dir selbst sprichst. Wir alle haben eine innere Stimme, die oft kritisch und hart sein kann. Achte darauf, wann diese Stimme aktiv wird – zum Beispiel, wenn du einen Fehler machst oder nicht so viel erreicht hast, wie du wolltest. Ersetze diese kritischen Gedanken durch freundlichere und unterstützendere Worte.

Fragen zur Selbstreflexion:

- Wie würde ich mit einem Freund sprechen, der sich in derselben Situation befindet?

- Was brauche ich in diesem Moment, um mich besser zu fühlen?

Übe dich in Selbstvergebung: Selbstmitgefühl bedeutet auch, sich selbst zu vergeben. Niemand ist perfekt, und Fehler oder Rückschläge gehören zum Leben dazu. Anstatt in Schuldgefühlen oder Selbstvorwürfen zu verharren, kannst du lernen, dir selbst zu vergeben und aus diesen Erfahrungen zu wachsen.

Selbstvergebung praktizieren:

- Erinnere dich daran, dass jeder Fehler macht und dass Rückschläge eine Möglichkeit sind, zu lernen.

- Schreibe einen Brief an dich selbst, in dem du dir für einen Fehler oder eine schwierige Situation vergibst. Dies kann ein kraftvoller Weg sein, um emotionalen Ballast loszulassen.

Nimm dir Zeit für Selbstfürsorge: Selbstmitgefühl zeigt sich auch in der Art und Weise, wie du dich um dich selbst kümmerst. Das Integrieren von Selbstfürsorge-Routinen in deinen Alltag, wie in *Kapitel 16* beschrieben, ist ein wichtiger Bestandteil von Selbstmitgefühl. Es zeigt, dass du dir selbst die Erlaubnis gibst, Pausen zu machen, gut für dich zu sorgen und deine eigenen Bedürfnisse zu respektieren.

Mitgefühl für andere entwickeln

Mitgefühl für andere zu zeigen bedeutet, über reine Empathie hinauszugehen und aktiv zu versuchen, das Leiden anderer zu lindern. Doch wie bei der Empathie muss auch hier ein Gleichgewicht gefunden werden, um nicht selbst auszubrennen. Mitgefühl ist ein Balanceakt, der es dir ermöglicht, für andere da zu sein, ohne dich selbst emotional zu erschöpfen.

Wie du Mitgefühl für andere kultivierst:

- **Aktives Zuhören:** Wenn jemand dir von seinen Herausforderungen erzählt, übe dich im aktiven Zuhören. Sei ganz präsent und versuche, ohne zu urteilen zuzuhören. Zeige dem anderen, dass du seine Gefühle und Erfahrungen wahrnimmst, indem du verständnisvolle Fragen stellst und reflektierst, was du gehört hast.

- **Kleine Gesten der Unterstützung:** Mitgefühl muss nicht immer große Handlungen umfassen. Manchmal sind es die kleinen Gesten – ein freundliches Wort, eine Umarmung oder einfach das Angebot, zuzuhören – die den größten Unterschied machen.

- **Grenzen respektieren:** Mitgefühl bedeutet nicht, die Probleme anderer zu übernehmen. Respektiere deine eigenen emotionalen und physischen Grenzen, während du gleichzeitig Unterstützung anbietest. Du kannst anderen helfen, ohne dich selbst zu vernachlässigen.

Mitgefühl hat eine transformative Kraft, sowohl in der Beziehung zu uns selbst als auch zu anderen. Es erlaubt uns, emotionale Wunden zu heilen, weil es uns zeigt, dass wir nicht allein sind und dass unser Leiden anerkannt wird – von uns selbst und von anderen. Menschen, die Mitgefühl entwickeln, sind in der Lage, emotionalen Schmerz auf gesunde Weise zu verarbeiten, anstatt ihn zu verdrängen oder zu ignorieren.

Mitgefühl als Heilungsweg:

- **Heilung durch Selbstmitgefühl:** Indem du dir selbst mit Mitgefühl begegnest, gibst du dir die Erlaubnis, Fehler zu machen und trotzdem liebenswert und wertvoll zu sein. Dies hilft dir, Selbstvorwürfe loszulassen und emotionalen Ballast abzuwerfen.

- **Heilung durch Mitgefühl für andere:** Wenn wir Mitgefühl für andere zeigen, schaffen wir einen Raum, in dem emotionale Heilung geschehen kann. Dieser Akt der Menschlichkeit fördert Verbundenheit und Vertrauen und ermöglicht es, schwierige Emotionen wie Schmerz oder Trauer gemeinsam zu tragen.

Mitgefühl als tägliche Praxis

Mitgefühl zu kultivieren – sowohl für dich selbst als auch für andere – ist eine tägliche Praxis, die bewusstes Handeln erfordert. Sie beginnt mit dem Verständnis, dass jeder Mensch – auch du selbst – Mitgefühl verdient. Wenn du diese Praxis regelmäßig in deinen Alltag integrierst, stärkst du nicht nur dein eigenes emotionales Wohlbefinden, sondern auch die Qualität deiner Beziehungen.

Empathie als Ressource für Heilung und Vergebung

Empathie und Vergebung sind eng miteinander verbunden – beide erfordern ein tiefes Verständnis für die Erfahrungen, Emotionen und Perspektiven eines anderen Menschen. Vergebung ist ein Prozess, der oft schwierig und schmerzhaft sein kann, aber sie ist auch ein notwendiger Schritt auf dem Weg zu emotionaler Freiheit und innerem Frieden. Empathie spielt eine zentrale Rolle in diesem Prozess, weil sie uns ermöglicht, das Verhalten und die Absichten anderer aus einer tieferen Perspektive zu betrachten. Durch Empathie können wir uns in die Lage anderer versetzen und erkennen, dass hinter dem Schmerz, den sie uns vielleicht zugefügt haben, oft eigene Verletzungen oder Unsicherheiten stehen.

Vergebung ist nicht nur ein Geschenk an andere, sondern vor allem ein Akt der Befreiung für uns selbst. Sie bedeutet nicht, das Verhalten eines anderen zu entschuldigen oder zu vergessen, sondern die emotionale Last loszulassen, die mit Groll, Wut oder Schmerz verbunden ist. Empathie hilft uns, diesen Prozess auf eine Weise zu durchlaufen, die Heilung ermöglicht – für uns selbst und für die Beziehungen, die uns am meisten am Herzen liegen.

Die heilende Kraft der Empathie

Empathie ist ein kraftvolles Werkzeug zur Heilung, weil sie die Art und Weise verändert, wie wir Schmerz und Konflikte erleben. Indem wir uns bemühen, die Emotionen und Beweggründe anderer zu verstehen, brechen wir den Kreislauf aus Wut, Vorwürfen und Selbstschutz, der oft dazu führt, dass Verletzungen noch tiefer werden. Empathie öffnet einen Raum für Mitgefühl, Verständnis und letztlich Vergebung.

Wie Empathie Heilung fördert:

- **Verstehen statt Verurteilen:** Empathie hilft uns, die Handlungen anderer in einem größeren Kontext zu sehen. Anstatt sofort zu urteilen, ermöglicht uns Empathie, nach den tiefer liegenden Gründen für das Verhalten zu suchen. Dies bedeutet nicht, dass wir das Verhalten entschuldigen, sondern dass wir erkennen, dass Menschen oft aus eigenen Verletzungen oder Ängsten heraus handeln.

- **Abbau von Groll und Wut:** Wenn wir die Perspektive eines anderen Menschen einnehmen, fällt es uns schwerer, in Groll oder Wut zu verharren. Empathie erinnert uns daran, dass alle Menschen – auch diejenigen, die uns verletzt haben – ihre eigenen Herausforderungen und Schwächen haben. Dies hilft uns, negative Emotionen loszulassen, die uns daran hindern, voranzukommen.

- **Förderung von Vergebung:** Vergebung ist oft eine Folge von Empathie. Wenn wir erkennen, dass die Person, die uns verletzt hat, ebenfalls mit eigenen Problemen zu kämpfen hat, fällt es uns leichter, loszulassen. Dies bedeutet nicht, dass wir den Schmerz ignorieren oder das Verhalten gutheißen, sondern dass wir uns selbst die Freiheit geben, uns von der Last der negativen Emotionen zu befreien.

Vergebung: Ein Akt der Selbstfürsorge

Oft denken wir, dass Vergebung eine Geste ist, die wir anderen gegenüber machen – ein Geschenk, das wir denen geben, die uns Unrecht getan haben. Doch in Wahrheit ist Vergebung in erster Linie ein Akt der Selbstfürsorge. Indem wir vergeben, befreien wir uns von der Last des Grolls und der Bitterkeit, die unser emotionales Wohlbefinden belasten. Vergebung hilft uns, den Schmerz loszulassen, der uns an negative Erfahrungen bindet, und schafft Raum für Heilung und Wachstum.

Die heilende Wirkung von Vergebung:

- **Emotionale Freiheit:** Groll und Wut halten uns emotional gefangen. Wenn wir uns entscheiden, zu vergeben, lassen wir diese negativen Emotionen los und schaffen Platz für positive Gefühle wie Frieden, Erleichterung und Mitgefühl.

- **Reduktion von Stress und Angst:** Emotionale Lasten wie Groll und nicht verarbeitete Wut sind eine ständige Quelle von Stress. Vergebung reduziert diesen emotionalen Druck und hilft uns, ein tieferes Gefühl der Gelassenheit zu entwickeln.

  Stärkung der Resilienz: Menschen, die vergeben können, sind emotional widerstandsfähiger. Sie lernen, aus Verletzungen zu wachsen, anstatt von ihnen definiert zu werden. Vergebung gibt uns die Möglichkeit, unsere Vergangenheit hinter uns zu lassen und eine stärkere, gesündere Zukunft aufzubauen.

Empathie und Vergebung in Beziehungen

In zwischenmenschlichen Beziehungen – sei es in Freundschaften, Partnerschaften oder in der Familie – sind Konflikte und Verletzungen unvermeidlich. Doch wie wir mit diesen Verletzungen umgehen, entscheidet über die Gesundheit und Tiefe unserer Beziehungen. Empathie hilft uns, die Perspektive des anderen zu verstehen und Konflikte nicht als persönlichen Angriff, sondern als Teil der menschlichen Erfahrung zu sehen.

Empathie als Schlüssel zur Vergebung in Beziehungen:

- **Erkenne die Menschlichkeit des anderen:** Empathie erinnert uns daran, dass jeder Mensch – auch diejenigen, die uns verletzt haben – menschliche Schwächen hat. Indem wir die Menschlichkeit des anderen anerkennen, schaffen wir die Grundlage für Vergebung. Wir sehen die Person nicht nur durch die Linse der Verletzung, sondern auch als jemanden, der mit eigenen inneren Kämpfen und Unsicherheiten zu kämpfen hat.

- **Vermeide den Opfer-Täter-Dichotomie:** Empathie ermöglicht es uns, über die einfache Opfer-Täter-Dichotomie hinauszusehen. In vielen Fällen sind beide Parteien in einem Konflikt verletzt oder haben Fehler gemacht. Durch Empathie können wir erkennen, dass Vergebung ein gegenseitiger Prozess sein kann, bei dem beide Seiten Heilung finden.

- **Verbindung durch Mitgefühl:** Empathie fördert Mitgefühl, und Mitgefühl schafft Verbindung. Wenn du in einer Beziehung Mitgefühl zeigst – selbst in Zeiten von Konflikt oder Schmerz – ermöglichst du, dass die Bindung tiefer und authentischer wird. Vergebung in einer Beziehung ist oft das Ergebnis eines Prozesses, bei dem beide Seiten lernen, sich gegenseitig mit Freundlichkeit und Verständnis zu begegnen.

Selbstvergebung: Der schwierigste Schritt

Während es oft schwer genug ist, anderen zu vergeben, kann es noch schwieriger sein, uns selbst zu vergeben. Selbstvergebung erfordert, dass wir unsere eigenen Fehler und Unvollkommenheiten anerkennen, ohne uns selbst hart zu verurteilen. Es ist ein Akt der Selbstmitgefühl und der Anerkennung, dass wir, wie alle anderen, fehlbar sind.

Wie du Selbstvergebung praktizierst:

- **Akzeptiere deine Menschlichkeit:** Der erste Schritt zur Selbstvergebung besteht darin, deine eigenen Fehler anzuerkennen und zu akzeptieren, dass Unvollkommenheit ein Teil des Menschseins ist. Niemand ist perfekt, und

Fehler sind ein natürlicher Teil des Lernens und Wachsens.

- **Lerne aus der Erfahrung:** Selbstvergebung bedeutet nicht, unsere Fehler zu ignorieren oder schönzureden. Es bedeutet, aus ihnen zu lernen und zu wachsen, anstatt uns von ihnen definieren zu lassen. Frage dich: „Was kann ich aus dieser Erfahrung mitnehmen? Wie kann ich mich weiterentwickeln?"

- **Übe dich in Selbstmitgefühl:** Wie bereits im letzten Unterkapitel besprochen, ist Selbstmitgefühl entscheidend für den Prozess der Selbstvergebung. Behandle dich selbst mit der gleichen Güte, die du einem Freund entgegenbringen würdest, der einen Fehler gemacht hat.

Empathie und Vergebung: Ein Kreislauf der Heilung

Empathie und Vergebung bilden einen Kreislauf, der uns erlaubt, emotionale Wunden zu heilen und wieder voranzukommen. Wenn wir mit Empathie auf unsere eigenen Fehler oder die anderer blicken, schaffen wir Raum für Vergebung – und Vergebung ist der Schlüssel zur emotionalen Freiheit. Dieser Kreislauf hilft uns, alte Verletzungen loszulassen und uns emotional zu befreien, damit wir gesunde, erfüllte Beziehungen zu uns selbst und anderen aufbauen können.

Empathie als Ressource zur Vergebung:

- **Verständnis führt zu Vergebung:** Je mehr wir die Perspektive und die Emotionen eines anderen verstehen, desto eher können wir vergeben. Empathie ermöglicht es uns, das Verhalten des anderen zu verstehen, anstatt es zu verurteilen.

- **Vergebung führt zu Heilung:** Durch Vergebung heilen wir unsere eigenen emotionalen Wunden. Indem wir negative Emotionen loslassen, schaffen wir Raum für Frieden und emotionales Wohlbefinden.

KAPITEL 18: KREATIVER AUSDRUCK ALS VENTIL FÜR EMOTIONEN

Der Zusammenhang zwischen Kreativität und emotionaler Gesundheit

Kreativer Ausdruck ist weit mehr als ein Hobby oder eine Freizeitbeschäftigung – er ist ein kraftvolles Werkzeug, um unsere innersten Gefühle zu verarbeiten und auszudrücken. Kreativität erlaubt uns, Zugang zu Emotionen zu finden, für die wir vielleicht keine Worte haben, und sie auf eine Weise zu verarbeiten, die uns emotional entlastet und befreit. Ob durch Schreiben, Malen, Musik oder andere Formen kreativen Ausdrucks: Die Schaffung von Kunst in jeglicher Form bietet ein Ventil für Emotionen und fördert gleichzeitig unsere emotionale Gesundheit.

Oft erleben wir, dass uns Worte fehlen, um unsere Gefühle vollständig auszudrücken, oder dass wir nicht genau verstehen, was in unserem Inneren vorgeht. Kreativität bietet uns eine Alternative zum verbalen Ausdruck. Sie ermöglicht uns, Emotionen zu kanalisieren, die tief in uns verwurzelt sind, und sie in einer greifbaren Form zu externalisieren. In diesem Prozess kann Heilung geschehen, weil wir nicht nur unsere Emotionen freisetzen, sondern auch neue Einsichten und ein tieferes Verständnis für uns selbst entwickeln.

Kreativität als Weg zur Selbstreflexion

Kreativität und emotionaler Ausdruck sind eng miteinander verbunden. Der kreative Prozess bietet uns eine Gelegenheit zur Selbstreflexion, indem er uns dazu einlädt, uns mit unseren inneren Welten auseinanderzusetzen. Egal, ob du ein Bild malst, eine Geschichte schreibst oder Musik machst – der kreative Ausdruck ist oft eine Reflexion deines inneren Zustands. Während du kreativ tätig bist, öffnet sich ein Raum, in dem du deine Gedanken und Gefühle auf eine tiefere Ebene bringen kannst, oft ohne dir dessen bewusst zu sein.

Warum Kreativität für die emotionale Gesundheit wichtig ist:

Zugang zu unterdrückten Emotionen: Viele von uns tragen Emotionen mit sich herum, die wir unterdrücken oder vermeiden, weil sie zu schmerzhaft oder schwer verständlich sind. Kreativer Ausdruck bietet einen sicheren Raum, um diese

Emotionen zu erforschen und ihnen einen Ausgang zu geben, ohne dass wir sie direkt benennen oder analysieren müssen.

Erhöhung der emotionalen Klarheit: Durch kreativen Ausdruck gewinnen wir oft Klarheit über unsere eigenen Gefühle. Wenn wir schreiben, malen oder Musik machen, manifestieren sich Emotionen auf einer Ebene, die uns sonst vielleicht verborgen bleibt. Dieser Prozess kann zu neuen Einsichten führen und hilft uns, unsere inneren Konflikte und Herausforderungen besser zu verstehen.

Förderung der emotionalen Resilienz: Der kreative Prozess gibt uns nicht nur die Möglichkeit, unsere Emotionen auszudrücken, sondern auch, sie zu transformieren. Durch die Schaffung von Kunst können wir lernen, mit unseren Gefühlen auf konstruktive Weise umzugehen, was unsere emotionale Widerstandskraft stärkt. Kreativität gibt uns die Macht, schwierige Gefühle in etwas Greifbares und Positives zu verwandeln.

Kreativität als Stressabbau und emotionales Ventil

In unserer hektischen und oft stressigen Welt ist es leicht, von unseren täglichen Verpflichtungen und Sorgen überwältigt zu werden. Kreativer Ausdruck kann hier als ein kraftvoller Stressabbau dienen. Indem wir uns auf einen kreativen Prozess einlassen, sei es durch Schreiben, Malen oder Musikmachen, lenken wir unsere Aufmerksamkeit von den stressigen Gedanken und Gefühlen ab und tauchen in einen Zustand des „Flows" ein. Dieser Zustand der völligen Konzentration und Versunkenheit fördert das emotionale Wohlbefinden und wirkt wie eine Pause von den Sorgen des Alltags.

Wie Kreativität Stress abbaut:

- **Schafft Abstand von Problemen:** Wenn du kreativ tätig bist, verschiebt sich dein Fokus von den belastenden Gedanken oder Emotionen hin zu dem kreativen Prozess. Dies gibt dir eine dringend benötigte Auszeit von Stress und erlaubt deinem Geist, sich zu entspannen und zu erholen.

- **Fördert Entspannung und Achtsamkeit:** Kreative Tätigkeiten wie Zeichnen, Schreiben oder Musizieren bringen dich in den gegenwärtigen Moment und fördern so Achtsamkeit. Wenn du deine volle Aufmerksamkeit auf den kreativen Prozess richtest, erlebst du oft eine tiefere Entspannung und eine

Abnahme von Stresshormonen.

- **Ausdruck ohne Bewertung:** Kreativität gibt dir die Freiheit, dich auszudrücken, ohne dich selbst zu bewerten oder zu verurteilen. Im Gegensatz zu vielen anderen Aspekten unseres Lebens, bei denen Leistung und Perfektion im Vordergrund stehen, erlaubt dir Kreativität, einfach zu sein – ohne Erwartungen oder Druck.

Die Wissenschaft hinter Kreativität und emotionaler Gesundheit

Es gibt inzwischen zahlreiche wissenschaftliche Belege dafür, dass kreativer Ausdruck einen positiven Einfluss auf unsere emotionale und mentale Gesundheit hat. Kreative Aktivitäten wie Schreiben, Malen oder Musizieren aktivieren das Gehirn auf eine Weise, die das emotionale Gleichgewicht fördert und uns hilft, mit Stress, Angst und Traurigkeit besser umzugehen.

Wissenschaftliche Erkenntnisse zur Kreativität und emotionalem Wohlbefinden:

- **Aktivierung des Belohnungssystems:** Kreative Tätigkeiten setzen im Gehirn Dopamin frei – das „Wohlfühlhormon", das für positive Gefühle und Freude verantwortlich ist. Dadurch fühlen wir uns nach kreativen Aktivitäten oft entspannter und glücklicher.

- **Förderung von neuronaler Plastizität:** Kreative Prozesse fördern die neuronale Plastizität, das heißt, die Fähigkeit des Gehirns, sich zu verändern und anzupassen. Dies ist besonders wichtig, um neue Denkweisen zu entwickeln und emotionale Blockaden zu überwinden.

- **Stressreduktion durch Konzentration:** Wenn wir uns auf eine kreative Aufgabe konzentrieren, sinkt unser Cortisolspiegel – ein Hormon, das in stressigen Situationen ausgeschüttet wird. Kreativer Ausdruck fördert also nicht nur die emotionale Gesundheit, sondern auch die physische Entspannung.

Kreativität und der Umgang mit schwierigen Emotionen

Kreativer Ausdruck bietet uns eine kraftvolle Möglichkeit, mit schwierigen oder schmerzhaften Emotionen umzugehen. Oft sind es genau diese Gefühle, die schwer in Worte zu fassen sind oder die wir vielleicht sogar lieber vermeiden würden. Kreativität eröffnet uns jedoch einen Weg, diese Emotionen in einer Form zu verarbeiten, die weniger direkt, aber dennoch zutiefst wirkungsvoll ist. Dies ist besonders hilfreich bei Emotionen wie Trauer, Angst, Wut oder Frustration, die uns sonst überwältigen könnten.

Wie Kreativität bei schwierigen Emotionen hilft:

- **Verarbeitung von Trauer und Verlust:** Kreativer Ausdruck kann eine tiefgehende Form der Trauerarbeit sein. Wenn wir trauernde Gefühle in Kunst, Musik oder Schreiben kanalisieren, schaffen wir einen Raum, um den Verlust zu verarbeiten und gleichzeitig etwas Schönes daraus zu erschaffen.

- **Umwandlung von Wut und Frustration:** Wut und Frustration sind intensive Emotionen, die oft schwer zu bewältigen sind. Kreative Tätigkeiten bieten einen sicheren Raum, um diese Emotionen auszudrücken, ohne Schaden anzurichten. Durch Malen, Schreiben oder Musikmachen können wir Wut transformieren und sie in etwas Produktives und Konstruktives umwandeln.

- **Erforschung von Angst und Unsicherheit:** Kreativität gibt uns die Möglichkeit, unsere Ängste zu erforschen, ohne von ihnen überwältigt zu werden. Indem wir unseren Ängsten durch Kunst oder Schreiben Gestalt verleihen, können wir sie besser verstehen und entmystifizieren.

Kreativität als langfristige Praxis emotionaler Gesundheit

Kreativer Ausdruck sollte nicht nur als kurzfristige Bewältigungsstrategie gesehen werden, sondern als langfristige Praxis für emotionale Gesundheit. Indem wir regelmäßig kreative Aktivitäten in unseren Alltag integrieren, schaffen wir eine kontinuierliche Möglichkeit, unsere Emotionen zu verarbeiten, Stress abzubauen und unsere innere Balance zu wahren. Kreativität wird so zu einem Werkzeug, das uns hilft, auch in schwierigen Zeiten Stabilität und Resilienz zu bewahren.

Jetzt werden wir spezifische kreative Wege erkunden, die du nutzen kannst, um deinen Emotionen Ausdruck zu verleihen und emotionale Balance zu finden.

Schreiben, Kunst, Musik – Wege, um Emotionen auszudrücken

Kreativer Ausdruck ist ein universelles Werkzeug, um Emotionen zu verarbeiten und loszulassen. Egal, ob es darum geht, Freude, Trauer, Wut oder Unsicherheit auszudrücken – kreative Tätigkeiten wie Schreiben, Kunst und Musik bieten uns eine Form der Kommunikation, die über Worte hinausgeht. Durch kreatives Schaffen können wir das ausdrücken, wofür es oft keine passenden Worte gibt, und dabei emotionale Blockaden lösen, Stress abbauen und zu mehr innerer Klarheit finden.

Jeder Mensch hat eine einzigartige Art, seine Gefühle auszudrücken, und kreative Tätigkeiten sind so vielfältig wie unsere Emotionen selbst. Manche Menschen finden Erleichterung durch das Schreiben, andere durch das Malen, Zeichnen oder Musizieren. In diesem Unterkapitel erforschen wir verschiedene kreative Ausdrucksformen und wie sie dir helfen können, deine Emotionen auf eine tiefgehende und befreiende Weise zu kanalisieren.

Schreiben als Ventil für Emotionen

Schreiben ist eine der zugänglichsten und kraftvollsten Möglichkeiten, um Emotionen zu verarbeiten. Es erlaubt uns, Gedanken und Gefühle zu ordnen, zu reflektieren und ihnen eine Struktur zu geben. Ob Tagebuchschreiben, Gedichte, Geschichten oder einfach nur freies Schreiben – das geschriebene Wort kann uns helfen, emotionale Klarheit zu gewinnen und uns selbst auf einer tieferen Ebene zu verstehen.

Wie Schreiben emotional hilft:

- **Tagebuchschreiben für Klarheit und Reflexion:** Tagebuchschreiben ist ein einfacher, aber effektiver Weg, um Gedanken und Gefühle auszudrücken, die wir oft unterdrücken oder nicht aussprechen können. Indem wir unsere Gedanken aufschreiben, gewinnen wir emotionale Distanz und Klarheit. Es gibt uns Raum, um Dinge zu reflektieren und zu verstehen, was tief in uns vorgeht.

- **Freies Schreiben zur Verarbeitung intensiver Emotionen:** Freies Schreiben – das Schreiben ohne Struktur oder Ziel – kann eine tief befreiende Übung sein, um intensive Gefühle zu verarbeiten. Du beginnst einfach, zu schreiben, was dir in den Sinn kommt, ohne auf Grammatik, Logik oder Struktur zu achten. Diese Methode erlaubt es dir, deinen Gefühlen freien Lauf zu lassen, ohne dich durch

Erwartungen oder Bewertungen einzuschränken.

- **Schreiben als kreativer Ausdruck von Gefühlen:** Geschichten oder Gedichte zu schreiben kann ein kraftvolles Ventil für Emotionen sein. Du kannst Gefühle durch fiktive Charaktere oder Erzählungen ausdrücken, was oft leichter ist, als direkt über deine eigenen Erfahrungen zu sprechen. Diese Methode kann dir helfen, einen sicheren Raum zu schaffen, in dem du schmerzhafte oder schwierige Emotionen verarbeiten kannst.

Kunst als Ausdruck von Gefühlen

Kunst ist eine weitere kraftvolle Möglichkeit, um Emotionen auszudrücken. Für viele Menschen ist visuelle Kunst ein Kanal, um Gefühle auf eine Weise darzustellen, die über Worte hinausgeht. Farben, Formen und Linien können Emotionen symbolisieren, die schwer in Worte zu fassen sind. Ob du zeichnest, malst oder mit anderen künstlerischen Materialien arbeitest – Kunst gibt dir die Freiheit, Emotionen visuell zu erkunden und zu transformieren.

Wie Kunst als emotionaler Ausdruck funktioniert:

- **Farben als emotionales Ventil:** Farben haben eine tiefe emotionale Bedeutung und können verwendet werden, um Gefühle zu vermitteln, die du vielleicht nicht in Worte fassen kannst. Warme Farben wie Rot und Orange können für Wut oder Leidenschaft stehen, während kühle Farben wie Blau oder Grün oft Ruhe oder Traurigkeit symbolisieren. Indem du Farben bewusst einsetzt, kannst du deinen inneren emotionalen Zustand auf die Leinwand oder das Papier bringen.

- **Formen und Symbole für emotionale Verarbeitung:** Auch Formen und Symbole können Emotionen ausdrücken. Abstrakte Formen, Linien oder Kreise können das Chaos oder die Klarheit in deinen Gedanken widerspiegeln. Indem du Symbole verwendest, die für dich eine persönliche Bedeutung haben, kannst du deine innere Welt auf eine greifbare Weise nach außen bringen.

- **Prozess des Malens oder Zeichnens als Meditation:** Der kreative Prozess selbst – das Halten des Pinsels, das Zeichnen von Linien oder das Mischen von Farben – kann meditative Qualitäten haben. Diese langsame, bewusste Aktivität hilft dir, im Moment präsent zu sein, deinen Stress zu reduzieren und dich mit deinen Gefühlen zu verbinden, ohne sie verbal ausdrücken zu müssen.

Musik als Kanal für Emotionen

Musik hat eine einzigartige Kraft, uns auf einer tiefen emotionalen Ebene zu berühren. Sie kann Gefühle auslösen, verstärken oder beruhigen. Für viele Menschen ist Musik der direkteste Weg, Emotionen auszudrücken, besonders wenn Worte nicht ausreichen. Ob durch das Hören von Musik, das Spielen eines Instruments oder das Komponieren eigener Stücke – Musik kann ein Ventil sein, um intensive Emotionen zu verarbeiten und loszulassen.

Wie Musik emotionale Heilung fördert:

- **Emotionen durch Melodien und Rhythmen ausdrücken:** Musik bietet uns die Möglichkeit, Emotionen durch Klang und Rhythmus zu kanalisieren. Eine sanfte, langsame Melodie kann Trauer oder Sehnsucht ausdrücken, während ein schneller, intensiver Rhythmus Wut oder Freude darstellen kann. Wenn du selbst ein Instrument spielst oder singst, kannst du die Musik als direkten Ausdruck deiner inneren Gefühlswelt nutzen.

- **Musik als kathartisches Erlebnis:** Musik hat eine kathartische Wirkung – sie kann intensive Emotionen freisetzen und dir helfen, emotionalen Druck abzubauen. Wenn du dich traurig, frustriert oder überfordert fühlst, kann das Spielen eines Instruments oder das Hören einer kraftvollen Melodie eine Möglichkeit sein, diese Gefühle zu verarbeiten und loszulassen.

- **Musik als Weg zur Achtsamkeit:** Musik hat auch die Fähigkeit, uns in den Moment zu bringen. Das bewusste Hören oder Spielen von Musik kann ein achtsames Erlebnis sein, bei dem du deinen Fokus von deinen Sorgen auf die Klänge und Rhythmen lenkst. Diese Praxis hilft dir, dich emotional zu beruhigen und dich auf eine Weise mit dir selbst zu verbinden, die ohne Worte stattfindet.

Kreativer Ausdruck als persönlicher Weg

Ob Schreiben, Kunst oder Musik – der kreative Ausdruck ist zutiefst persönlich. Jeder Mensch findet unterschiedliche Wege, um Emotionen auszudrücken, und es gibt keine „richtige" Methode. Wichtig ist, dass du herausfindest, welche Form des kreativen Ausdrucks für dich am besten funktioniert und dir erlaubt, deine Emotionen authentisch und frei zu zeigen.

Vielleicht findest du Freude im Schreiben von Gedichten, die deine tiefsten Gedanken reflektieren. Vielleicht gibst du deinen Gefühlen Farbe und Form durch das Malen. Oder vielleicht sind es die Klänge einer Melodie, die dir helfen, deinen emotionalen Zustand zu verarbeiten. Welche Methode du auch wählst, der kreative Ausdruck bietet dir die Möglichkeit, Emotionen zu kanalisieren, zu verarbeiten und schließlich loszulassen.

Kreative Techniken, um emotionale Blockaden zu lösen

Emotionale Blockaden sind oft das Resultat unverarbeiteter oder unterdrückter Gefühle, die sich über die Zeit hinweg festsetzen und uns daran hindern, emotional frei und authentisch zu leben. Diese Blockaden können sich auf unterschiedliche Weise zeigen – sei es durch innere Unruhe, das Gefühl von Stillstand oder sogar durch körperliche Symptome. Kreativer Ausdruck bietet eine wirksame Möglichkeit, solche Blockaden zu erkennen und aufzulösen. Indem du bewusst kreative Techniken anwendest, kannst du Zugang zu deinen tiefer liegenden Emotionen finden und sie Schritt für Schritt verarbeiten und loslassen.

Kreativität eröffnet uns Räume, in denen wir uns ausdrücken können, ohne von den Begrenzungen rationalen Denkens oder der Angst vor Bewertung eingeschränkt zu werden. Es geht nicht darum, Kunst zu schaffen, die anderen gefällt, sondern darum, Prozesse zu erleben, die dich in Kontakt mit deinem inneren Selbst bringen und es dir ermöglichen, festgefahrene emotionale Muster zu durchbrechen. In diesem Unterkapitel erforschen wir verschiedene kreative Techniken, die dir helfen können, emotionale Blockaden aufzulösen und dein emotionales Wohlbefinden zu stärken.

Freies Schreiben, um verborgene Emotionen zu entlarven

Eine der effektivsten kreativen Techniken, um emotionale Blockaden zu lösen, ist das freie Schreiben. Diese Methode erlaubt es dir, Gedanken und Gefühle ungefiltert auf das Papier zu bringen, ohne dir Gedanken über Struktur, Stil oder Grammatik zu machen. Das Ziel ist, alles aufzuschreiben, was dir in den Sinn kommt, und damit den Zugang zu den tieferen Schichten deines Bewusstseins zu öffnen.

Wie freies Schreiben emotionale Blockaden löst:

- **Verborgene Emotionen an die Oberfläche bringen:** Beim freien Schreiben lässt du deinen Gedanken freien Lauf. Oft erscheinen auf diese Weise Emotionen oder Erinnerungen, die du vielleicht verdrängt oder ignoriert hast. Das Schreiben hilft dir, diese verborgenen Gefühle an die Oberfläche zu bringen und sie bewusster wahrzunehmen.

- **Das Unterbewusstsein ansprechen:** Freies Schreiben ermöglicht es dir, dein Unterbewusstsein direkt anzusprechen. Anstatt bewusst nach Lösungen oder Antworten zu suchen, erlaubt dir diese Technik, deinen inneren Dialog ungehindert fließen zu lassen, was oft zu neuen Einsichten führt.

- **Druck abbauen:** Schreiben kann auch als ein Ventil für angestaute Emotionen dienen. Indem du deine Gedanken und Gefühle zu Papier bringst, baust du emotionalen Druck ab und schaffst Raum für mehr Klarheit und Entlastung.

Anleitung zum freien Schreiben:

- Setze dir eine Zeitvorgabe (z. B. 10 oder 15 Minuten), in der du kontinuierlich schreibst, ohne den Stift abzusetzen.

- Schreibe ohne Zensur oder Bewertung – alles, was dir in den Sinn kommt, darf aufs Papier.

- Lasse deine Gedanken fließen, ohne dich darum zu kümmern, ob sie logisch oder kohärent sind.

Malen und Zeichnen als emotionaler Ausdruck

Kreativer Ausdruck muss nicht immer über Worte erfolgen – oft kann das Arbeiten mit Farben und Formen eine tiefere Verbindung zu unseren Emotionen herstellen. Malen und Zeichnen ermöglichen es dir, deine Gefühle auf eine visuelle Weise zu externalisieren und dabei einen nicht-verbalen Dialog mit deinem inneren Selbst zu führen. Besonders in Momenten, in denen du dich emotional blockiert fühlst, kann das Arbeiten mit Farben und Symbolen ein mächtiges Werkzeug sein, um diese Blockaden zu lösen.

Wie Malen und Zeichnen helfen, emotionale Blockaden zu lösen:

- **Gefühle durch Farben ausdrücken:** Farben haben eine starke emotionale Resonanz. Wenn du dich blockiert fühlst, kann die Wahl bestimmter Farben eine direkte Verbindung zu deinen Gefühlen schaffen. Leuchtende Farben wie Rot oder Orange können angestaute Wut oder Frustration symbolisieren, während sanfte Blau- oder Grüntöne beruhigend wirken können.

- **Abstrakte Formen für innere Prozesse:** Manchmal ist es schwer, unsere Emotionen in konkrete Bilder zu fassen. Das Erstellen abstrakter Formen oder Linien bietet eine Möglichkeit, unbewusste Gefühle auszudrücken, ohne dass du sie zunächst verstehen oder benennen musst. Diese Formen können einen emotionalen Prozess darstellen, der dir hilft, Klarheit über deine inneren Blockaden zu gewinnen.

- **Kreatives Experimentieren:** Das Experimentieren mit verschiedenen Materialien wie Aquarellfarben, Kreiden oder Pastellfarben kann den kreativen Prozess anregen und dir helfen, emotionale Hindernisse loszulassen. Der Prozess des Malens oder Zeichnens wird so zu einer Möglichkeit, dich auf spielerische Weise mit deinen Gefühlen auseinanderzusetzen.

Bewegung und Tanz als Mittel zur emotionalen Freisetzung

Emotionen werden oft im Körper gespeichert, und eine kreative Möglichkeit, sie zu befreien, ist durch Bewegung und Tanz. Körperliche Bewegung hilft, emotionale Blockaden aufzulösen, die sich als Spannungen oder Unruhe im Körper manifestieren können. Durch Tanz oder freie Bewegung gibst du deinen Emotionen Raum, sich durch den Körper auszudrücken, ohne dass du sie bewusst benennen musst.

Wie Bewegung und Tanz emotionale Blockaden lösen:

- **Den Körper als emotionalen Kanal nutzen:** Viele Emotionen, besonders Angst, Wut oder Stress, manifestieren sich körperlich. Indem du deinen Körper bewegst, erlaubst du diesen Emotionen, aus den „eingeschlossenen" Bereichen deines Körpers zu entweichen und sich auf eine gesunde Weise zu entladen.

- **Tanz als nonverbaler Ausdruck:** Tanz ist eine kraftvolle Möglichkeit, Emotionen durch den Körper auszudrücken. Du musst keine formalen Tanzschritte beherrschen – es geht darum, dich frei zu bewegen und deinem Körper zu erlauben, das auszudrücken, was Worte nicht erreichen können. Tanz gibt dir die Freiheit, Gefühle durch Bewegung zu verarbeiten und Blockaden abzubauen.

- **Achtsame Körperarbeit:** Eine sanfte, bewusste Bewegung wie Yoga, Tai-Chi oder Qigong kann ebenfalls helfen, emotionale Blockaden zu lösen. Diese achtsamen Bewegungspraktiken kombinieren Atmung und Bewegung, um den Fluss der Energie im Körper zu fördern und emotionale Blockaden aufzulösen, die sich in bestimmten Körperregionen festgesetzt haben.

Musik und Klangtherapie zur Befreiung von Emotionen

Musik und Klang sind kraftvolle Werkzeuge, um emotionale Blockaden zu lösen, da sie tief in unser emotionales Erleben eingreifen und oft Gefühle ansprechen, die wir nicht rational verstehen oder kontrollieren können. Musik kann dabei helfen, unterdrückte Emotionen freizusetzen und emotionale Heilung zu fördern. Klangtherapie – etwa durch den Einsatz von Klangschalen oder Mantras – geht noch einen Schritt weiter, indem sie spezifische Schwingungen nutzt, um den emotionalen und energetischen Fluss im Körper zu unterstützen.

Wie Musik und Klang emotionale Blockaden lösen:

- **Musik als Katalysator für Emotionen:** Musik hat die Fähigkeit, intensive emotionale Reaktionen auszulösen. Wenn du dich blockiert fühlst, kann das bewusste Hören von Musik – sei es beruhigende oder kraftvolle Musik – helfen, festgehaltene Emotionen zu bewegen und loszulassen. Du kannst auch selbst Musik machen, indem du singst oder ein Instrument spielst, um die

238

Emotionen durch Klang freizusetzen.

- **Klangtherapie für emotionale Befreiung:** Klangschalen, Gongs oder Mantras erzeugen Schwingungen, die tief in den Körper eindringen und emotionale Blockaden auflösen können. Diese Schwingungen harmonisieren den Energiefluss im Körper und helfen, festgehaltene Emotionen freizusetzen, die sich auf körperlicher oder emotionaler Ebene manifestiert haben.

- **Stimmloslassen durch Tönen:** Einfache stimmliche Übungen wie Tönen oder Summen können eine heilende Wirkung auf emotionale Blockaden haben. Diese Techniken, die oft in der Klangtherapie verwendet werden, fördern die Freisetzung von blockierten Emotionen und schaffen gleichzeitig ein Gefühl der Entspannung und des emotionalen Loslassens.

Kreative Rituale zur Befreiung von Blockaden

Rituale sind eine weitere kraftvolle Möglichkeit, um emotionale Blockaden zu lösen. Ein kreatives Ritual kann eine strukturierte Form des emotionalen Ausdrucks sein, bei dem du bewusst einen Raum schaffst, um Gefühle zu verarbeiten und loszulassen. Ob du eine Kerze anzündest, ein Symbol für deine Emotionen malst oder einen Brief an dich selbst schreibst und ihn verbrennst – Rituale bieten dir einen sicheren Raum, um deine Emotionen symbolisch loszulassen.

Wie kreative Rituale helfen, emotionale Blockaden zu lösen:

- **Symbolisches Loslassen:** Ein kreatives Ritual ermöglicht dir, Emotionen auf symbolische Weise loszulassen. Du könntest beispielsweise einen Brief schreiben, der deine Blockaden beschreibt, und ihn dann verbrennen, um symbolisch den emotionalen Ballast loszulassen.

- **Schaffung eines sicheren Raums:** Rituale bieten dir einen strukturierten Rahmen, in dem du dich sicher und gehalten fühlst. Dieser Raum ermöglicht es dir, dich emotional zu öffnen und Blockaden zu lösen, die dich in deinem Alltag festhalten.

KAPITEL 19: DIE KUNST DES LOSLASSENS

Loslassen von negativen Emotionen, Glaubenssätzen und Situationen

Loslassen ist eine der herausforderndsten und zugleich befreiendsten Praktiken, die wir auf unserem emotionalen Weg lernen können. Es bedeutet, alte Geschichten, schmerzhafte Emotionen, belastende Glaubenssätze und negative Situationen loszulassen, die uns festhalten – oft länger, als wir es merken. Der Akt des Loslassens ist nicht einfach, weil er uns auffordert, Vertrautes und vermeintlich Sicheres aufzugeben, selbst wenn es uns schadet. Doch nur wenn wir lernen, loszulassen, schaffen wir Raum für neue, gesündere Perspektiven und Erfahrungen in unserem Leben.

Oft halten wir an Dingen fest, weil sie uns ein Gefühl der Kontrolle geben oder weil sie tief in unserem Selbstbild verankert sind. Wir identifizieren uns mit unseren Emotionen, Glaubenssätzen und Situationen, auch wenn sie uns schaden. Loslassen bedeutet, diese Verbindungen bewusst zu hinterfragen und den Mut zu finden, das zu lösen, was uns nicht mehr dient. In diesem Prozess entsteht eine innere Freiheit, die es uns ermöglicht, in der Gegenwart zu leben, anstatt uns an vergangene Wunden oder negative Gedanken zu klammern.

Warum es schwerfällt, loszulassen

Loslassen klingt oft einfacher, als es ist. Viele von uns halten an negativen Emotionen, Glaubenssätzen oder Situationen fest, weil sie uns auf irgendeine Weise vertraut sind – auch wenn sie uns schaden. Vielleicht glauben wir, dass das Festhalten uns vor noch größerem Schmerz bewahrt, oder wir fürchten, dass wir ohne diese Geschichten oder Emotionen nicht wissen, wer wir sind. Diese Ängste und Unsicherheiten können den Prozess des Loslassens blockieren, selbst wenn wir wissen, dass er notwendig ist.

Gründe, warum Loslassen schwerfällt:

1. **Gewohnheit und Vertrautheit:** Selbst negative Emotionen und Situationen können eine Art Sicherheit bieten, weil sie uns vertraut sind. Das Unbekannte – also das Leben ohne diese Last – erscheint oft bedrohlicher als das

Bekannte, auch wenn es uns schadet.

1. **Falsche Identifikation:** Oft identifizieren wir uns so stark mit unseren Glaubenssätzen oder emotionalen Wunden, dass sie zu einem Teil unseres Selbstbildes werden. Wir glauben, dass das Loslassen dieser Elemente bedeutet, uns selbst zu verlieren. Doch in Wirklichkeit gibt uns das Loslassen die Chance, zu wachsen und uns von schädlichen Überzeugungen oder Mustern zu befreien.

2. **Angst vor dem Schmerz:** Das Loslassen von Emotionen wie Wut, Trauer oder Schuld kann schmerzhaft sein, weil es uns zwingt, uns mit diesen Gefühlen direkt auseinanderzusetzen. Anstatt diesen Schmerz zuzulassen, halten wir oft lieber an den Emotionen fest, auch wenn sie uns belasten.

Negative Emotionen loslassen

Negative Emotionen wie Wut, Groll, Angst oder Trauer können tief in uns verwurzelt sein und unser Leben beeinflussen, ohne dass wir es bewusst merken. Diese Emotionen können uns blockieren, indem sie unsere Energie binden und uns in einem Zustand des emotionalen Unbehagens halten. Das Loslassen dieser Emotionen bedeutet nicht, sie zu ignorieren oder zu unterdrücken, sondern sie anzuerkennen, zu verarbeiten und schließlich loszulassen.

Schritte, um negative Emotionen loszulassen:

*   **Anerkennung der Emotion:** Der erste Schritt ist, die Emotion anzuerkennen, ohne sie zu bewerten oder zu unterdrücken. Es ist wichtig, zu erkennen, was du fühlst, und dir zu erlauben, diese Emotion vollständig zu erleben. Negative Emotionen loszulassen beginnt mit dem Mut, sie zuzulassen.

*   **Reflexion über den Ursprung:** Manchmal sind negative Emotionen tief mit vergangenen Erfahrungen oder ungelösten Konflikten verbunden. Frage dich: „Woher kommt diese Emotion? Was hat sie ausgelöst?" Indem du den Ursprung der Emotion erkennst, kannst du beginnen, sie loszulassen.

*   **Den Schmerz freisetzen:** Negative Emotionen loszulassen, bedeutet oft, sie bewusst freizusetzen. Das kann durch Schreiben, Weinen, körperliche Bewegung oder kreative Tätigkeiten geschehen. Finde eine Methode, die dir erlaubt, die Emotionen auf gesunde Weise aus deinem Körper und Geist zu entlassen.

Unsere Glaubenssätze formen unser Leben und unser Selbstbild – doch nicht alle Glaubenssätze sind positiv oder hilfreich. Viele von uns tragen Überzeugungen mit sich, die uns kleinhalten oder uns daran hindern, unser volles Potenzial zu entfalten. Diese Glaubenssätze können von Erlebnissen in der Kindheit oder negativen Erfahrungen stammen und tief in unserem Unterbewusstsein verankert sein. Sie beeinflussen, wie wir die Welt sehen und wie wir mit uns selbst umgehen. Das Loslassen dieser alten, destruktiven Überzeugungen ist entscheidend, um emotional gesund zu bleiben und zu wachsen.

Wie du alte Glaubenssätze loslässt:

- **Den Glaubenssatz identifizieren:** Der erste Schritt besteht darin, den Glaubenssatz bewusst zu machen. Frage dich: „Was glaube ich über mich selbst oder die Welt, das mich zurückhält?" Ein negativer Glaubenssatz könnte sein: „Ich bin nicht gut genug" oder „Ich verdiene es nicht, glücklich zu sein".

- **Hinterfrage die Wahrheit des Glaubenssatzes:** Viele negative Glaubenssätze sind Überbleibsel alter Erfahrungen und basieren nicht auf der Realität. Frage dich: „Ist dieser Glaubenssatz wirklich wahr? Gibt es Beweise, die ihn stützen, oder halte ich an etwas fest, das nicht mehr gültig ist?" Indem du diese Überzeugungen hinterfragst, schwächst du ihre Macht.

- **Erschaffe neue, positive Überzeugungen:** Um alte Glaubenssätze loszulassen, ist es hilfreich, sie durch neue, stärkende Überzeugungen zu ersetzen. Ein destruktiver Glaubenssatz wie „Ich bin nicht gut genug" könnte durch „Ich bin wertvoll und stark" ersetzt werden. Indem du positive Glaubenssätze bewusst wiederholst, stärkst du dein neues Selbstbild und ermöglichst es dir, das Alte loszulassen.

Loslassen von Situationen, die dir nicht mehr dienen

Manchmal sind es nicht nur Emotionen oder Glaubenssätze, an denen wir festhalten, sondern auch Situationen oder Beziehungen, die uns nicht mehr gut tun. Es kann schwer sein, loszulassen, weil wir oft an die Hoffnung gebunden sind, dass sich die Dinge ändern werden. Doch das Festhalten an Situationen, die uns emotional belasten oder stagnieren lassen, verhindert unser persönliches Wachstum. Loslassen bedeutet, sich von toxischen Mustern zu befreien und den Mut zu haben, Platz für neue, gesündere Erfahrungen zu schaffen.

Wie du belastende Situationen loslässt:

- **Erkenne, was dir nicht mehr dient:** Der erste Schritt besteht darin, zu erkennen, welche Situationen, Menschen oder Umstände dich belasten. Frage dich: „Fühle ich mich in dieser Situation gestärkt oder geschwächt? Trägt sie zu meinem Wachstum bei oder hält sie mich zurück?" Diese ehrliche Reflexion ist entscheidend, um zu erkennen, wo Veränderung nötig ist.

- **Akzeptiere, dass Veränderung unvermeidlich ist:** Oft halten wir an Situationen fest, weil wir uns vor Veränderung fürchten. Doch Veränderung ist ein natürlicher Teil des Lebens. Indem du akzeptierst, dass nicht alle Situationen ewig dauern, kannst du leichter loslassen und den Fluss des Lebens annehmen.

- **Setze Grenzen und nimm Abschied:** Manchmal bedeutet Loslassen, klare Grenzen zu setzen oder sich bewusst von einer Situation zu verabschieden. Das kann ein Job, eine Freundschaft oder eine Lebensphase sein. Indem du dich aktiv von dem löst, was dir nicht mehr dient, gibst du dir selbst die Erlaubnis, weiterzugehen.

Loslassen als Akt der Selbstfürsorge

Letztlich ist das Loslassen von negativen Emotionen, Glaubenssätzen und Situationen ein tiefgreifender Akt der Selbstfürsorge. Es bedeutet, dich selbst genug zu lieben, um das hinter dir zu lassen, was dir nicht mehr dient, und dir Raum zu schaffen für Heilung, Wachstum und neue Möglichkeiten. Loslassen erfordert Mut, aber es eröffnet dir eine Welt der inneren Freiheit und des emotionalen Wohlbefindens.

Übungen und Rituale, um emotionalen Ballast abzulegen

Das bewusste Loslassen von emotionalem Ballast – sei es in Form von negativen Emotionen, alten Glaubenssätzen oder belastenden Situationen – erfordert mehr als nur den Wunsch, es zu tun. Es braucht konkrete Handlungen, die diesen Prozess unterstützen. Übungen und Rituale können dabei eine kraftvolle Rolle spielen, weil sie uns erlauben, den Akt des Loslassens bewusst und symbolisch zu erleben. Diese Rituale geben uns einen strukturierten Rahmen, in dem wir uns mit unseren Gefühlen auseinandersetzen und die emotionale Last loswerden können, die uns zurückhält.

Rituale haben in allen Kulturen eine tiefe Bedeutung. Sie helfen uns, Übergänge zu markieren, innere Prozesse zu begleiten und emotionale Veränderungen zu unterstützen. Indem wir Rituale oder Übungen in den Prozess des Loslassens einbinden, erschaffen wir einen symbolischen Raum, in dem wir den Abschied von alten Emotionen, Glaubenssätzen und Situationen bewusst und feierlich begehen können.

In diesem Unterkapitel werden wir verschiedene Übungen und Rituale erkunden, die dir helfen, emotionalen Ballast abzulegen und Platz für Heilung und Wachstum zu schaffen.

Das Schreiben eines Abschiedsbriefes

Eine der kraftvollsten Übungen, um emotionale Last loszulassen, ist das Schreiben eines Abschiedsbriefes. Dieser Brief ist ein Akt des bewussten Abschiednehmens – von negativen Emotionen, belastenden Glaubenssätzen oder sogar von Menschen oder Situationen, die dich emotional belasten. Indem du deine Gedanken und Gefühle in einem Brief formulierst, schaffst du Klarheit und gibst dir selbst die Erlaubnis, dich zu trennen und loszulassen.

Wie du einen Abschiedsbrief schreibst:

- **Wähle ein Thema:** Überlege, von welchem emotionalen Ballast du dich verabschieden möchtest. Das kann eine spezifische Emotion wie Wut oder Trauer sein, ein alter Glaubenssatz, der dich belastet, oder eine Situation, die du loslassen willst.

- **Schreibe offen und ehrlich:** In deinem Brief kannst du alles ausdrücken, was du in Bezug auf das Thema empfindest. Schreibe, was dich verletzt hat, was du gelernt hast und warum es Zeit ist, loszulassen. Sei ehrlich zu dir selbst und drücke aus, was dir vielleicht schwerfällt, laut auszusprechen.

- **Verabschiede dich symbolisch:** Beende den Brief mit einer bewussten Abschiedserklärung. Du kannst schreiben: „Ich verabschiede mich jetzt von dir und lasse dich los." Dieser Akt des bewussten Loslassens hilft dir, das emotionale Kapitel zu schließen.

- **Verbrenne oder zerreiße den Brief:** Sobald du den Brief geschrieben hast, kannst du ihn symbolisch verbrennen oder zerreißen. Das Ritual des Verbrennens oder Zerstörens steht für das endgültige Loslassen des emotionalen Ballasts und schafft Raum für neue Energie.

Visualisierung: Loslassen durch Imagination

Visualisierungen sind kraftvolle Werkzeuge, um den Prozess des Loslassens zu unterstützen. Sie ermöglichen es dir, dich mental von belastenden Emotionen, Glaubenssätzen oder Situationen zu trennen, indem du dir vorstellst, wie du diese Last loslässt und eine neue innere Freiheit gewinnst. Diese Art der Imagination kann eine tiefgehende emotionale Wirkung haben, weil sie das Unterbewusstsein direkt anspricht.

Wie du eine Visualisierungsübung zum Loslassen machst:

- **Finde einen ruhigen Ort:** Setze oder lege dich an einen Ort, an dem du dich entspannen kannst. Schließe die Augen und atme tief ein und aus, um deinen Geist zu beruhigen und dich auf die Übung vorzubereiten.

- **Stelle dir deine Last vor:** Visualisiere das, was du loslassen möchtest – sei es eine Emotion, eine Situation oder ein Glaubenssatz. Stelle dir vor, dass diese Last in einer physischen Form vor dir liegt. Das kann als Symbol, als Gegenstand oder einfach als Licht erscheinen.

- **Lasse die Last los:** Visualisiere nun, wie du diese Last loslässt. Du kannst dir vorstellen, wie du sie auf einen Fluss legst und sie davongetragen wird, oder wie sie sich in Rauch auflöst und in den Himmel verschwindet. Fühle dabei, wie die emotionale Schwere von dir abfällt und Platz für Leichtigkeit und Freiheit schafft.

- **Spüre die neue Leichtigkeit:** Nimm nach der Visualisierung bewusst wahr, wie du dich leichter und freier fühlst. Diese Übung hilft dir, emotionalen Ballast auf symbolische Weise abzugeben und einen Raum für neue Energie zu schaffen.

Atmung ist ein kraftvolles Werkzeug, um Stress und emotionale Spannungen loszulassen. In Zeiten emotionaler Belastung atmen wir oft flach und halten Spannungen im Körper fest. Eine bewusste Atemübung kann helfen, diese Spannungen zu lösen und emotionale Blockaden freizusetzen. Atmen ist nicht nur eine physische Aktivität, sondern auch ein emotionales Ventil – es erlaubt uns, negative Energien mit jedem Atemzug bewusst loszulassen.

Atemübung zum Loslassen:

- **Atme tief und langsam ein:** Setze dich aufrecht hin und atme tief durch die Nase ein. Spüre, wie sich dein Brustkorb und Bauch ausdehnen, während du frische, positive Energie einatmest.

- **Atme bewusst aus:** Wenn du ausatmest, stelle dir vor, wie du alle negativen Emotionen und Spannungen loslässt. Atme durch den Mund aus und fühle, wie die Belastung deinen Körper verlässt. Du kannst dir dabei auch vorstellen, wie du dunkle, schwere Luft ausatmest, die für deinen emotionalen Ballast steht.

- **Wiederhole die Übung:** Führe diese Atemzüge mehrmals hintereinander aus, bis du spürst, dass sich dein Körper entspannt und sich deine innere Energie harmonisiert hat. Diese bewusste Atemübung hilft dir, Stress und emotionale Last schrittweise loszulassen.

Naturrituale: Loslassen im Einklang mit der Natur

Die Natur bietet uns einen kraftvollen Raum, um loszulassen und emotionale Heilung zu erfahren. Rituale in der Natur – sei es durch das Gehen in einem Wald, das Beobachten eines fließenden Flusses oder das Meditieren an einem ruhigen Ort – können uns helfen, uns mit den natürlichen Zyklen von Loslassen und Neubeginn zu verbinden. Die Natur erinnert uns daran, dass das Loslassen ein natürlicher Teil des Lebens ist und dass durch das Loslassen immer wieder Raum für Neues entsteht.

Beispiele für Naturrituale:

- **Steinritual:** Finde einen Stein, der symbolisch für den emotionalen Ballast steht, den du loslassen möchtest. Halte den Stein in deinen Händen und konzentriere dich auf die Emotion oder den Glaubenssatz, den du loslassen willst. Wenn du bereit bist, wirf den Stein in einen Fluss, See oder Ozean und stelle dir vor, wie die Last mit dem Stein weggespült wird.

- **Blätterritual:** Sammle einige Blätter aus einem Wald oder Park. Schreibe auf jedes Blatt ein Wort oder einen Satz, der eine emotionale Last oder einen Glaubenssatz symbolisiert, den du loslassen möchtest. Wirf die Blätter anschließend in den Wind oder einen Fluss und stelle dir vor, wie der Wind oder das Wasser deine Last davonträgt.

Die Kraft der Vergebung als Loslassritual

Vergebung ist oft der tiefste Akt des Loslassens, weil sie uns ermöglicht, den emotionalen Schmerz oder Groll, den wir gegenüber uns selbst oder anderen hegen, freizugeben. Vergebung bedeutet nicht, das Verhalten des anderen zu entschuldigen oder zu vergessen, sondern die emotionale Bindung an den Schmerz loszulassen, um inneren Frieden zu finden.

Vergebungsritual zum Loslassen:

- **Setze eine klare Absicht:** Beginne mit der bewussten Absicht, dir selbst oder einer anderen Person zu vergeben. Finde einen ruhigen Ort, an dem du dich auf das Ritual konzentrieren kannst.

- **Schreibe eine Vergebungserklärung:** Schreibe eine kurze Vergebungserklärung auf. Das könnte sein: „Ich vergebe mir selbst/meiner Mutter/meinem Freund für den Schmerz, den ich erfahren habe. Ich lasse die Vergangenheit los und öffne mich für inneren Frieden."

- **Verwandle die Vergebung in ein Ritual:** Lies die Vergebungserklärung laut vor oder halte sie während einer Meditation in deinen Händen. Anschließend kannst du die Erklärung symbolisch verbrennen oder sie in einer besonderen Schachtel aufbewahren, um den Akt der Vergebung zu feiern.

Dieses Unterkapitel bietet praktische Übungen und Rituale, um emotionalen Ballast loszulassen, und gibt dir strukturierte Möglichkeiten an die Hand, diesen Prozess bewusst zu gestalten. Im nächsten Kapitel werden wir uns der inneren Freiheit widmen, die durch das Loslassen entsteht, und wie sie uns auf unserem Weg zu emotionaler Gesundheit weiter voranbringt.

Die innere Freiheit durch Loslassen

Loslassen ist mehr als nur ein Akt des Abschieds von negativen Emotionen, Glaubenssätzen oder belastenden Situationen – es ist ein Weg, innere Freiheit zu erlangen. Diese Freiheit ist nicht nur die Abwesenheit von Schmerz oder Belastung, sondern das Gefühl, wirklich in der Gegenwart leben zu können, ohne von der Vergangenheit festgehalten zu werden. Wenn wir uns vom emotionalen Ballast befreien, schaffen wir Raum für Neues: für Freude, für Wachstum, für authentische Verbindungen und für ein tieferes Verständnis unserer selbst.

Innere Freiheit bedeutet, nicht länger durch alte Geschichten definiert zu werden. Sie gibt uns die Möglichkeit, unser Leben aus einer Perspektive der Stärke und des Vertrauens zu gestalten, anstatt von Ängsten, Zweifeln oder Groll beherrscht zu werden. Diese Freiheit ist keine einmalige Errungenschaft – sie ist ein kontinuierlicher Prozess des Loslassens und des Neuanfangs. Jeder Schritt, den wir auf diesem Weg machen, bringt uns näher zu einem Leben, das durch emotionale Leichtigkeit und Klarheit geprägt ist.

Loslassen als Befreiung von der Vergangenheit

Oft tragen wir die Last der Vergangenheit mit uns herum, ohne es bewusst zu merken. Alte Verletzungen, ungelöste Konflikte und enttäuschte Erwartungen binden uns an vergangene Erfahrungen und hindern uns daran, voll in der Gegenwart zu leben. Das Loslassen dieser emotionalen Fesseln bedeutet, die Vergangenheit anzuerkennen, aber nicht länger in ihr gefangen zu sein. Es ist ein Akt der Befreiung, der uns erlaubt, die Gegenwart mit einem neuen, klaren Blick zu betrachten.

Wie Loslassen uns von der Vergangenheit befreit:

- **Anerkennung und Akzeptanz:** Der erste Schritt zur inneren Freiheit besteht darin, die Vergangenheit zu akzeptieren, ohne sie weiter zu bekämpfen. Loslassen bedeutet nicht, die Ereignisse zu verleugnen, sondern sie als Teil unserer Geschichte zu akzeptieren und uns gleichzeitig von ihrer Macht über unser heutiges Leben zu lösen.

- **Entwicklung eines neuen Selbstbildes:** Wenn wir loslassen, befreien wir uns von den alten Geschichten, die uns definiert haben. Wir können unser Selbstbild neu gestalten, frei von den Überzeugungen und Verletzungen, die uns bisher eingeschränkt haben. Diese Freiheit erlaubt uns, uns selbst als Menschen zu sehen, die wachsen und sich verändern können.

- **Schaffung von emotionalem Raum:** Indem wir die Vergangenheit loslassen, schaffen wir emotionalen Raum für neue Erfahrungen und Beziehungen. Dieser Raum ist notwendig, um wirklich in der Gegenwart zu leben und mit Offenheit auf das zu reagieren, was das Leben uns bringt.

Die Kraft des Loslassens in Beziehungen

Loslassen ist nicht nur ein individueller Prozess – es hat auch eine tiefgreifende Wirkung auf unsere Beziehungen. Oft halten wir an alten Verletzungen, Erwartungen oder Konflikten in unseren Beziehungen fest, was uns daran hindert, authentisch und frei mit anderen in Verbindung zu treten. Das Loslassen dieser emotionalen Last in Beziehungen bedeutet, uns und den Menschen um uns herum die Freiheit zu geben, sich zu verändern und zu wachsen.

Wie Loslassen Beziehungen transformiert:

- **Vergebung und Verständnis:** Loslassen bedeutet, alte Verletzungen und Groll loszulassen, um Raum für Vergebung und Heilung zu schaffen. Es erlaubt uns, unsere Beziehungen nicht durch die Linse vergangener Fehler oder Missverständnisse zu sehen, sondern mit einem offenen Herzen auf die Gegenwart zu reagieren.

- **Freiheit von Erwartungen:** Oftmals halten wir an starren Erwartungen in Beziehungen fest, die zu Enttäuschungen und Konflikten führen. Das

Loslassen von überhöhten Erwartungen bedeutet, den anderen so zu akzeptieren, wie er ist, und die Beziehung als etwas Lebendiges und Veränderbares zu betrachten. Diese Freiheit fördert tiefere Verbindungen und mehr Authentizität.

- **Offenheit für Veränderungen:** Loslassen bedeutet auch, den natürlichen Fluss der Veränderung in Beziehungen zu akzeptieren. Menschen entwickeln sich weiter, und Beziehungen verändern sich mit ihnen. Das Annehmen dieser Veränderungen, anstatt gegen sie anzukämpfen, gibt uns die Freiheit, Beziehungen auf neue und oft stärkere Weise zu erleben.

Loslassen von Angst und Kontrolle

Einer der größten Hemmschuhe für innere Freiheit ist die Angst – Angst vor dem Unbekannten, vor Veränderung, vor Verletzungen. Oft versuchen wir, unser Leben und unsere Emotionen durch Kontrolle zu steuern, um diese Ängste zu minimieren. Doch Kontrolle ist eine Illusion. Wahre Freiheit entsteht, wenn wir die Angst und den Wunsch nach Kontrolle loslassen und stattdessen Vertrauen in den Prozess des Lebens entwickeln.

Wie Loslassen uns von Angst und Kontrolle befreit:

- **Akzeptanz der Unsicherheit:** Ein zentraler Aspekt des Loslassens ist die Akzeptanz, dass das Leben unsicher und unvorhersehbar ist. Indem wir die Illusion der Kontrolle aufgeben, finden wir die Freiheit, mit den Herausforderungen und Veränderungen des Lebens mit mehr Leichtigkeit umzugehen.

- **Vertrauen in den Prozess des Lebens:** Loslassen bedeutet, auf den Fluss des Lebens zu vertrauen – zu akzeptieren, dass wir nicht alles vorhersehen oder kontrollieren können, aber dass wir die innere Stärke haben, mit allem umzugehen, was kommt. Diese innere Freiheit gibt uns das Vertrauen, uns dem Leben mit Offenheit und Neugier zu stellen, anstatt von Angst oder Zweifeln getrieben zu werden.

- **Entwicklung von emotionaler Resilienz:** Wenn wir loslassen, entwickeln wir eine tiefere emotionale Resilienz. Anstatt an starren Vorstellungen festzuhalten, wie unser Leben oder unsere Beziehungen verlaufen sollen, lernen wir, flexibel und anpassungsfähig zu sein. Diese Flexibilität gibt uns die

Freiheit, auch in schwierigen Zeiten emotional stabil zu bleiben.

Die Freiheit, authentisch zu leben

Am Ende des Loslassens steht die Freiheit, ein authentisches Leben zu führen – ein Leben, das nicht von alten Ängsten, Verletzungen oder gesellschaftlichen Erwartungen bestimmt wird, sondern von unserem wahren Selbst. Diese innere Freiheit erlaubt es uns, mit mehr Freude, Leichtigkeit und Mitgefühl zu leben, sowohl uns selbst gegenüber als auch den Menschen um uns herum.

Wie Loslassen zu einem authentischen Leben führt:

- **Leben im Hier und Jetzt:** Die größte Freiheit, die das Loslassen uns schenkt, ist die Fähigkeit, im gegenwärtigen Moment zu leben. Indem wir alte Lasten abwerfen, können wir unser Leben in der Gegenwart voll und ganz erleben, ohne von der Vergangenheit oder der Zukunft überwältigt zu werden.

- **Authentische Entscheidungen treffen:** Wenn wir uns von alten Glaubenssätzen und Ängsten befreien, haben wir die Freiheit, Entscheidungen zu treffen, die wirklich unserem inneren Wesen entsprechen. Diese Entscheidungen sind nicht von äußeren Erwartungen oder inneren Zweifeln geprägt, sondern von einem tiefen Verständnis dafür, wer wir wirklich sind.

- **Verbundenheit mit unserem wahren Selbst:** Loslassen bedeutet, zu unserem wahren Selbst zurückzukehren – zu dem Teil von uns, der von innerer Weisheit, Mitgefühl und Klarheit geleitet wird. Diese innere Freiheit gibt uns die Kraft, authentisch zu leben und unser Leben nach unseren eigenen Werten und Überzeugungen zu gestalten.

Loslassen als Weg zur inneren Freiheit

Loslassen ist ein fortlaufender Prozess, der uns immer tiefer in unsere eigene innere Freiheit führt. Diese Freiheit entsteht nicht von heute auf morgen – sie erfordert Geduld, Achtsamkeit und den Mut, alte Geschichten und schädliche Muster loszulassen. Doch jeder Schritt auf diesem Weg bringt uns näher zu einem Leben, das von emotionaler Leichtigkeit, authentischen Beziehungen und einem tiefen Vertrauen in uns selbst geprägt ist.

Nun, da du die Werkzeuge des Loslassens kennst, kannst du den Raum schaffen, um das Leben in seiner Fülle zu erleben – frei von emotionalem Ballast und voller innerer Freiheit.

KAPITEL 20: DEIN EMOTIONALES TOOLKIT – WERKZEUGE FÜR DAS TÄGLICHE LEBEN

Eine Sammlung von Übungen, Meditationen und praktischen Tools

Das emotionale Wohlbefinden ist kein Zustand, den wir einmal erreichen und dann für immer behalten. Vielmehr ist es ein fortlaufender Prozess, der tägliche Pflege und bewusste Aufmerksamkeit erfordert. Wie ein Gärtner, der sich um seinen Garten kümmert, müssen wir uns um unsere emotionale Gesundheit kümmern – durch tägliche Gewohnheiten, Übungen und Tools, die uns dabei helfen, unser inneres Gleichgewicht zu finden und zu bewahren.

In diesem Kapitel geht es darum, dir konkrete Werkzeuge an die Hand zu geben, die du in deinem Alltag nutzen kannst, um deine emotionale Resilienz zu stärken, Stress abzubauen und dich mit dir selbst zu verbinden. Diese Sammlung von Übungen und Meditationen wird dir helfen, nicht nur in schwierigen Momenten zur Ruhe zu finden, sondern auch präventiv zu handeln, um emotionale Blockaden zu vermeiden und dich immer wieder neu auszurichten.

Atemübungen zur Stressbewältigung und emotionalen Regulierung

Atemtechniken gehören zu den effektivsten und einfachsten Tools, um in stressigen Momenten zur Ruhe zu kommen und das Nervensystem zu beruhigen. Indem du die Kontrolle über deinen Atem übernimmst, kannst du den Körper signalisieren, aus dem „Kampf-oder-Flucht"-Modus auszusteigen und in einen Zustand der Entspannung zu gelangen.

Atemübungen für den Alltag:

* **Die 4-7-8-Atemtechnik:** Diese einfache Technik hilft dir, in stressigen Momenten sofort zur Ruhe zu kommen. Atme durch die Nase ein und zähle dabei bis 4, halte den Atem für 7 Sekunden an und atme dann durch den Mund aus, während du bis 8 zählst. Wiederhole dies mehrmals, bis du spürst, dass dein Körper sich beruhigt und dein Geist klarer wird.

- **Zwerchfellatmung:** Diese Technik bringt deine Atmung aus der flachen Brustatmung zurück in den Bauch, was das parasympathische Nervensystem aktiviert und dich beruhigt. Lege eine Hand auf deinen Bauch und die andere auf deine Brust. Atme tief durch die Nase ein, sodass sich dein Bauch hebt, während die Brust ruhig bleibt. Atme langsam durch den Mund aus und spüre, wie sich der Bauch wieder senkt.

- **Quadratatmung:** Eine weitere einfache Atemübung, die du in stressigen Momenten nutzen kannst. Atme 4 Sekunden lang ein, halte den Atem 4 Sekunden an, atme 4 Sekunden lang aus und halte erneut 4 Sekunden an, bevor du wieder einatmest. Diese gleichmäßige Atmung hilft, das Nervensystem zu regulieren und in stressigen Situationen Ruhe zu finden.

Achtsamkeitsmeditation zur emotionalen Balance

Achtsamkeit bedeutet, den gegenwärtigen Moment bewusst wahrzunehmen, ohne ihn zu bewerten. Es ist eine kraftvolle Praxis, die dir hilft, dich mit deinen Emotionen auseinanderzusetzen, ohne von ihnen überwältigt zu werden. Durch regelmäßige Achtsamkeitsmeditation entwickelst du die Fähigkeit, emotionalen Stress besser zu bewältigen und bewusster auf deine Gedanken und Gefühle zu reagieren.

Einfache Achtsamkeitsmeditation für den Alltag:

- **Atemmeditation:** Setze dich bequem hin, schließe die Augen und konzentriere dich auf deinen Atem. Nimm wahr, wie der Atem in deinen Körper einströmt und wieder ausströmt, ohne ihn zu kontrollieren. Wenn deine Gedanken abschweifen, bemerke es und kehre sanft zum Atem zurück. Diese Meditation hilft dir, den Geist zu beruhigen und eine tiefere Verbindung zu dir selbst herzustellen.

- **Körper-Scan-Meditation:** Diese Meditation hilft dir, Spannungen und Emotionen in deinem Körper zu erkennen und loszulassen. Lege dich bequem hin und schließe die Augen. Richte deine Aufmerksamkeit nacheinander auf verschiedene Körperbereiche – beginnend bei den Füßen und endend beim Kopf. Spüre bewusst jede Körperstelle, ohne sie zu bewerten, und erlaube dir, jegliche Spannungen loszulassen.

- **Achtsamkeit im Alltag:** Achtsamkeit kannst du nicht nur in der Meditation, sondern auch im Alltag üben. Sei bewusst präsent, wenn du alltägliche Aufgaben erledigst – beim Kochen, Putzen oder Spazierengehen. Nimm die Details deiner Umgebung, Geräusche und Gerüche wahr und erlaube dir, für einige Momente im gegenwärtigen Moment zu verweilen, ohne dich in Gedanken zu verlieren.

Journaling als emotionaler Ausdruck

Das Schreiben ist ein mächtiges Werkzeug, um Emotionen zu reflektieren, loszulassen und Klarheit zu gewinnen. Journaling gibt dir den Raum, deine Gedanken und Gefühle ungefiltert auszudrücken, ohne dich beurteilt zu fühlen. Es hilft dir, emotionalen Ballast abzulegen und dich selbst besser zu verstehen.

Journaling-Übungen für emotionales Wohlbefinden:

- **Tägliches Dankbarkeitsjournal:** Nimm dir jeden Tag ein paar Minuten Zeit, um drei Dinge aufzuschreiben, für die du dankbar bist. Diese einfache Praxis hilft dir, den Fokus auf das Positive in deinem Leben zu lenken und eine optimistischere Einstellung zu entwickeln.

- **Gefühls-Tagebuch:** Schreibe täglich über deine emotionalen Erfahrungen. Welche Emotionen hast du heute erlebt? Was hat sie ausgelöst? Wie hast du darauf reagiert? Das Aufschreiben deiner Gefühle gibt dir die Möglichkeit, sie zu reflektieren und besser zu verstehen, wie sie sich auf dein Wohlbefinden auswirken.

- **Freies Schreiben zum Loslassen:** Nutze freies Schreiben, um belastende Emotionen oder Gedanken loszulassen. Setze dir einen Timer für 10–15 Minuten und schreibe ohne Unterbrechung alles auf, was dir in den Sinn kommt. Es geht nicht darum, einen perfekten Text zu erstellen, sondern darum, deine inneren Gedanken fließen zu lassen und dadurch emotionale Blockaden zu lösen.

Bewegungsübungen zur Stressbewältigung

Körperliche Bewegung ist nicht nur gut für die physische Gesundheit, sondern auch ein entscheidendes Werkzeug zur Regulierung von Emotionen und Stress. Bewegung hilft, Spannungen abzubauen, und fördert die Freisetzung von Endorphinen – den „Glückshormonen", die uns emotional stabilisieren.

Bewegungsübungen für emotionale Balance:

- **Yoga für emotionale Balance:** Yoga kombiniert Atemübungen mit sanften Bewegungen und ist ideal, um emotionale Spannungen zu lösen. Besonders beruhigende Yoga-Posen wie die Kindhaltung, der herabschauende Hund oder der liegende Twist helfen dir, Körper und Geist zu entspannen   .

- **Tanzen für emotionale Freisetzung:** Musik und Bewegung sind kraftvolle Mittel, um emotionale Blockaden zu lösen. Nimm dir Zeit, um zu deiner Lieblingsmusik zu tanzen, ohne dich um äußere Perfektion zu kümmern. Lasse deinen Körper frei bewegen und spüre, wie du durch den Tanz negative Energie abbaust und Freude zulässt.

- **Spazierengehen in der Natur:** Ein einfacher Spaziergang in der Natur kann Wunder wirken, um Stress abzubauen und dich emotional zu stabilisieren. Die frische Luft, das Gehen und die Verbundenheit mit der Natur helfen dir, dich von belastenden Gedanken zu lösen und zu erden.

Visualisierung zur emotionalen Klarheit

Visualisierungsübungen sind kraftvolle Techniken, um dir innere Klarheit zu verschaffen und emotionalen Ballast loszulassen. Durch gezielte Vorstellungskraft kannst du deinen Geist beruhigen, deine Emotionen ordnen und neue Perspektiven entwickeln.

Visualisierungsübungen für den Alltag:

- **Visualisierung eines sicheren Ortes:** Stelle dir einen Ort vor, an dem du dich vollkommen sicher und geborgen fühlst. Das kann ein realer Ort sein oder ein imaginärer Ort, den du dir vorstellst. Nutze diese Visualisierung, um in stressigen Momenten inneren Frieden zu finden und dich emotional zu stabilisieren.

- **Zukunftsvisualisierung:** Nutze Visualisierung, um dir eine positive Zukunft vorzustellen. Stelle dir detailliert vor, wie du deine Ziele erreichst, wie du dich dabei fühlst und welche Schritte du unternehmen wirst. Diese Übung stärkt deine Motivation und gibt dir emotionale Zuversicht, auch in herausfordernden Zeiten.

- **Visualisierung des Loslassens:** Visualisiere, wie du belastende Emotionen oder negative Gedanken loslässt. Stelle dir vor, wie sie in den Wind oder einen Fluss abgegeben werden und dich leichter und freier fühlen lassen. Diese Übung unterstützt dich dabei, emotionalen Ballast abzuwerfen und inneren Raum für neue Erfahrungen zu schaffen.

Ein emotionales Toolkit für den Alltag

Diese Sammlung von Übungen, Meditationen und praktischen Tools bildet die Grundlage deines emotionalen Toolkits. Sie helfen dir, stressige Momente zu bewältigen, emotionale Blockaden zu lösen und dein emotionales Gleichgewicht zu pflegen. Indem du diese Techniken regelmäßig in deinen Alltag integrierst, entwickelst du nicht nur mehr emotionale Resilienz, sondern schaffst auch Raum für Freude, Leichtigkeit und inneren Frieden.

Im nächsten Unterkapitel werden wir uns damit beschäftigen, wie du diese Strategien ganz praktisch in deinen Alltag integrieren kannst, um ein nachhaltiges emotionales Wohlbefinden zu fördern.

Wie man die erlernten Strategien in den Alltag integriert

Es ist eine Sache, sich mit kraftvollen Techniken und Werkzeugen zur emotionalen Gesundheit vertraut zu machen, aber eine ganz andere, sie tatsächlich in den Alltag zu integrieren. Gerade in Zeiten von Stress und Hektik ist es leicht, die erlernten Strategien zu vergessen oder sie auf später zu verschieben. Doch die wahre Kraft dieser Techniken entfaltet sich erst dann, wenn sie regelmäßig praktiziert werden – nicht nur in schwierigen Momenten, sondern als feste Bestandteile deines täglichen Lebens.

In diesem Kapitel schauen wir uns an, wie du diese Übungen und Tools schrittweise in deinen Alltag einbauen kannst, sodass sie zu einer natürlichen Routine werden. Indem du dich täglich mit deiner emotionalen Gesundheit auseinandersetzt, baust du nicht nur Resilienz auf, sondern schaffst auch die Grundlage für langfristiges Wohlbefinden und innere Stabilität. Kleine, bewusste Schritte machen dabei oft den größten Unterschied.

Der erste Schritt zur Integration der erlernten Strategien besteht darin, tägliche Rituale zu schaffen, die dir helfen, bewusst mit deinen Emotionen umzugehen. Rituale bieten Struktur und geben deinem Tag eine feste Verankerung, an der du dich auch in stressigen Zeiten orientieren kannst. Indem du Rituale in deinen Alltag einbaust, schaffst du Routinen, die dir helfen, dich regelmäßig mit deiner emotionalen Welt zu verbinden und emotionales Wohlbefinden zu fördern.

Vorschläge für tägliche Rituale:

- **Morgenroutine mit Atemübungen oder Meditation:** Beginne deinen Tag mit einer kurzen Atemübung oder einer Meditation, um dich auf die Herausforderungen des Tages vorzubereiten. Schon wenige Minuten bewusste Atmung oder Achtsamkeit können helfen, deinen Geist zu klären und eine Grundlage für einen ausgeglichenen Tag zu schaffen.

- **Abendritual zum Loslassen:** Beende deinen Tag mit einem Ritual, das dir hilft, den Stress und die Belastungen des Tages loszulassen. Dies könnte eine kurze Atemmeditation, das Aufschreiben von Gedanken in einem Journal oder eine Visualisierungsübung sein. Indem du den Tag bewusst abschließt, gibst du deinem Geist und Körper die Möglichkeit, zur Ruhe zu kommen und loszulassen.

- **Regelmäßige Dankbarkeitsübungen:** Integriere Dankbarkeit als tägliches Ritual in deinen Tag. Am Ende jedes Tages könntest du drei Dinge aufschreiben, für die du dankbar bist. Diese einfache Übung schärft deinen Blick für die positiven Aspekte deines Lebens und hilft dir, deine emotionale Grundstimmung zu verbessern.

Verknüpfe emotionale Tools mit alltäglichen Aufgaben

Ein effektiver Weg, um emotionale Techniken in den Alltag zu integrieren, besteht darin, sie mit alltäglichen Aufgaben zu verknüpfen. Auf diese Weise machst du die Tools zu einem natürlichen Bestandteil deines Lebens, ohne dass sie sich wie eine zusätzliche Verpflichtung anfühlen.

Wie du emotionale Tools in alltägliche Aufgaben einbaust:

- **Achtsamkeit beim Zähneputzen:** Nutze alltägliche Tätigkeiten wie das Zähneputzen, um Achtsamkeit zu praktizieren. Konzentriere dich bewusst auf den Moment, auf die Empfindungen in deinem Körper und auf die Bewegung deiner Hände. Indem du solche einfachen Aufgaben achtsam ausführst, schaffst du kleine Inseln der Ruhe in deinem Alltag.

- **Atmen beim Warten:** Wartezeiten – ob an der Supermarktkasse oder an einer roten Ampel – bieten sich ideal an, um Atemübungen zu praktizieren. Nimm dir in diesen Momenten Zeit, um bewusst tief in den Bauch zu atmen, und nutze die Zeit, um dich zu zentrieren, anstatt dich über die Wartezeit zu ärgern .

- **Spaziergänge zur Reflexion nutzen:** Wenn du spazieren gehst, nimm dir bewusst Zeit, um deine Gedanken und Gefühle zu reflektieren. Dies kann eine Gelegenheit sein, um dich mit dir selbst auseinanderzusetzen und emotionale Belastungen loszulassen. Nutze die Verbindung zur Natur, um dich zu erden und den Kopf freizubekommen.

Plane regelmäßige Check-ins mit dir selbst

Um sicherzustellen, dass du die erlernten Strategien langfristig in deinen Alltag integrierst, ist es wichtig, regelmäßig „Check-ins" mit dir selbst durchzuführen. Diese regelmäßige Reflexion hilft dir, deine emotionale Verfassung zu beobachten, zu erkennen, wann du aus dem Gleichgewicht gerätst, und die notwendigen Schritte zu unternehmen, um deine Werkzeuge anzuwenden.

Check-in-Methoden:

- **Tägliche Reflexion am Abend:** Nimm dir jeden Abend fünf Minuten Zeit, um den Tag zu reflektieren. Frage dich: „Wie habe ich mich heute gefühlt? Welche Momente haben mich herausgefordert? Welche Strategien habe ich angewendet, um mit meinen Emotionen umzugehen?" Diese tägliche Reflexion hilft dir, dich mit deinen Gefühlen auseinanderzusetzen und zu erkennen, welche Techniken dir am meisten helfen.

- **Wöchentliche emotionale Bestandsaufnahme:** Setze dich einmal pro Woche hin und führe eine ausführlichere Bestandsaufnahme deiner emotionalen

Gesundheit durch. Überlege, welche Momente der Woche dich emotional herausgefordert haben und welche Werkzeuge du eingesetzt hast, um diese Situationen zu meistern. Dieser wöchentliche Rückblick gibt dir die Möglichkeit, Muster zu erkennen und deine emotionale Selbstfürsorge weiter zu optimieren.

Halte dir emotionale Tools griffbereit

Um sicherzustellen, dass du die erlernten Techniken im Alltag anwenden kannst, solltest du deine emotionalen Tools immer griffbereit haben. Dies bedeutet, dass du eine Art „emotionales Toolkit" für dich selbst entwickelst, das du in stressigen Momenten oder emotional herausfordernden Phasen zur Hand hast. Auf diese Weise kannst du sofort auf deine Werkzeuge zurückgreifen, ohne lange nach Lösungen suchen zu müssen.

Wie du ein „emotionales Toolkit" schaffst:

- **Dein Journal immer zur Hand:** Halte ein Journal in der Nähe – ob auf dem Nachttisch, in der Handtasche oder am Arbeitsplatz. Wenn du emotional überfordert bist, kannst du sofort aufschreiben, was dich beschäftigt, und deine Gedanken ordnen, bevor sie zu überwältigend werden.

- **Atemübungen auf Abruf:** Lerne, Atemübungen schnell anzuwenden, wenn du in stressige oder herausfordernde Situationen gerätst. Je häufiger du diese Techniken übst, desto automatischer werden sie. Dies ermöglicht dir, selbst in akuten Stressmomenten ruhig und klar zu bleiben.

- **Eine Playlist für emotionale Stärkung:** Erstelle eine Playlist mit Musik, die dir in schwierigen Momenten Kraft, Trost oder Freude schenkt. Musik kann ein starkes emotionales Werkzeug sein, um deine Stimmung zu heben und emotionale Blockaden zu lösen.

Sei geduldig mit dir selbst

Die Integration neuer Strategien und Routinen in den Alltag braucht Zeit. Es ist normal, dass du manchmal Schwierigkeiten hast, diese Techniken regelmäßig anzuwenden oder dass du in besonders stressigen Zeiten auf alte, weniger hilfreiche Muster zurückfällst. Sei geduldig mit dir selbst und erlaube dir, diesen Prozess in deinem eigenen Tempo zu durchlaufen.

Wie du Geduld und Mitgefühl für dich selbst entwickelst:

- **Erlaube dir, Fehler zu machen:** Veränderung ist nicht linear, und es wird Tage geben, an denen du deine emotionalen Werkzeuge vielleicht vergisst oder nicht anwendest. Das ist in Ordnung. Erlaube dir, diese Fehler zu machen, und nutze sie als Lerngelegenheit, anstatt dich selbst zu verurteilen.

- **Erkenne deine Fortschritte an:** Oft konzentrieren wir uns mehr auf das, was wir nicht geschafft haben, anstatt auf die Fortschritte, die wir gemacht haben. Nimm dir regelmäßig Zeit, um anzuerkennen, wie weit du schon gekommen bist und welche positiven Veränderungen du bereits erreicht hast.

Praktiziere regelmäßig Selbstfürsorge

Emotionale Gesundheit ist eng mit Selbstfürsorge verbunden. Indem du regelmäßig Selbstfürsorge praktizierst, schaffst du die Basis, um die erlernten Strategien in deinem Alltag zu verankern. Das bedeutet, dass du dir selbst die Erlaubnis gibst, Pausen zu machen, deine Bedürfnisse zu priorisieren und dir Zeit für dich selbst zu nehmen.

Praktische Selbstfürsorge im Alltag:

- **Plane Pausen ein:** Baue regelmäßige Pausen in deinen Tag ein, um deine Batterien wieder aufzuladen. Diese Pausen müssen nicht lang sein – schon 5 Minuten bewusste Ruhe oder ein Spaziergang können helfen, deinen Geist zu klären und dich emotional zu stabilisieren.

- **Setze gesunde Grenzen:** Lerne, „Nein" zu sagen, wenn du merkst, dass du an deine Grenzen kommst. Emotionale Gesundheit bedeutet auch, sich selbst vor Überforderung zu schützen und nur das zu tun, was du wirklich bewältigen kannst.

- **Mach Dinge, die dir Freude bereiten:** Integriere regelmäßig Aktivitäten in deinen Alltag, die dir Freude bereiten und dich emotional nähren. Ob es ein Hobby, Zeit mit Freunden oder ein Spaziergang in der Natur ist – nimm dir Zeit für die Dinge, die dein Herz zum Leuchten bringen.

Dieses Unterkapitel zeigt, wie du die erlernten emotionalen Strategien schrittweise und nachhaltig in deinen Alltag integrieren kannst. Es bietet praktische Tipps, um die Werkzeuge für emotionale Gesundheit nicht nur in stressigen Momenten, sondern auch präventiv zu nutzen. Im nächsten Unterkapitel wird es darum gehen, wie du einen persönlichen „emotionalen Erste-Hilfe-Kasten" aufbaust, auf den du in akuten Momenten zurückgreifen kannst.

Aufbau eines persönlichen „emotionalen Erste-Hilfe-Kastens"

Manchmal geraten wir in Situationen, in denen unsere Emotionen uns überwältigen. Stress, Angst, Wut oder Trauer können so intensiv werden, dass es schwerfällt, klar zu denken oder einen Weg aus der emotionalen Überforderung zu finden. Genau in diesen Momenten ist es hilfreich, einen „emotionalen Erste-Hilfe-Kasten" zur Hand zu haben – eine Sammlung von Strategien, Tools und Erinnerungen, die dir in emotionalen Krisensituationen helfen, wieder zur Ruhe zu kommen und dich zu stabilisieren.

Dieser Erste-Hilfe-Kasten ist ein individueller und ganz persönlicher Begleiter. Er enthält die Werkzeuge, die dir am besten helfen, wenn du in emotionalen Ausnahmesituationen steckst. Ob es eine Atemtechnik, eine bestimmte Musik, eine Liste beruhigender Worte oder eine visuelle Erinnerung ist – dein emotionaler Erste-Hilfe-Kasten ist darauf ausgelegt, dir in Momenten emotionaler Not schnell und effektiv Unterstützung zu bieten.

Der Inhalt deines emotionalen Erste-Hilfe-Kastens

Ein emotionaler Erste-Hilfe-Kasten sollte vielseitig und auf deine individuellen Bedürfnisse zugeschnitten sein. Er enthält die Werkzeuge und Techniken, die du am schnellsten anwenden kannst, wenn du emotional überwältigt bist. Du kannst ihn physisch gestalten, indem du ein kleines Set von Gegenständen oder Erinnerungen zusammenstellst, oder ihn in deinem Kopf als mentale Liste der hilfreichsten Techniken aufbauen.

Was in deinem Erste-Hilfe-Kasten enthalten sein könnte:

- **Atemtechniken:** Atemübungen sind ein wirksames Mittel, um in emotional herausfordernden Momenten sofortige Ruhe zu finden. Wähle eine Atemtechnik, die dir besonders gut hilft – sei es die 4-7-8-Technik oder die Zwerchfellatmung – und übe sie regelmäßig, damit du sie in Krisenmomenten sofort anwenden kannst.

- **Beruhigende Worte oder Affirmationen:** Schreibe dir eine Liste mit beruhigenden Worten oder Affirmationen, die dir in emotional aufgewühlten Momenten helfen, dich zu zentrieren. Dies könnten Sätze sein wie „Ich bin sicher", „Ich habe die Kraft, dies zu überstehen" oder „Dieser Moment wird vorübergehen".

- **Sinnesanker:** Nutze Gegenstände, die deine Sinne ansprechen und dir helfen, dich zu beruhigen. Dies könnte ein beruhigender Duft (wie Lavendel), ein weicher Stoff oder ein kleiner Stein sein, den du in der Hand halten kannst. Der physische Kontakt mit einem vertrauten Gegenstand kann dir helfen, dich in der Gegenwart zu erden.

- **Musik oder Playlists:** Musik hat eine direkte Wirkung auf unsere Emotionen. Erstelle eine Playlist mit Musik, die dir in stressigen oder emotional schwierigen Situationen hilft, dich zu beruhigen oder zu stärken. Das könnte beruhigende Instrumentalmusik sein oder ein Lied, das dir Mut macht.

- **Visualisierungen oder Bilder:** Ein Bild eines Ortes, an dem du dich sicher und geborgen fühlst, kann ein kraftvoller emotionaler Anker sein. Ob es ein reales Foto ist oder eine imaginäre Vorstellung, die du dir in schwierigen Momenten ins Gedächtnis rufst – visuelle Anker helfen dir, einen beruhigenden inneren Raum zu schaffen.

Schnelle Techniken zur emotionalen Beruhigung

In Momenten der emotionalen Überforderung brauchen wir schnelle Techniken, die uns helfen, uns zu beruhigen und wieder klar zu denken. Diese „Erste-Hilfe-Techniken" sind darauf ausgelegt, unmittelbar anzuwenden und dir zu helfen, in der Situation emotional stabil zu bleiben.

Schnelle emotionale Hilfsmittel:

- **Der „5-4-3-2-1"-Achtsamkeitstrick:** Diese Technik hilft dir, dich auf den gegenwärtigen Moment zu konzentrieren und dich von intensiven Emotionen zu lösen. Nenne in deinem Kopf 5 Dinge, die du siehst, 4 Dinge, die du hörst, 3 Dinge, die du berühren kannst, 2 Dinge, die du riechen kannst, und 1 Sache, die du schmecken kannst. Diese Methode lenkt deinen Fokus auf die Umgebung und beruhigt den Geist.

- **Atemanker:** Wenn du dich emotional überwältigt fühlst, konzentriere dich für einige Minuten nur auf deinen Atem. Atme langsam und tief durch die Nase ein und durch den Mund aus. Während du dies tust, stelle dir vor, dass du mit jedem Ausatmen negative Emotionen und Spannungen loslässt. Diese einfache Technik kann dir helfen, den emotionalen Druck zu mindern.

- **Der „Sicherheitsort" in deinem Kopf:** Visualisiere einen sicheren Ort – einen Ort, an dem du dich vollkommen wohl und geborgen fühlst. Das kann ein realer Ort sein, den du kennst, oder ein imaginärer Ort. Stelle dir diesen Ort in allen Details vor und tauche mental in diese Umgebung ein. Dies schafft einen emotionalen Schutzraum, in dem du dich für einige Minuten von stressigen Emotionen distanzieren kannst.

Dein Notfall-Journal: Schreiben als Soforthilfe

In akuten emotionalen Momenten kann das Schreiben eine kraftvolle Möglichkeit sein, die Gefühle zu sortieren und den emotionalen Druck abzubauen. Ein Notfall-Journal in deinem emotionalen Erste-Hilfe-Kasten kann dir dabei helfen, deine Gedanken zu klären und Emotionen freizusetzen, ohne sie zu unterdrücken.

Wie du ein Notfall-Journal nutzt:

- **Freies Schreiben:** Wenn du emotional überwältigt bist, nimm dein Journal und schreibe ohne Struktur einfach drauflos. Setze dir keine Regeln und konzentriere dich nicht auf Grammatik oder Logik – lass einfach deine Gedanken fließen. Dieser Prozess hilft dir, den Kopf frei zu bekommen und Emotionen auf Papier zu bringen, anstatt sie in dir zu stauen.

- **Gefühls-Tagebuch:** Notiere in stressigen Momenten, was du gerade fühlst. Welche Emotionen dominieren und was könnte der Auslöser sein? Durch das Schreiben gewinnst du oft Klarheit darüber, welche Gefühle tatsächlich im Vordergrund stehen und warum sie so intensiv sind.

- **Schreibe, was du loslassen möchtest:** Manchmal hilft es, genau das aufzuschreiben, was du loslassen möchtest. Notiere, welche Gedanken, Emotionen oder Situationen du loslassen musst, um wieder in Balance zu kommen. Dies gibt dir die Möglichkeit, emotionalen Ballast symbolisch abzuwerfen.

Achtsamkeit im Alltag: Dein „Notfall-Stopp"

Achtsamkeit bietet dir eine einfache, aber kraftvolle Möglichkeit, in emotionalen Krisen innezuhalten und dich wieder mit dem gegenwärtigen Moment zu verbinden. Der „Notfall-Stopp" ist eine Technik, die dir in akuten Stresssituationen hilft, kurz innezuhalten, durchzuatmen und dich bewusst auf das Hier und Jetzt zu fokussieren.

So funktioniert der „Notfall-Stopp":

- **S-T-O-P:** Stehe still (Stop), atme tief ein und aus (Take a breath), beobachte, was du fühlst und denkst (Observe), und fahre dann bewusst mit deiner Handlung fort (Proceed). Diese Technik hilft dir, den emotionalen Autopiloten zu unterbrechen und bewusst auf deine Emotionen zu reagieren, anstatt impulsiv zu handeln.

- **Achtsamkeits-Minuten:** Wenn du merkst, dass du emotional aufgewühlt bist, nimm dir eine „Achtsamkeits-Minute". Schließe die Augen, atme tief durch und konzentriere dich eine Minute lang nur auf deinen Atem oder deine Umgebung. Diese kurze Pause hilft dir, dich zu beruhigen und wieder Klarheit zu gewinnen.

Die Macht der Selbstfürsorge in emotionalen Krisen

Selbstfürsorge ist das Fundament deines emotionalen Erste-Hilfe-Kastens. In emotionalen Krisensituationen neigen wir oft dazu, unsere Bedürfnisse zu ignorieren oder uns selbst zu vernachlässigen. Doch gerade in diesen Momenten ist es wichtig, dir selbst besondere Aufmerksamkeit zu schenken und für dein Wohlbefinden zu sorgen.

Selbstfürsorge in akuten Momenten:

- **Finde emotionale Unterstützung:** Suche dir Menschen, die dir in Krisen zur Seite stehen können. Ob es ein Freund, ein Familienmitglied oder ein Therapeut ist – manchmal ist es wichtig, mit jemandem zu sprechen und emotionale Unterstützung zu bekommen.

- **Nimm dir Zeit für dich:** Wenn du merkst, dass du emotional überfordert bist, erlaube dir, eine Pause einzulegen. Mach einen Spaziergang, trinke eine beruhigende Tasse Tee oder lege dich für ein paar Minuten hin. Diese kurzen Selbstfürsorge-Momente können dir helfen, dich wieder zu sammeln und dich auf deine innere Stärke zu besinnen.

Deinen emotionalen Erste-Hilfe-Kasten griffbereit halten

Der Schlüssel zu einem erfolgreichen emotionalen Erste-Hilfe-Kasten ist, ihn griffbereit zu halten – physisch und mental. Wisse, welche Techniken und Werkzeuge dir in emotionalen Krisensituationen am besten helfen, und erinnere dich daran, dass du immer auf sie zurückgreifen kannst, wenn es nötig ist. Je vertrauter du mit diesen Tools wirst, desto mehr werden sie zu einem festen Bestandteil deines emotionalen Alltags und helfen dir, auch in schwierigen Momenten stabil und ausgeglichen zu bleiben.

Dieses Unterkapitel bietet dir die Anleitung, wie du einen persönlichen „emotionalen Erste-Hilfe-Kasten" aufbauen kannst, der dir in akuten Momenten der emotionalen Überforderung hilft. Es schließt das Kapitel und das Buch ab, indem es dir praktische Tools an die Hand gibt, die du sofort anwenden kannst, um emotionale Stabilität und Resilienz zu fördern.

ABSCHLUSSWORT

Du hast eine Reise unternommen – eine Reise, die dich tiefer in dein emotionales Selbst geführt hat. Es war eine Reise des Loslassens, des Entdeckens, der Heilung und der inneren Stärkung. Du hast Werkzeuge kennengelernt, die dir helfen können, mit deinen Gefühlen in Einklang zu kommen, dich in schwierigen Zeiten zu stützen und dir neue Wege zur emotionalen Freiheit zu eröffnen.

Der Weg zu emotionaler Gesundheit ist nicht geradlinig. Es gibt Höhen und Tiefen, Momente der Klarheit und solche, in denen alles überwältigend scheint. Aber erinnere dich daran: Du bist stärker, als du denkst. In dir liegt eine unglaubliche Kraft, die dich durch die schwierigsten Momente trägt – die Kraft der Selbstfürsorge, des Mitgefühls und der Resilienz.

Dieses Buch soll dich daran erinnern, dass du nicht allein bist. Die Werkzeuge, die du hier gefunden hast, stehen dir zur Seite – nicht nur in Krisen, sondern jeden Tag. Nutze sie, um dich immer wieder neu zu zentrieren, um dich selbst zu nähren und um mit den Herausforderungen des Lebens mit mehr Leichtigkeit umzugehen.

Es ist in Ordnung, Pausen einzulegen. Es ist in Ordnung, manchmal nicht zu wissen, wie es weitergeht. Wichtig ist, dass du immer wieder zu dir zurückfindest, dass du dir erlaubst, zu wachsen, zu heilen und den nächsten Schritt in deinem eigenen Tempo zu gehen. Und dabei wirst du feststellen, dass wahre Stärke oft in der Verletzlichkeit liegt, im Mut, ehrlich mit sich selbst zu sein, und im Vertrauen, dass jede Herausforderung auch eine Möglichkeit für Wachstum ist.

Du hast die Fähigkeit, dein emotionales Wohlbefinden zu kultivieren, zu schützen und zu pflegen – jeden Tag, Schritt für Schritt. Und je mehr du diese Werkzeuge in deinen Alltag integrierst, desto mehr wirst du spüren, wie du zu der Person wirst, die du wirklich bist: frei, authentisch und emotional stark.

Danke, dass du diese Reise mit mir unternommen hast. Ich wünsche dir von Herzen, dass du weiterhin den Mut hast, dich selbst mit all deinen Emotionen zu umarmen, loszulassen, was dir nicht mehr dient, und ein Leben voller innerer Freiheit, Freude und Frieden zu führen.

Roland Grünewald